首席经济学家系列 ④

重新理解中国经济

复苏、进化与增长

王德培 著

浙江大学出版社
·杭州·

图书在版编目（CIP）数据

重新理解中国经济：复苏、进化与增长 / 王德培著. -- 杭州：浙江大学出版社，2024.4
ISBN 978-7-308-24202-8

Ⅰ．①重… Ⅱ．①王… Ⅲ．①中国经济－研究 Ⅳ．①F12

中国国家版本馆CIP数据核字（2023）第174055号

重新理解中国经济：复苏、进化与增长
王德培　著

策　　划	杭州蓝狮子文化创意股份有限公司
责任编辑	黄兆宁
责任校对	陈　欣
封面设计	邵一峰
出版发行	浙江大学出版社
	（杭州市天目山路148号　邮政编码　310007）
	（网址：http://www.zjupress.com）
排　　版	杭州林智广告有限公司
印　　刷	杭州钱江彩色印务有限公司
开　　本	880mm×1230mm　1/32
印　　张	9.375
字　　数	218千
版 印 次	2024年1月第1版　2024年4月第2次印刷
书　　号	ISBN 978-7-308-24202-8
定　　价	75.00元

版权所有　侵权必究　　印装差错　负责调换

浙江大学出版社市场运营中心联系方式：0571-88925591；http://zjdxcbs.tmall.com

前　言

化危为机的空间与机缘

20世纪80年代初，时任美联储主席的保罗·沃尔克通过持续激进加息将美国的通胀水平从1980年历史最高点的14.8%压了下来，代价是美国两年内两次陷入经济衰退，这种通胀飙升至必须采取激进政策手段进行调控的时刻被称为"沃尔克时刻"。彼时彼刻恰如此时此刻，2023年5月3日，美联储宣布将联邦基金利率目标区间再上调25个基点，到5%至5.25%之间。这是美联储自2022年3月以来的第十次加息，累计加息幅度达500个基点。这使得世界主要货币遭遇贬值风暴，外国投资者退出新兴市场。眼下重现"沃尔克时刻"的可能性正不断被放大。

本轮危机的复杂性或给全球带来前所未有的挑战：既有内生性危机，偿还2008年来自金融系统内部的历史欠债，肇始于2008年的全球性金融危机从未被解决，金融体系、经济市场的运行只不过靠着全球央行普遍"大放水"来续命；又有外生性危机，疫情、俄乌冲突、极端气候等因素持续搅动。

诺贝尔经济学奖获得者迈克尔·斯宾塞警告，对大多数发展中国家而言，同时发生经济、能源、粮食和债务危机的可能性高得令人担忧。事实上，在多重危机叠加下，即便是欧洲也不再淡定，预计到2024年，英国会有超过500万户家庭的储蓄被巨额能源支出耗尽。而德国自两德统一以来，首次出现月度贸易逆差。2022年5月，德国贸易逆差10亿欧元，被《每日镜报》等德国媒体视为危及"德国繁荣模式"的"具有严重后果的趋势性逆转"。

面对危机，自保是本能反应。只不过，从救市举措看，财政政策具有脆弱性，政府持续的入不敷出限制了财政"工具箱"。国际货币基金组织（IMF）估算的数据显示，2022年发达经济体财政赤字占GDP的比例为3.6%，而新兴市场与发展中经济体财政赤字占GDP的比例为6.1%。仍处高位的债务，不仅限制了财政政策的进一步开展，也正逐渐透支政府信用。而货币政策又面临通胀与经济衰退的两难。尽管坚决加息以抗击通胀是沃尔克留给美联储的"根深蒂固"的货币操作经验，也被全球主要央行奉为"铁律"；但多重危机叠加下的经济体就像多种疾病缠身的腐朽老人，早已承受不了任何刺激性医疗手段。以日本为例，负债率达到260%，超过其国内同期GDP的两倍，一旦加息，可能连利息都还不上。

说到底，无论是政策宽松还是政策缩紧，无论是量化宽松（QE）还是加息，表面看都是为了保证经济处于合理的运行区间，但实质都只是延缓了危机爆发的时点，改变了危机爆发的呈现形式（如从V字形到U字形），并将政策副作用的爆发时间延迟而已，并没有真正解决经济运行中的病灶。

辩证地看，危机是"危""机"的一体两面，既然政府举措无法避免经济危机的到来，又绝不会平静地接受危机的爆发，就有必要将这两个字分开，尽可能地捕捉到"危"中的"机遇"。美籍奥地利政治经济学家约瑟夫·熊彼特认为，经济的发展不是静态均衡的，而是动态非均衡的，不是设计出来的，而是进化出来的。在一定程度上，危机是重新洗牌、优胜劣汰的进化过程。当危机降临，原有的技术、商业模式、赚钱路径难以为继，生产和生活需求开始萎缩，这些刺激着人们的创造力，启发人们通过新技术、新模式寻求更低成本和更高收益。创新不仅引发产业革命，也开辟出更多对供给的新需求空间。企业和个人重新进入市场，开启新一轮的"回升"——这个过程将要素资源从效率低下、损毁价值的模式与组织中释放出来，被效率更高、创造更大价值的模式与组织利用。尽管会引起经济的短暂萧条，但也预埋了让市场结构和经济秩序得到优化、经济体的总体效率和竞争力得以提升的空间。

更进一步而言，经济危机中"危"与"机"是客观存在的，但能否抓住这个战略契机，化危为机，则需要主动创造机缘。回溯历史，国家普遍采取两种手段：第一种是和平手段，驱动科技进步来做大蛋糕，以经济增量平抑经济危机的产生。这虽然听上去很美，但科技发展具有偶然性、不可控性，甚至还依赖于天降好运，属于驾驭经济危机的被动机缘。而当没有这份运气来驱动增量空间时，就只能进行存量博弈，抢其他人的钱还自己的债，即付诸第二种手段，即暴力手段，强行打开外部市场转移危机，实现内部再平衡。最极端的表达方式就是通过战争完成权力、财富再分配。典型如始发于美国的1929年大萧条席卷全球，催生了德意日法西斯，他们牵头挑起了第二次世界大战；而战时的军事订单给美国带来了军事工业的膨胀，战争融资又强化了美元的信用基础和避险功能，由此奠定了美国霸权的两大支柱（军事与美元）。然而，战争这种暴力手段并非在危机中创造机缘的终极形态。从第一性原理出发，经济危机的本质是市场经济的必然代价。由于市场经济的运行逻辑是追逐更高的利润，受规模效应驱动，生产产能大于有效消费产生的矛盾便一直存在；而过剩就要平仓，以周而复始的经济危机形式爆破。

无论是科技还是战争，都属于隔靴搔痒、避重就轻的处理方式，试图避开主要矛盾，通过其他途径去解决经济问题。如果说科技进步就是让产品更多、更高效地被生产出来，长期看又进一步加剧了生产与消费的失衡，导致危机的反复拉锯，那么战争便是一种强行的阻滞，会将问题越积越多，相应的爆发程度就越来越强。如果想要最大限度地创造化危为机的机缘，根本方式就是釜底抽薪，驱动范式迭代。

事实上，经济学中何为正统观念并不像自然科学那样明确，因此学界同时存在和追求着多种观点，百年来经济叙事便发生了两次迭代与演化：1929年的股市崩盘和大萧条促成了凯恩斯主义经济学派作为统治性的范式，20世纪70年代的滞胀让芝加哥学派领导的自由市场经济理论成为替代性新范式。只可惜，两轮范式迭代都没有让我们在面对经济危机时变得更加从容，如今多重危机正变得更加极端，全世界都亟须寻找一种全新的经济范式。

如果从国际炒家做空中国、西方老调重弹的"中国崩溃论"等叙事中跳出来，站在客观、中性的角度，就会发现：中国正抓紧本轮经济危机的战略机缘——正以最大限度打破美国从外部给我们施加的种种阻扰，尽管不可能一时间在绝对层面变强，但已经实现在相对层面变强。全球十大工业国，只有中国保持绝对的顺差优势，2022年，我国经常账户顺差4019亿美元，其中，货物贸易顺差

6686亿美元，服务贸易逆差923亿美元。2022年5月，国际货币基金组织对于构成特别提款权（SDR）的一篮子货币进行的定值审查中，人民币权重也从此前的10.92%上调至12.28%。因此，虽然短期内世界经济状况或许会一定程度地波及中国，但是从中长期的角度看，此时却是一个百年难遇的战略契机。而这种机缘，是主动作为、稳健发展成就了具有韧性的"全球经济安全岛"。2008—2020年全球GDP增长了20.96万亿美元，其中，中国贡献了48.38%（中国GDP增量为10.14万亿美元）[1]；而2020年以来，中国吸收外资的规模越来越大。联合国贸发会发布《全球投资趋势检测》报告称，2020年中国首次超越美国成为最大外资流入国，录得1630亿美元FDI（外国直接投资）流入，吸收外资占全球比重提升至19%。[2] 2021年中国吸引外资首破万亿元人民币大关，达到1.1亿元，实际使用外资以人民币计增长14.9%。[3] 再看2022年，中国实际使用外资额同比增长6.3%，规模再创历史新高。这在一定程度上是因为中国在潜移默化中靠近经济范式迭代的方向：中国的制度、模式一直处于动态演变之中，在政府与市场"双人共舞"的经验中能逐步摸索出纠正市场失灵之道。在此过程中，对于身处这片土壤的每一个普通人而言，应该做到"每临大事有静气，不信今时无古贤"。

---

[1] 数据客.2008年以来,全世界每年30%左右的经济增长来自中国[EB/OL].(2021-11-06) [2023-09-10].https://gdp.gotohui.com/list/166554.html.
[2] 界面新闻.中国首次超越美国成为最大外资流入国：去年吸收全球近2成FDI[EB/OL].（2021-01-25）[2023-09-10].https://www.jiemian.com/article/5592889.html.
[3] 人民资讯.2021年中国吸引外资首破万亿[EB/OL].（2022-01-26）.https://baijiahao.baidu.com/s?id=1722976211025878902&wfr=spider&for=pc.

目 录

第一章 "危""机"的一体两面 -001
  经济大势脉络梳理 -003
  中国经济动力系统性切换 -007
  靠什么扭转预期？信心来自市场 -011

第二章 时代将中国推向世界舞台中央 -015
  从一枝独秀到10年相持 -017
  中国的三大过剩与四大替代 -021
  迈向世界舞台中央的机遇与挑战 -025

第三章 一个可持续的世界 -031
  不幸被言中：全球进入自然灾害频发阶段 -033
  变革生产方式、交换方式和生活方式 -042
  未来穿什么？ -047
  未来吃什么？ -056
  未来怎么住？ -063
  未来怎么行？ -068

第四章　共同富裕与人口问题 -077

人口危机：断崖与急转 -079

生育低谷与 ChatGPT -084

从"讨好年轻人"到"讨好老年人" -090

四次分配：共同富裕"主战场" -097

第五章　再造金融新体系 -101

把金融关进笼子里 -103

遏制金融化不会一帆风顺 -107

北交所，新赛道 -111

金融资本的中国道路 -116

第六章　房地产行业的理性回归 -121

楼市翻转：突发性、必然性、趋势性 -123

房地产行情本质特征——分化 -128

房地产税开启从高速向高质的模式切换 -130

房企转型背水一战 -136

"租购并举"制度安排空间 -142

第七章　站上投资逻辑新起点 -149

资本进入折叠时代 -151

价值投资不在中国？ -156

投资斜率还是投资波动？ -161

股市如何摆脱"戏份足、利润薄"？ -166

第八章　产业转型与升级 -173

资本新加坡、产业东南亚 -175

产业链从"候鸟迁徙"到"板块漂移"？ -181

产业颠覆时代，多是"第三者插足"？ -185

数字化转型：转型的多，成功的少 -190

元宇宙：数实融合的主战场 -194

第九章　新一轮生态经济转型 -199

躲不过碳中和的六大行业 -201

企业碳中和——真假"绿色"？ -208

互联网"双碳"路线图 -213

碳交易：市场、国家、科技三方博弈 -219

第十章　寻找第二增长曲线 -227

从生产型企业到科研型企业 -229

永恒的第二增长曲线 -236

眼界决定商业格局 -241

企业出海新国际化 -246

第十一章　企业第五次管理革命 -253

为什么企业家都爱读兵法？ -255

战略是"长谋划""大决定" -260

第五次管理革命——界面革命 -265

企业家未来的星辰大海 -269

第十二章 个人如何面对财富问题 —275

中国须过"财富关" —277

"钱"景不妙 —281

不要把钱放在心上 —285

第一章

"危""机"的一体两面

第一章 "危""机"的一体两面

经济动荡中"危"与"机"是客观存在的,想要抓住这个战略契机,化危为机,需要主动创造机缘。

经济大势脉络梳理

国际经济形势变幻莫测。宏观上,一边是国家竞争越来越激烈,贸易保护主义依然盛行,地缘摩擦此起彼伏;另一边是为挽救经济,多国出台各类经济刺激计划,力保经济平稳运行。中观上,金融市场危机四伏,数字化渗透到各行各业,碳中和语境下企业"碳"革命迫在眉睫。微观上,新就业形态不断涌现,企业数字化与组织变革等变动频频上演。显然,大到国家博弈、宏观政策,小到产业链、外贸,经济发展的不确定因素太多,那么,影响世界经济大势的脉络究竟是什么?如何穿透迷雾,转危为机,为后续发展做准备?

就目前而言，世界经济发展的关键脉络是，阻挠甚至中断世界经济复苏的两大危机尚未消退。

一是反WTO导致的国际政经关系失衡危机。从贸易保护主义纷纷抬头，反全球化力量急剧上升，到国与国之间愈演愈烈的政治极化，世界政经关系逐渐失衡。殊不知，在经济全球化时代，虽说WTO让全球资源在市场经济优化配置下进行国际分工，可市场经济却内置"强者愈强、弱者愈弱"的马太效应，反而让WTO的全球资源优化配置的作用失效，加之跨国企业在国际上的推波助澜（在全球寻找价值洼地，把利润留给自己，把问题留给母国和投资地），以致国家之间的差距越来越大。可以说，市场经济走火入魔才是各国政经关系失衡的根本性源头。但各国对此缺乏认识，也未有相应的化解手段，反倒把矛头指向他国。正因如此，国际对抗情绪愈加浓厚，这也就注定了世界尚未迎来全面调整期，仍处于失衡阶段。

二是以美国为代表的西方，其金融已高度发达，且未出现转折性趋势。且不说，在西方发达国家，金融拐至"钱生钱"的自娱自乐，虹吸各类社会资源，掏空实体经济。而今为抢救经济，各国央行十八般武艺齐发，实则酝酿着更大规模的金融海啸。其刺激经济的效果有限不说，反倒弄巧成拙：不仅进一步加剧脱实向虚，虚拟资产被越推越高而实体经济却每况愈下；而且金融市场还在急速扭曲，无数财产被蒸发，还上演击鼓传花的金融游戏，催生了比特币等史上最大的金融"泡沫"。显然，西方国家大都被金融所绑架，还在变本加厉、一条路走到黑，一旦种种金融投机破产，势必引发金融市场踩踏。

以上两大危机正在世界范围内蔓延，在底层逻辑上影响着世界经济的方方面面。世界本已如此艰难，可谁知竟还有新的三大危机

"提前布局"！

一是人工智能使众多就业岗位不复存在，引发社会性就业危机。目前以人工智能为主的科技革命正在"扫荡"各行各业：早在2018年底，优衣库设在东京的仓库里，90%的人工岗位就已被智能机器人所取代；经合组织指出，在未来20年内，现有岗位近半数将因自动化而消失或改变；麦肯锡预测，到2030年，中国或有2.81亿个岗位因数字化和自动化而消失。毋庸置疑，AI 瓦解了传统的生产方式，人力不断被淘汰，最终导致人口相对过剩，大量人口沦为"无用之人"。当大多数人无所事事，必定要"无事生非"，引发社会动荡，届时，技术作为一把"双刃剑"所引发的规模化就业危机将被置于风口浪尖，而这有赖于国家层面未雨绸缪的顶层制度设计。就拿社会保障来说，届时需要为失业人群提供基本的生活保障，而这又不可避免地牵涉税收等其他财富再分配制度。可问题是当下各国都预案不足，尚未对此做好"软着陆"的准备。

二是人类因生物医疗技术的精进而长寿，世界迎来前所未有的人口老龄化危机。随着现代医学的发展，人类预期寿命得以延长，于是世界加速"变老"，中国已成为世界上老年人口数量最多的国家，老龄化速度世界罕见。更严峻的是，从基因编辑、干细胞疗法等生命科学技术的不断精进，到 AI 等超科技让人类的肉体与机器合为一体，都将使这一趋势加速延续。全球老龄化是不可逆转、不能变更的事实：2030年，人类历史上头一遭，50岁以上人口将超过17岁以下的人口；联合国预测，2050年，65岁以上人口将占全球总人口的16%。而人口老龄化绝不是孤立的问题，当愈来愈少的年轻人要供养愈来愈多的老年人，当下的养老金制度、年龄界定、养老方式等都将"玩"不下去。可各国的心态还停留在过去、没跟上未来：要么将老年污名化，有着根深蒂固的"惧老症"；要么在老年人再就业、社区养老等制度上未进行系统性战略预埋。照此下去，老龄化极有可能成为社会危机的潜在导火索。

三是不婚主义蔓延、生育低谷等带来的人口断崖式失衡危机。近年来，横贯农业时代和工业时代前期的高生育率状况似乎戛然而止，从新生代转变婚育观念，倡导"远离婚姻和生育"，到病理性不孕不育导致生育力低下，再到房价、教育等生育压力，人们"不想生，不能生，不敢生"，全球生育率正陡然下降：欧洲多国深陷低生育率陷阱；亚洲生育率持续走低，韩国或将成"全球首个消失的国家"；21世纪末，日本等23国的人口恐将减半……于是各国使出浑身解数鼓励生育，给房、给钱、降税、帮养多措并举，但作用依然十分有限。殊不知人口断崖式失衡是社会发展的必然，以政策作为武器来鼓励生育也就落伍了。毕竟，在信息文明与生物文明的叠加下，人口增长的前提已经变了，国家转向优化存量人口的"再配置"，使其发挥最大效力，或更为适宜。

显然，前有主要体现在政治经济领域的两大危机延续展开，后有集中反映在社会结构领域的后三大危机"提前布局"，世界的动荡跃然纸上。只不过，如果说前两大危机是市场经济如水银泻地、无孔不入所致，那么后三大危机则是科学技术进步引发的社会"不可承受之重"，隐藏性、危险性更大。种种危机席卷之下，世界正在破碎。究竟该如何应对？鉴于世界危机愈演愈烈的趋势或将难以改变，应对只能平滑。那些善于叠加、链接的国家、企业更有可能平稳渡过：对国家而言，一方面继续发挥市场经济优化资源配置的功能，使市场起决定性作用；另一方面，社会经济对市场经济进行"补位"。对企业而言，则是要分析、顺应经济形势，于危机中发现机会，把未来引领性产业纳入企业的战略重心，坚守"永恒的北方"，并配以灵活的复式化组织进行版本升级。总之，世界危机正扑面而来，但方向是明确清晰的，从市场经济到社会经济，以叠加、复式为手段嫁接出桥梁，方能平稳迭代、抓住未来。在这个过程中，率先开启复式时代的中国极有可能实现惊险一跃，而中国也面临着新的形势变化。

中国经济动力系统性切换

2022年我国经济受外界冲击明显，但根本上还是原有经济引擎"失灵"、新经济动力不足所致，不仅传统的"三驾马车"集体失速、人口红利和房地产红利逐渐失效，而且新经济动力系统也有待弥合。外部扰动暴露出我国原有经济动力的不足，但也开辟了2023年我国经济动力切换的窗口期、机遇期。原因在于：

一是引起全球经济动荡的部分扰动因素趋于消退。地缘政治方面，俄乌冲突在延宕一年多后，其带来的市场面冲击波开始趋小。货币政策调控方面，尽管通胀仍处于高位，但美联储超大规模加息潮正进入尾声。全球流动性的缓解，将有利于提振人民币汇率，对我国资本市场形成较强的支撑。

二是国家政策打出了一套刺激经济的"组合拳"。首先，针对房地产市场的"金融十六条"提出用保交楼促进购房者信心恢复、用企业债务展期＋支持融资稳定市场主体、用个人购房信贷带动市场恢复。紧接着，优化疫情防控的"新十条"最大限度地服务经济复苏，为企业出海创造好机会。最后，中央经济工作会议为2023年经济恢复定下基调。党的二十大报告指出要"增强消费对经济发展的基础性作用和投资对优化供给结构的关键作用"，在2023年或将有更多支持政策出台。由此，市场对经济的信心和预期不断提高。《经济蓝皮书：2023年中国经济形势分析与预测》预计，2023年中国经济增长率在5.1%左右，呈现明显复苏态势，经济运行将整体好转。

由此观之，从失序到有序，从修复到增长，2023年或将成为中国经济新旧动力切换的关键节点，新一轮经济发展的战略蓝图将随之出现。经济新动能通过结构性改革等新举措以及新一代信息技术革命，来培育经济社会发展的新动力。在百年未有之大变局中，随着我国传统的经济增长模式的失效，笔者提出了未来30年中国新经济增长的"6＋1"动力因子，即大基建、后工业、新能源、新"三农"、数字化、绿色化六大增长引擎，叠加中国作为"世界经济安全岛"的特殊地位。当下"6＋1"动力因子已隆隆作响、开足马力。

首先，从工业赋能到科技赋能，以创新驱动引领中国经济进入跨越式发展新阶段。在以信息产业为主导的科技文明时代，信息化、智能化作为杠杆培育新动能，激发出传统产业转型的活力。在工业时代人们实现了标准化的大规模生产，而在科技时代，机器不仅进阶为可以实时监控、质量追溯的无人生产和智能生产工具，而且人工智能生成内容（AIGC）掀起前所未有的内容生产力变革，如AI绘画和写作，更有望代替人类脑力，创造出更高的社会价值。

其次，动力因子从单打独斗到深度融合，弥合经济动力的碎片化，实现产业优势的联动。过去，动力因子往往单点爆发，而今，动力因子之间全方位渗透，多学科、多领域、多技术互为融合成为科技升级突破的内在支撑。例如，在乡村振兴背景下，"绿色化＋数字化＋新'三农'"的有效融合成为我国新农村建设的一项重要举措。一方面，农产品电子商务蓬勃发展，农产品网络零售额大幅增长，巩固脱贫攻坚效果显著。2022年全国农产品网络零售额为5313.8亿元，同比增长9.2%，增速比2021年提升7.3个百分点。[①]另一方面，在绿色乡村的建设中，可以通过生态检测系统建立精准的数字化环境监管机制，以此打造独具魅力的生态乡村。

最后，我国"世界经济安全岛"的权重持续上升，促进全球高端要素资源集聚，打通国际国内"双轮驱动"。一方面，"增持"成为肯定中国"世界经济安全岛"地位最直观的表达。2023年1月，北向资金在沪深交易所累计净买入1412.9亿元，净买入量超过了2022年全年规模。同期，明晟中国指数上涨近12%，连续3个月累计涨幅超过40%。[②]另一方面，"十四五"利用外资发展规划明确提出支持外商投资企业研发中心参与承担国家科技计划项目。目前在华外资超过60%流向高附加值服务业，超过30%流入高技术、高附加值的制造业，如三星对华投资不再是生产手机、组装电视，而是生产闪存芯片。据上海市商务委的统计数据，2022年上海新增跨国公司地区总部60家、外资研发中心25家，累计设立跨国公

---

① 高新技术产业研究院.2023中国农业农村发展趋势报告来啦！[EB/OL].（2023-06-05）[2023-09-15].https://www.sohu.com/a/682306604_626579.
② 北国网.中国经济为全球增长注入有益增量[EB/OL].（2023-04-15）[2023-09-15]. https://finance.sina.com.cn/jjxw/2023-04-15/doc-imyqmpwv0114197.shtml.

司地区总部891家、外资研发中心531家。[①] 外资外企的涌入将促进全球高端要素资源集聚中国市场，进而推动产业链、创新链高速发展。

进一步而言，我国在2023年启动经济动力系统切换，其作为一股不可忽视的力量也有望弥合世界经济运作系统的裂痕：一方面，打通"双循环"模式的中国将促进生产要素在全球市场的流通。当"逆全球化"、疫情等撕裂全球经济系统，打通"双循环"模式的中国凭借工业体系齐全、经济结构多层、产业链开放，将产生强大引力，与各经济体进行横向和纵向的"三链"合作。尤其是当下，借助贸易新业态、新模式的加速发展，跨境电商等新业态、新模式蓬勃发展，不仅工业产品，中国大量基建项目走出国门也加速了技术、人才等要素在国际市场的流通。卡塔尔世界杯开幕式的主体育场——卢塞尔体育场就是中国铁建国际承包建设的。另一方面，发展本就是一种能量释放，随着我国经济发展战略在全球的率先调整，从中提炼的智慧、经验将解开世界经济模式的死结。目前全球自由市场的弊端已显现，华尔街"钱生钱"的金融模式难以在科技经济时代提供创新的乐土，仅仅依靠市场的自发调节和国家的有限调节已不足以应对。中国经济走向世界舞台中央，本就自带"大市场＋大政府"融合的基因，制度、模式也一直处于动态演变之中，为对冲自由市场经济提供了一定借鉴。

"最后活下来的不是最强大的，也不是最聪明的，而是最快适应环境的。"几十年前的发展模式显然无法延续百年。值得注意的是，经济动能切换并非一蹴而就，难免会经历"腾笼换鸟"的阵痛。

[①] 周孙榆，李秋莹. 跨国企业在中国：上海力争2023年新增跨国公司地区总部60家[EB/OL].（2023-02-18）[2023-09-10].https://m.chinanews.com/wap/detail/chs/sp/9956054.shtml.

2023年是中国正式启动经济动能切换的元年。中国的制造业迈向高端，中国的科技自主创新能力的提升离不开时间的积淀。况且，转型如同脱胎换骨，是一个艰辛的过程，需要付出巨大代价。同时，新、旧动能也并非此消彼长的关系，而是需要在不断发展的过程中找到平衡点，才能"涅槃重生"。发展新动能并非要摒弃旧动能，而是以创造性力量颠覆和淘汰阻碍发展的不利因素，如此，经济发展将通过结构性改革实现新的动态平衡。如在新能源转型的过程中，传统化石燃料的依存度依然高达70%。一味追求新经济转型只会捉襟见肘、自顾不暇，在新、旧动能之间取得发展平衡的临界点才能实现转型的良性过渡。

靠什么扭转预期？信心来自市场

如果要用一个词来总结2023年上半年国内经济工作，大约是"复苏"二字。围绕着这个目标，政策不断出台：中央"稳经济"，明确五大政策。在2022年12月6日的中共中央政治局会议上，"坚持稳中求进工作总基调""明年要坚持稳字当头、稳中求进""突出做好稳增长、稳就业、稳物价工作"等一系列部署无不强调一个"稳"字。政策的出台带动了市场面的积极信号。例如联合国2023年5月发布的《2023年中期世界经济形势与展望》报告显示，由于新冠疫情影响持续、气候变化恶化的影响和宏观经济结构性挑战，世界经济仍面临长期低增长的风险。但中国却将经济增长率上调为5.3%。IMF则称中国"可能是影响2023年全球增长最重要的因素"。

但这并未彻底打消市场的忧虑，体现在数字上，2023年1月，全国社融存量增速为9.4%，继续探底，刷新历史新低。在社融被拖累的背后，企业信心不足，1月企业债券净融资额同比减少4352亿元。外币贷款规模收缩，1月外币贷款同比减少1162亿元。资本市场波动加剧，投资者风险偏好下降，1月非金融企业股票融资同比亦减少475亿元。[1]这一忧虑也体现在居民纷纷选择提前还贷的行动中。一方面，这说明购房者对未来楼市的预期发生了逆转，"未来房价还能再涨涨"已然不是共识；另一方面，这也反映出稍稍"手有闲钱"的投资者不看好其他金融投资前景，提前还贷也是在变相止损。

其实，当今世界各国普遍面临市场原罪，西方自由主义已经兜不住市场，借政府之手对冲市场渐成趋势。一向自诩"自由市场"的欧美如今深陷经济下行的压力之中，IMF于2023年1月31日公布的报告指出，以G7（七国集团）为代表的发达国家对2023年经济增长率的预期都不高，尤其是英国极有可能成为唯一经济负增长的发达国家，2023年，其经济预计收缩0.6%。相比之下，连饱受西方制裁、身处战争状态的俄罗斯，2023年经济预计都有1%的增长率。美国更是一把将"国家主义"的大旗插在经济领域，借助美元的霸权地位收割全球的"韭菜"，才将经济增长稳了下来。而中国从计划经济的半道拐到市场经济，在市场与政府的"二人转"把握上具有特殊优势。要知道，政府与市场绝非对立的两面，而是各

---

[1] 券商研报精选.财信研究评1月货币数据：1月信贷创天量新高，但地产恢复仍需政策加力[EB/OL].（2023-02-12）[2023-09-10]. https://www.sohu.com/a/639755266_114984.

自有不可替代的优势；核心是在不彼此替代的前提下进一步驱动政府与市场各自发挥作用、相互融合。

换言之，政府通过系统性的制度安排引导信心，让市场在此框架下充分释放活力，发挥主体作用。一方面，中国未来经济动力进入系统性的切换期，"6+1"模式兴起时，需要成熟的制度安排锁定长期向好的预期。正是站在新、旧动能切换的历史十字路口，才需要做出触及灵魂的改革，用长期的制度创新来代替短期的政策刺激。另一方面，以稳定的制度创新点燃市场各类主体的"星星之火"。行政管理只是短期的调整，而制度性的安排才是长期的稳定之锚。例如当下对税制改革的千呼万唤，就源自经济形态的变革。如今实体企业的税负已然成为极大的经营负担，反而是互联网经济中多有漏洞，平台经济下常常曝出某"网红"偷逃了一大笔税款。与其像打地鼠一样查一个抓一个，不如调整机制，使其更符合信息时代的趋势。

由此可见，系统性的制度安排更适应于当下，而在制度落地的过程中，市场又是最重要的抓手，围绕着激发市场活力、增强经济信心，一系列的变化将显现在未来的制度安排中。

一是通过将权力下放到市场以提升自由度。从2018年12月商务部、发改委首次全面实施市场准入负面清单制度以来，到2022年版清单，事项从最初的151项减少至117项，缩减约23%。在某种意义上，将规定什么是企业可以做的白名单替代为告诉企业什么不能做的黑名单（市场准入负面清单），就是在给市场下放更多的权力。

二是提升市场机制运行的透明度。一个遵循着"三公原则"（公平、公正、公开）的市场更能打消参与者的疑虑。2023年2月

1日，股票发行注册制改革正式启动。这项制度安排一方面将审核的权力下放到交易所，给市场更多的选择权，另一方面以信息披露为核心，提升审核注册的效率、透明度和可预期性。例如沪深交易所相关配套规则新增规定，要求契约型基金、信托计划或资产管理计划作为控股股东、第一大股东时进行穿透披露，规定了高管参与的专项资管计划减持战略配售股份的披露义务。

三是维系市场方向的稳定度。从商鞅立木取信到吕不韦一字千金，再到20世纪卢卡斯的预期管理理论，公众只有看到明确稳定的市场方向，才能下决心参与市场、建设市场。如今，世界各国已经进入经济复苏的竞速赛场，除了用政策来引导，扭转预期还要靠市场制度的革新，让市场活力发挥支撑信心的中流砥柱般的作用。

第二章

时代将中国推向世界舞台中央

中国从逐渐崛起到真正站上世界舞台中心，存在一个时间差，需要慢慢发展。这一过程固然不可避免，但幸而将在时代的作用力下逐步推进。

从一枝独秀到 10 年相持

从全球范围看，中国经济的表现依然突出。2022 年，我国 GDP 比上年增长 3%，在全球主要经济体中名列前茅；经济规模达到 121 万亿元，稳居世界第二大经济体，占全球经济的 18% 左右，经济增长快于多数主要经济体。① 在世界经济前景黯淡、地缘政治局势紧张的情况下，中国在推动全球经济复苏方面发挥着越来越重要的作用。然而，宏观亮眼，中微观却难。2023 年 4 月，中国

---

① 张晓翀.去年我国 GDP 总量稳居世界第二，即将跻身高收入经济体行列[EB/OL].（2023-02-28）[2023-09-10].https://baijiahao.baidu.com/s?id=1759073410662218315&wfr=spider&for=pc.

制造业采购经理人指数（PMI）为49.2%，已低于临界点。从不同规模的企业看，大、中、小型企业的PMI分别为49.3%、49.2%和49.0%，均低于临界点。[①] 从分类指数看，在构成制造业PMI的5个分类指数中，生产指数和供应商配送时间指数高于临界点，新订单指数、原材料库存指数和从业人员指数均低于临界点。那么，究竟该如何理解宏观与中微观之间的落差？危机到底在哪儿？

实际上，宏观层面之所以如此亮眼，背后有其必然性。一方面是因为中国经济率先从疫情中走出。中国一手抓防控，一手抓复工复产，做到了两手抓、两手硬。因而在其他国家尚处于疫情的水深火热中时，中国率先马力全开，并成为世界各国采购防疫等各类物资的首选地。另一方面是因为老的增长空间尚未用尽，新的增长空间又集中而至。具体体现在以下六点。

第一，从改革开放到复式时代。改革开放后，中国从计划经济转轨至市场经济，政府权重降低，逐渐让位于市场，不断释放出市场的潜力。当今世界百年未有之大变局加速演进，复式危机全面爆发，单一、线性的发展路径已经走不通，必须走上"大政府＋大市场"的第三条道路。

第二，从区域纵深到双循环。过去，东部沿海、中西部等区域分梯次向纵深发展，东部经济率先腾飞，不可避免地造成了区域经济落差。而今，"脱钩"强势登台，全球化面临"进二退一"[②]，尤其是中国走向构建以国内大循环为主体、国内国际双循环相互促进的新发展格局，离不开国内统一市场的大循环，国内面临市场经济的

---

① 国家统计局.2023年4月中国采购经理指数运行情况[R/OL].（2023-04-30）[2023-09-10].http://www.stats.gov.cn/sj/zxfb/202304/t20230429_1939136.html.
② "进二退一"指进步并非直线性向前，而是在曲折中螺旋式上升。"退一"仅为插曲，"进二"才是大趋势。

二次统一。而双循环本身也恰恰抓住了复式时代的要义。

第三，从城市化到城市深化。城市化在带来经济繁荣的同时，也带来了同质化的城市定位、同构化的产业结构，以及同源化的空间布局等，部分城市内涵缺失，城市发展急需深化补魂。

第四，市场空间从城市拓展到新农村。过去通过价格剪刀差，实现农村、农业支持城市发展。如今，城乡关系走向城乡一体化、城乡融合发展，且国家将更多的目光转向农村。按"新农村建设"总体部署，政府基本建设的增量将主要用于农业和农村，推动城市基础设施向农村延伸。如在"十四五"期间，中国将实行村庄整体规划等措施，进一步建设新农村智能系统住宅。与城市深化相对应的是，新农村建设不仅涵盖交通、住宅等硬件的基本建设，还更注重人文、教育等软件的基本建设，以求最大化释放农村发展潜力。

第五，从工业化到数智经济。在工业经济时代，经济发展主要取决于对自然资源的占有和配置。在工业化推进过程中，经济总量快速上升，人民生活水平显著提高，但也带来了产业与区域发展的不平衡。而在网络、大数据、物联网和人工智能等技术支持下，主动地满足人的各种需求的数智经济时代来临，这将极大地拉平差距，城市和企业的数字化转型成为必由之路。

第六，从劳动力禀赋到中产消费。过去，中国依靠劳动力禀赋实现了经济高增长。如今，人口红利逐渐退却，与此同时，中产消费群体崛起，中国经济将由劳动力禀赋带动逐渐转向由中产消费支撑。美国布鲁金斯学会估算，到 2027 年，估计会有 12 亿中国人属于中产。[1] 中国作为世界最大的中产消费市场，显然已成为跨国企

---

[1] 环球网.美媒：中国中产影响未来全球政经 [EB/OL].（2020-10-14）[2023-09-10]. https://baijiahao.baidu.com/s?id=1680478136233522094&wfr=spider&for=pc.

业的优先选择，而这必将影响未来全球的政治经济。只不过，中产消费将迈入以精神消费为主的新阶段。

概而言之，老"5＋1"（工业化、城镇化、市场空间、劳动力禀赋、区域纵深＋改革开放）带动中国进入经济起飞期，新"6＋1"（大基建、后工业、数字化、绿色化、新能源、新"三农"＋世界经济安全岛）已呼啸而来，这奠定了中国经济的基本盘，也造就了当下宏观层面的大好行情。

中微观层面却异常艰难，一方面在于新经济登台，老经济难以适应，新老交替加速了产业重整。新经济浪潮对各行业的渗透和扩张，直接影响并冲击着传统产业的发展。随着劳动力成本及其他要素成本的逐渐提高，传统产业的比较优势逐渐减弱，老经济的生存空间被挤压。以传统零售业为例，中国零售业净利润率从2015年的3.2%下降到2017年的2.7%，如今更是在2%左右浮动。另一方面则在于各行各业面临产能过剩后的大洗牌。市场经济一边创造财富，一边制造过剩，从钢铁、煤炭到造船、化工，乃至某些新兴产业，都出现了产能过剩问题。以汽车行业为例，不仅传统燃油车过剩，新能源车也出现了产能过剩问题。更要命的是，全球大放水下，各类资产价格扭曲高涨。2020年初新冠疫情暴发以来，以美国为首的发达国家不断采取前所未有的财政刺激政策和货币宽松措施，由于实体经济恢复缓慢，无处可去的资金正不断流入各种实物资产，导致原材料价格走高，各行业、企业遭受直接或间接的成本冲击，已是举步维艰。

因此，从宏观上看危机似乎没了踪影，而实际上危机早已变异、变形。中国经济未来10年的发展将进入一个迥异于以往、战略相持的时期。

一是旧矛盾叠加新问题，未来俄乌战争、能源危机以及全球经济衰退还存在诸多不确定性，给我国的经济转型设置了重重障碍。

二是中美博弈陷入僵持阶段。中美两个大国之间本就有差异，而生存空间的挤压更是带来矛盾。当下，美国正阶段性地对中国进行战略围堵，中国也不断予以正当反击。

三是经济旧动能转向新动能，还需相当漫长的切换期。旧动能比如房地产行业，过度绑架了经济与社会，而现在，靠刺激房地产来拉动经济的时代已一去不复返，且过去"大量建设、大量消耗、大量排放"和过度房地产化的城市开发建设方式也难以为继。2020年以来，对房地产的调控政策以及再推房地产税试点已然彰显出国家管控房地产风险的决心。然而，旧动能受限，新动能却难以及时跟上。而且，新、旧动能切换并不意味着对旧动能的全盘否定及对新动能的盲目追逐。如新基建虽是未来发展的趋势与主流，但真正的应用场景尚未全面到来，基站能耗巨大且已然过剩，不知不觉中成了"烧钱"的无底洞。正所谓"宜未雨而绸缪，毋临渴而掘井"，面对外部环境的冲击，中国能做的准备更多的是修炼好自身，也就是做好内部动能切换，以迎接虽艰难但可以借机实现完美蜕变的10年。

中国的三大过剩与四大替代

在全球危机下，世界经济还依赖中国市场的拉动，而中国自身也感受到前所未有的压力。中国经济要实现平稳地回归常态增长，并且更加可持续地常态增长，尚需付出更多努力。更何况，目前中国还面临三大过剩——制造业产能过剩、城市化相对过剩（以钢筋水泥外延扩张为基本特征）、过度金融化尚未出清。而四大替代——新消费、新基建、城市深化、新型金融资本领域方兴未艾，未完全成势。在三大过剩与四大替代的转换时期，经济形势可谓错综复杂。那么，中国经济将走向何方？

纵观中国经济发展史不难发现，改革开放以来，中国产业发展和工业化成就瞩目，但也由此出现了第一大过剩——制造业产能过剩。产能过剩不仅意味着有大量闲置产能，意味着资源的浪费，还会产生更深远的影响，如制约经济增长、增加通货紧缩风险、增加债务风险、引发系统性风险等。为化解危机，早在2015年，中央经济工作会议就把"去产能"列为2016年五大结构性改革任务之首。但至今，制造业产能过剩痼疾难除。毕竟，工业时代的特点是批量化生产，而批量化生产会不可避免地造成产能严重过剩。停工停产的损失比继续生产的亏损更大，因为存在高昂的固定成本。

而当下，消费互联网逐渐发展成熟，同时，新消费初露头角，对冲制造业产能过剩，形成第一大替代，但与此同时又带来新的问题。疫情之下，直播带货、在线办公、互联网医疗等逐渐盛行，却又存在假货多、个人信息泄露等问题，行业相关规范等制度建设严重滞后。无论是消费互联网还是新消费，都不可避免地加快了产能过剩与个性化需求不足之间的矛盾。根本原因在于，目前互联网消费端消化的商品大部分还是建立在传统的规模化生产的基础之上，并不都能满足消费者个性化的需求。更重要的是，消费端互联网的繁荣让传统生产制造企业产生市场错觉，在过剩的生产道路上渐行渐远。历数工业时代几轮经济危机的应对方案，消化过剩产能的最终方式是市场倾销乃至战争。当代战争的成本高昂，更有毁天灭地的核弹威慑，世界大战基本属于小概率事件，所以人们只能回到生产制造领域寻找解决之法。致力于打通需求端与生产端的产业互联网应运而生，让产品在生产之时就与需求形成匹配，从根本上改善供需结构错配，化解产能过剩问题。只不过我国的产业互联网发展尚处于起步阶段，目前工业等领域的数字化程度不高。

不可否认的是，产业发展虽然带来了产能过剩，但也创造了大量的就业岗位，吸引了人口集聚，城市就此繁华、壮大，不过也由此形成了第二大过剩——城市化相对过剩。为支撑更庞大的人口的生产与生活，以钢筋水泥、高楼大厦为基本特征的外延式城市化进程铺展开来。据统计，中国城市化率已从1978年的17.9%一跃上涨到2021年的64.72%，城市数量达到了691个，成为全世界城市化速度最快的国家。[1] 然而，我国这种非典型的城市发展路径，虽在GDP的贡献上厥功至伟，却造成城市在应有功能上存在明显缺失。如今城市发展"由硬变软"，在大众从追求物质满足向追求精神体验转变的当口，若沿用过去追求钢筋水泥、高楼大厦的城市化模式，必然难以为继。世界高层建筑与都市人居学会（CTBUH）的数据库显示，截至2020年9月3日，中国"未完成"和"暂停施工"的摩天大楼共有81幢，其中66幢是烂尾楼。[2] 这些烂尾楼的建筑功能多样，但办公用途占比最高。仲量联行2021年9月发布的一份报告显示，在中国41个中心城市里，有19个城市的甲级写

---

[1] 壹城壹策.「壹城观点」新型城镇化迈入高质量发展阶段[EB/OL].（2022-10-28）[2023-09-10].https://baijiahao.baidu.com/s?id=1747907801366651704&wfr=spider&for=pc.
[2] 旺角黄汉城.中国的"摩天大楼诅咒"[EB/OL].（2020-12-22）[2023-09-10].https://new.qq.com/rain/a/20201222A0G8ZA00.

字楼空置率超过 30%。① 当下，个别地方政府要么沉溺于城市发展的惯性思维，要么还未完全实现由城市化向城市深化（第二大替代）的思维切换，城市发展从"量"到"质"，还有很长的路要走。

实际上，城市化与城市深化虽仅有一字之差，内涵却全然不同，实际落实上更是大相径庭。城市深化已然超越纯经济视角，不再囿于 GDP、土地财政等指标，而是从更高的战略层面俯瞰整个城市经济生态的格局。而在城市化转向城市深化的过程中，第三大替代——新基建的作用不容忽视。传统基建构建城市内部及各城市之间的链接，而以 5G 网络、数据中心等为代表的新基建指明未来科技发展的方向，是城市深化的新毛细血管，也是经济增长的新引擎。只不过从实际投资占比看，新基建仅占 10%，与老基建相差甚远，但新基建的成形将给城市经济发展及城市深化带来叠加、倍增效果。

进一步而言，城市的实质归根结底是人、物、信息集中与交换的场所。正是因为交易、交流及要素优化配置等功能的需要，城市化成为金融诞生的必备条件之一。而在经济发展及城市化水平提升的过程中，金融发展更是成为重要推动因素之一。但与此同时，实体经济与地方政府又不可避免地对金融产生过度依赖，造成行业性的过度金融化，因而第三大过剩随之产生，如地方债风险积聚、企业杠杆过高等，整体发展有着脱实向虚的趋势。如国际清算银行的数据显示，2015 年末中国企业部门的债务率高达 170.8%。为避免出现美国金融行业对实体经济过度挤压等负面现象，中国及时调整管控，以 2017 年的第五次全国金融工作会议为转折点，政府对过

---

① 财经白话. 写字楼库存高企！41 个中心城市，19 个空置率超 30%[EB/OL].（2022-03-08）[2023-09-10].https://baijiahao.baidu.com/s?id=1726742476651406590&wfr=spider&for=pc.

去金融发展方面的工作进行了纠偏，重新明确了金融是为实体经济服务的发展方向。

但随之而来的是各类金融衍生品相继"爆雷"。这边传统金融才被戴上回归服务实体经济的"紧箍"，而另一边，金融改革已开启一条金融资本化、资本基金化、基金平台化、平台股权化的"非典型道路"，传统金融又将被新型资本釜底抽薪，只不过新型资本的发展尚在雏形。比如社会资本尚在鼓励引导阶段，新基建投资虽在引导民间资本进入，但仍是以政府资本为主导。

由此可见，"三大过剩"已然形成，而"四大替代"尚未完全开启，经济处于转轨阶段，难免出现一时的错配、紊乱。因而有必要重新审视有形之手和无形之手的关系，既不能讳疾忌医，任由无形之手和有形之手互搏，又不能过于自信，重新回到计划经济，而是应当着力让市场机制脱胎换骨以更好地发挥基础性、决定性的作用。这决定了中国未来发展必然走向"大政府＋大市场"的复式之路。

迈向世界舞台中央的机遇与挑战

世界风云变幻，时代已将中国推向世界舞台中央。笔者在2020年6月就曾提出，由于在应对疫情上采取的不同策略和由此导致的冰火两重天的结果，中国的GDP总量超越美国将不再需要等待漫长的10～15年，而会以非常态的速度追上美国。近两年的

GDP数据也印证了笔者之前的观点。经济学人集团下的经济学人资讯社认为,按照这样的趋势发展,中国的GDP总量会在2026年超越美国;日本、英国的研究人员得出的结论则是,中国的GDP总量会在2028年超越美国,成为世界第一。简而言之,中国的GDP总量超越美国只是一个时间问题,我们这一代人即将见证一个伟大的奇迹。

从历史上看,唐朝时,中国的GDP总量就曾占到世界GDP总量的58%,而当时的第二名东罗马帝国的GDP总量仅占世界总量的9%。到了宋朝,中国的GDP总量占到世界GDP总量的60%,达到中国占世界GDP总量比重的最高峰,宋朝也是中国历史上最富有的朝代。明清时期,由于错过了第一次工业革命,中国占世界GDP总量的比重不断下降,1840年后跌至不到10%,经济大幅衰退,大量白银用于赔款。1949年以后,特别是改革开放以来,我国在经济建设上取得了巨大的成就,GDP总量节节攀升。2010年我国的GDP总量超过日本,成为世界第二大经济体。历史或许是一个轮回,我国曾经历了100多年的衰落,也走过了新中国成立以来70余年艰苦奋斗的征程,如今在经济上正在重新靠近世界舞台的中央。舆论场上开始热议一个新命题:中国站上世界舞台中心还需要多久?

事实上,从当前居于世界舞台"中心"的美国来看,早在1894年,美国的GDP总量就超过英国成为世界第一;1905年,美国在人均GDP上也超越了英国;到了1910年,在综合国力上美国已经是当之无愧的世界第一。第二次世界大战之后,在经济上,美国牵头建立了以美元为中心的布雷顿森林体系,使美元与黄金挂钩,其他国家货币与美元挂钩,让美元在国际金融市场上取得了中心地位，还建立了国际货币基金组织和世界银行这两个重要的国际金融机构。在政治上，"民主"这一概念逐渐演变成了以"宪政""个人主义""美国梦"等概念为核心的美式民主，并在全球很多地方受到热捧。自此，美国才终于获得了世界金融体系的话语权和国际舆论的强大影响力，站到了世界舞台中央。

由此观之，从 GDP 总量世界第一到建立一整套共同话语体系并得到世界认可，存在一个时间差，需要慢慢发展。中国如今虽然正一步步接近世界舞台中央，但其间还有许多障碍需要跨越、许多问题需要解决，且中国始终坚持走和平发展道路，并不主动谋求对外扩张，因此经历的时间或许会比美国更加漫长。同时，中国历来重视与世界各国的交流合作，在经济、政治、文化等方方面面也需要和各国进一步加强了解与磨合，共同解决当今世界的挑战，而这一切发展都还需要时间。

首先是经济上，人民币国际化依然道阻且长。据 IMF 的研究数据，截至 2022 年第四季度，美元在全球外汇储备中的比例为 58.36%，而人民币的占比仅有 2.69%，[1] 除了美元、欧元、日元和英镑的储备份额也高于人民币，人民币目前在全球外汇储备市场中只能排在第五位，还远远称不上国际通用货币。在海外，能够直接使用人民币交易的国家主要是一些东南亚和非洲国家，以发展中国家为主。只有人民币真正成为国际货币，才能有效对冲国际市场上美元带来的金融风险，为投资者提供更多的选择，促进世界经济的发展，维护国际金融安全。

其次是政治上，国际社会中依然存在对中国各种制度的不理

---

[1] 知行视之.全球储备货币占比：美元跌至 58.36%，欧元保持 20.47%，人民币呢 [EB/OL].（2023-04-13）[2023-09-10].https://www.163.com/dy/article/I26OIIBM05561CHP.html.

解。例如在全球抗疫的过程中，将"抗疫"政治化，质疑中国"要人权还是要安全""要抗疫还是要自由"等问题。这还只是当前国际社会上"逢中必反"风气的一个缩影。这种风气存在的背后固然离不开一些反华势力的推波助澜，但也在一定程度上证明了国际社会对中国的政治制度、社会管理方式等许多方面还缺乏了解和信任，中国的特有模式还没有得到普遍认可，想要得到更多理解和接纳，还需要耐心和时间。

最后是文化上，从影响力到产业化，中国与美国等西方发达国家相比都存在较大差距。不论是全球最受欢迎的社交媒体平台，如脸书、推特，还是最有影响力的娱乐巨头，如迪士尼、网飞，这些美国公司的全球影响力都是中国同行短期内难以望其项背的。就目前看来，中国人想要提高讲好中国故事的能力，促进中华文明与其他文明的交流，同样需要一个积累的过程。

困难固然不可避免，但幸而这一切将在时代的作用力下慢慢地推进。如果说过去登上世界舞台中央的国家是踩着鲜血上位的，那么今天中国一步步靠近世界舞台中央，更多的是顺应时代的发展，是大势所趋。

现在，与之配套的价值体系已经面临着严重的理论危机。一方面，许多国家出现了经济金融化现象，尤其是美国，出现了严重的产业空心化和社会贫富差距不断扩大的问题，社会矛盾激化，经济危机不断。另一方面，"自由、民主"的体系目前已经产生了裂痕，处在坍塌的边缘。自大批中东难民涌入欧洲以来，原有的西方资本主义价值体系就在一轮轮冲击下走到了崩溃的边缘。西方世界无法再挥舞"自由、民主、博爱"的大旗接纳难民和移民，而是走上了民粹主义、保护主义的道路，以邻为壑，互相攻讦。上层精英和底层民众之间的割裂,已无法弥合。

旧体系的坍塌已然为新体系的重建腾出空间,而当今世界百年未有之大变局加速演进,或许正孕育着转机。

一方面,疫情使中国加速成为全球的"经济安全岛"。经此一"疫",中国经济依靠国家资本与市场资本相结合,依靠完整的产业链循环体系,实现了较强的韧性复苏,成为"世界经济安全岛";而美国以金融、服务业为主体,受疫情摧残最大,以致美国金融"安全岛"的地位迅速滑落。如此反差将极大缩小中美差距。

另一方面,中国将在疫后新一波全球基建潮中脱颖而出。疫情过后,世界经济亟待复苏,但发展模式只注重眼前利益,且多以私人资本为主导,难以扛起迅速恢复世界经济、提振市场信心、改善人民生活的重任。要想让世界尽快走出疫情阴霾,由政府主导的基础设施投资与建设就成为各国的不二选择。但许多国家特别是发展中国家受疫情影响,可能短时间内无力承担大规模的基建工程,而中国不仅快速控制住了疫情,而且有底气在这一波全球范围的基建潮中大显身手。在这个过程中,秉承"共商、共享、共建"原则的"一带一路"倡议,会真正成为连接沿线各个国家和人民的桥梁,在潜移默化中让中国制造、中国标准走出国门,与世界融合,成为新的全球模式的一部分。

同时,疫情、战争等给人们的心理造成的创伤也需要修复。近年来"黑天鹅"事件频出,不论是东方文明还是西方文明,都无法单独对这一系列问题做出完美的解答,只有同时吸收采纳东西方优秀文明成果并形成新的价值话语体系,使其成为融合中华优秀传统、西方先进文化的未来需要的文明体系,才能建立在世界范围内受到接纳和欢迎的全人类共同价值,化解疫情、战争等给全人类心理带来的不良影响，让人们面向未来，重新出发。世界早已是一个整体，各国人民的命运休戚与共，紧密相连。自古以来，中国的文化基因中就蕴含着调和、折中的中庸之道和灵活多变的实用主义，因此中国才会率先提出"人类命运共同体"的理念。

总之，现在的世界正处在旧的政治秩序和道德体系坍塌，而新的体系还在酝酿和沉淀的特殊阶段。如今虽然中国在经济上即将取代美国站上世界舞台的中心，但建立新的全人类共同价值体系还需要时间积累。在这段需要慢慢熬过的时间里，中国会与世界各国一道，在交流、融合、共赢中不断发展，中国自身也会在时代推动下自觉或不自觉地走近世界舞台中央。

第三章

一个可持续的世界

气候越来越极端，充满不确定性。以前全球升温还能靠海洋吸收，如今海洋升温反而进一步强化了气候危机，其未来可能"吞噬"沿海城市。气候的加速变化正改变经济形态，让各国措手不及。当工业经济面临环保的压力，变革生产和生活方式成为必然诉求。

不幸被言中：全球进入自然灾害频发阶段

2020 年 8 月，当新冠疫情还处于高峰期时，比尔·盖茨就预测全球气候变化将是继疫情之后人类面临的下一场危机。盖茨花了 10 年时间调研气候变化的成因与影响，并预言：到 21 世纪中叶（2050 年前后），气候变化可能变得跟新冠病毒一样致命。而到 2100 年，它的致命性可能会达到该流行病的 5 倍。[1]21 世纪中叶，

---

[1] 北京大学区域与国别研究院. 比尔·盖茨关于"碳中和"的十个洞见：带给世界的解决方案 [EB/OL].（2021-05-24）[2023-09-10].https://m.thepaper.cn/baijiahao_12818855.

温室效应预计会使全球每10万人中的14人死亡；到21世纪末，如果碳排放量增速依旧很快，那么气候变化将导致每10万人中的75人死亡。除了盖茨，联合国秘书长古特雷斯于2020年12月在美国哥伦比亚大学的演讲中也发出同样预警：地球升温和气候问题正愈演愈烈，灾害频发将与疫情反复叠加，给人类带来更致命的打击。这些情况不幸被言中，全球正进入极端灾害多发期。

危机正在降临！不只是新冠疫情，气候极端化导致魔幻的《后天》式灾难场景将会轮番上演。2022年夏季，北半球多个国家和地区都遭受了高温的炙烤。美国多地遭遇高温天气，宣布进入高温紧急状态，超2亿人受到高温影响。英国气温自1841年有气象观测记录以来首次超过40℃，发布有史以来第一个"极端高温红色预警"。在与英国隔海相望的法国，2万公顷森林因高温遭山火侵袭，并造成山火蔓延，超过3.7万人被紧急疏散。在南半球，阿根廷、乌拉圭、巴拉圭和巴西都在2022年1月见证了历史性的热浪，澳大利亚西部的昂斯洛在1月的气温达到50.7℃。更令人担忧的是，南极、北极的气温均比以往高出30~40℃。2022年3月18日，科学家在全世界最冷的地区之一、南极冰穹C（Dome C）海拔3233米的康考迪亚科考站监测到-12.2℃的"特别异常"气温；在更高海拔的沃斯托克站更是监测到-17.7℃的气温，比往年同期纪录高出近15℃。[①] 自2022年入夏以来，我国多地遭遇持续高温热浪天气，全国高温日数为历史同期最多：6月13日至8月2日，全国平均高温日数为9.2天，较常年同期偏多3.6天，为1961年以来历史同期最多；区域性高温过程持续时间长、范围广、强度大、极端性

[①] Crystal. 南北极同时出现极端高温，地球怎么了？[EB/OL].（2022-03-25）[2023-09-10]. https://www.huxiu.com/article/515444.html.

强,综合强度为1961年以来第三强。种种迹象表明,人类正在遭受空前的极端高温天气"烤"验。

气候异常引发灾难的背后是"地球生病了"。18世纪中期以前,地球上的碳循环大体平衡——植物和其他物质吸收的二氧化碳量同全球排放到大气中的二氧化碳量基本相当。但工业革命后,人类开始大肆砍伐树木、燃烧化石燃料,造成大自然原有生态失衡。地球吸收不了多余的二氧化碳,臭氧层被破坏,大气环流异常,全球气温攀升。2021年2月,联合国秘书长古特雷斯语气沉重地宣布:"过去的2020年,人类遭遇了百年一遇的大瘟疫,也创造了过去1000年来全球的最高温,大气二氧化碳浓度达到了300万年以来的最高值。"

目前,全球年平均气温较工业化前(1850—1900年)已经上升了约1.1℃。2022年5月,世界气象组织指出,自2015年以来,全球年平均气温较工业化前水平暂时性升高1.5℃的概率逐步增大,到2022—2026年期间,该概率将增至近50%。预计2022—2026年,全球年平均气温将比工业化前高出1.1~1.7℃。[①]

过去80万年,大气中二氧化碳浓度在170ppm到300ppm之间波动,2022年8月,美国国家海洋和大气管理局发布的《2021年度气候状况报告》指出,2021年全球大气中二氧化碳年平均浓度为414.7±0.1ppm,比2020年增加了2.6±0.1ppm,这是自1958年使用仪器记录以来第五次高增长,是现代观测记录中测量到的最

---

① 人民网.未来五年全球较工业化前升温一点五度概率近半[EB/OL].(2022-05-11).
https://baijiahao.baidu.com/s?id=1732476217220405261&wfr=spider&for=pc.

高值。[1]越来越多的温室气体就像给地球盖了一层棉被，使得地球气候系统中的热量逐渐增加。而在这些增加的热量中，93.4%储存在海洋中，其余的大约6%中，2%加热陆地，2%加热大气，最后的2%左右融化冰盖及海冰。也就是说，全球升温产生的巨大能量很大程度上可由海洋吸收来缓解，但问题严峻到令海洋升温已是不争的事实。联合国政府间气候变化专门委员会（PICC）发布的《气候变化中的海洋和冰冻圈特别报告》显示，自1970年以来，几乎确定海洋上层2000米变暖趋势增强；1993—2017年的增暖速率至少为1969—1993年的2倍。[2]中国科学院发布的2021年全球海洋变暖报告显示，在2021年，全球海洋上层2000米吸收的热量与2020年相比，增加了$14×10^{21}$焦耳，几乎每10年都比前一个10年温度更高。[3]基于耦合气候模型的预估，海洋将在21世纪持续变暖，2018—2100年间海洋热含量上升的幅度，可能是1970—2017年间的5～7倍［RCP（路径浓度）为8.5时的情景］或2～4倍（RCP为2.6时的情景）。[4]

中国科学院物理海洋学专家成里京形象地说："如果我们把气候变化比喻成大象，海洋就是大象的身子，而地表温度的上升其实是大象的鼻子，比较灵活，变动也快，而'底盘'其实在海洋。"可千万别小看了这头发烧的大象！尤其是吸收了大量热量的海洋，

---

[1] 北极星碳管家网.最新报告：2021年地球温室气体浓度创新高！二氧化碳浓度达近百万年来最高值![EB/OL].（2022-09-02）[2023-09-10] https://news.bjx.com.cn/html/20220902/1252750.shtml.

[2] 成里京.SROCC：海洋热含量变化评估[EB/OL].（2020-04-03）[2023-09-10].http://www.tanpaifang.com/tanguwen/2020/0403/69708.html.

[3] 北京日报.中科院发布报告：2021年是有观测记录以来海洋最暖的一年[EB/OL].（2022-01-11）[2023-09-10].https://www.sohu.com/a/515885452_163278.

[4] 同②

将变得异常狂暴。过去 60 年上层 2000 米的海洋平均温度上升了 0.13℃，听上去似乎无关紧要，但若考虑海洋约占地球表面积的七成，体积约 13.5 亿立方千米，0.13℃的升温所蓄积的热量实则相当于每秒引爆 4 颗原子弹，并且持续引爆 60 年。[①] 而且，热量还在逐步向深海蔓延，这导致海洋密度分层更加剧烈，也阻隔了氧气、营养物质的交换；加之海洋盐度分离加剧，咸的地方更咸，淡的地方更淡，海水酸化正导致珊瑚礁消失、物种灭绝。仅因为海洋热浪，2017 年就有约 1 亿尾太平洋冷水鳕鱼消失。若不加以遏制，未来的海洋将从孕育万千生命的摇篮变成吞噬城市、屠戮生灵的恶魔！

水城威尼斯在 21 世纪已因为洪水两次被淹；印度尼西亚因为雅加达频繁受洪水威胁，正计划迁都；太平洋各岛国已然面临"灭顶之灾"，因为从 1993 年到现在，海平面已上升 75 毫米，其中 40% 由海水变暖的受热膨胀导致。科学家测算，如果《巴黎协定》的目标能够实现，到 2100 年海平面估计将上升 0.43 米，到 2300 年将上升 1 米；若不加限制，到 2100 年海平面将上升 0.84 米，到 2300 年将上升 3.5 米。[②] 这也意味着休斯敦、雅加达、曼谷、上海等沿海城市都将被淹没。截至 2017 年，有 3.39 亿人居住在三角洲，其中 3.29 亿人来自发展中经济体或最不发达经济体。据估计，全球有 7600 万人居住的地区暴露在热带气旋所导致的洪涝风险下。[③]《科学报告》的研究显示，到 2100 年，受海岸洪水影响的

---

① 文雯. 海洋升温 0.13°C，世界会怎样？[EB/OL].（2021-03-23）[2023-09-10]. http://news.sohu.com/a/687342268_121687424.
② 知识分子头条号. 海洋科普：0.13°C[EB/OL].（2021-03-15）[2023-09-10]. http://www.kepusz.com/knowledge-detail/i-28981.html.
③ 光明网. 气候报告首次揭示全球洪涝脆弱性 [EB/OL].[2020-10-10].https://m.gmw.cn/baijia/2020-10/19/1301690746.html.

土地会增加48%，2.87亿人将在海岸洪水中受灾，损失预计达14.2万亿美元，占全球GDP比重的20%。① 根据目前的温室气体排放模型的测算，最快在2030年，最慢也会在2050年，全球气温上升将突破1.5℃这个临界值。② 全球气温上升2℃，2.8亿人居住的陆地将被淹没；全球气温上升4℃，7.6亿人将无家可归。③

在当下的全球经济版图上，最繁华的地方都在沿海沿江地区。面对海洋的"反噬"，各国显然准备不足。虽然气候危机是"温水煮青蛙"，但人类若心存侥幸，依旧只顾着国家争端、地区博弈，那么用不着人类穷兵黩武，气候危机就将大量消灭有生力量，摧毁经济基础。尤其是气候环境的突然逆转会改变经济形态，让各国措手不及。

一方面，美国西南部正遭遇1200多年以来最严重的干旱。胡佛大坝水位创历史新低，农民为节水不得不摧毁林木甚至庄稼。2021年6月，美媒报道，美国西部有72%的地区已陷入严重干旱，其中26%处于特大干旱状态，近1.5亿人受到影响。④ 实际上，这场干旱从1999年就已开始，持续了20多年。据监测，全美近2/3毗邻的土地都被异常干旱的环境所影响。和1963—1995年相比，2021年美国西部大部分地区的降雨量低于当时的50%；除了中南部墨西哥湾等少数地区，美国全国土壤处于干燥状态，含水率极

---

① 光明网.八十年后，近三亿人将受海岸洪水威胁[EB/OL].（2020-07-31）[2023-09-10]. https://m.gmw.cn/baijia/2020-07/31/1301413186.html.
② 江平舟.速看，全球最重要的气候峰会上，都发生了什么？[EB/OL].（2021-04-23）[2023-09-10].https://zhuanlan.zhihu.com/p/367311199.
③ 智小报.一场反噬76亿人的灾变正在发生，大自然开始清算人类？[EB/OL].（2020-08-04）[2023-09-10].https://www.163.com/dy/article/FJ5B9JPQ0516JCVA.html.
④ 环球网.美媒：美国西部正在经历1200年以来最严重的干旱危机[EB/OL].（2021-06-15）[2023-09-10].https://baijiahao.baidu.com/s?id=1702592293351259011&wfr=spider&for=pc.

低，不适合播种，这对于美国这个全球大粮仓来说，无疑是重大危机。

另一方面，降水线北移，或在中国北方再造"江南"。中国的气候历来以秦岭—淮河为分界线，南方湿润温暖，北方干旱寒冷，可近几年丰沛的降水不但过了秦岭，还穿越了青藏高原，甚至到了西北的塔里木和柴达木两大盆地，就连中国的雨极也从四川雅安推进到了陕西汉中一线。于是，新疆、青海、甘肃的植被随之迅速恢复，黄土高坡也在变绿，尤其是河套植被近3年恢复的数量达到过去20年的总量。未来一旦进入西周时期那样的气候温润年代，那么中国西北很可能从贫瘠的荒漠变成富饶的绿洲。

俄罗斯甚至表示，随着中国降水线的北移，水汽已经过了乌拉尔。伴随降水增多，东欧地区的阔叶一年生草本植物将进入西伯利亚地区，俄罗斯的耕地面积也将因此大大增加。未来，西伯利亚这个不毛之地经过土壤改造，有机会成为俄罗斯的新粮仓。甚至有俄罗斯专家乐观地发出豪言，俄罗斯会取代美国，变成全球最大粮仓。但也有专家悲观地预言，热浪席卷北极圈，永冻土加速融化，最遭殃的就是拥有广大冰原地带的俄罗斯。因为在永冻土变得适合耕种前，它会变得不适合通行和承载，建筑将被软化的地表甚至沼泽折损"吞没"，遑论适合人类长期居住。深层永冻土融化还将释放其中的甲烷和二氧化碳，形成恶性循环。因为相同单位的甲烷产生的温室效应比二氧化碳要多25倍，一旦甲烷发生爆炸，其威力完全不亚于原子弹。更别提冰封其中的史前病毒和细菌了，一旦这些病菌如新冠病毒那样蔓延，整个地球就会变成人间地狱。

显然，气候变化是把双刃剑，危与机是共存的。1816年是"无夏之年"，全球气温急剧下降，北半球农作物歉收、家畜死亡，导致了19世纪最严重的饥荒；可也正因为当时马匹大量死亡，才直接催生了自行车的发明，改变了人类交通史。历史就是在出现问题进而解决问题的过程中发展前行的。科学家们坦言，气候不稳定才是地球的常态，当下，全球恰恰进入了气候变化的非稳定态。尽管当下全球升温已是共识，但气候变化是极端化与离散化并存的，带来的是冰火两重天的后果。美国既遭受着飓风、雪灾、旱灾等多重灾难的叠加影响，亦面临海水倒灌之忧，密西西比河流域也许会变成盐碱地。甚至有专家预言，北美一半的土地会在数十年内回到曾经的沼泽状态。如此意外的逆转，无疑将改变美国农作物种植模式和生态环境，乃至整个经济布局。因此，对于气候变化导致的经济格局发生的连锁反应，人类应尽早未雨绸缪。

好在人类已认识到气候变化带来的灾难和损失，各大国都给出了降碳承诺，但执行力度在国家利益博弈后还剩多少就很难说了，至少从目前看，人类的应对依然苍白无力！若人类再不主动改变，自有大自然之手逼迫人类去改变，这次疫情在某种程度上就是一种人与自然关系的再调整——通过强制减少人类活动来修复地球。实际上，这不是一场要么及格，要么不及格的考试。即便各国都完成降碳指标，也不能阻止温度上升，而是只能起到延缓的作用。因此，人类在享受了工业化、市场化、城市化的胜利之后，也必然要承受由此对地球造成的负面效应的苦果，并拉开一场重新被环保格式化，因气候改变而造成的全面的经济与产业调整。

这样做，并不仅仅因为人类是问题的主要制造者，也是因为这是一个巨大的经济机遇。据美国银行的测算，21世纪末，气候变化对经济的影响可能会达到69万亿美元，而在能源转型方面的投资将增至每年4万亿美元。尽管因为利益冲突，国家之间大打出手，比如贸易摩擦和科技围堵等，但国家间吵得再凶，也躲不过气候变化这一共同问题。2021年4月，中美在上海就气候问题共同商讨解决对策。当气候越来越极端化，变化越来越不确定，气候的影响越来越大时，所有国家都将在共同治理气候的问题上达成共识，以求打造一个更可持续发展的世界。对此，中国率先做出表率。对内，2020年6月开启了新中国成立以来的首次全国自然灾害综合风险普查，以便在摸清风险底细的基础上，构建防治体系和应急机制。加之国家对生态环保的重视，从大气治理到能源转型，各行各业都在行动。对外，2020年9月，中国在第七十五届联合国大会上庄严承诺"二氧化碳排放力争于2030年前达到峰值，努力争取2060年前实现碳中和"。2021年4月22日，习近平主席在全球领导人气候峰会上，发表了《共同构建人与自然生命共同体》重要讲话。就如比尔·盖茨的预判，那些建立起伟大的"零碳"企业和"零碳"产业的国家，无疑将在未来几十年里引领全球经济。

雪崩时，没有一片雪花是无辜的，在气候变化面前，没有一个国家或一个人可以独善其身。霍金曾在BBC纪录片《探索新地球》中警告：地球在2032年将会有一场严重的气候危机，2060年，地球环境会进一步恶化，到2215年地球会走向灭亡。未来百年内，人类必须离开地球，到外太空寻找可能居住的星球。虽然人类仰望星空，未来也必将冲出地球，但地球始终是我们的家园。人类有时因为思想强大，总觉得自己才是世界主宰，却忘了我们和其他生物一样都是地球的子民，只是在这片土地上繁衍生息而已。

变革生产方式、交换方式和生活方式

晚清危局之际，李鸿章在《复议制造轮船未可裁撤折》中第一次提出"三千年未有之变局"，概括了近代中国所处境遇的根本性变化。对此观点，历史学家蒋廷黻高度评价说，这是展现19世纪中国人看世界眼界最高、最远的一句话。彼时，李鸿章所面对的千年变局，一方面是中国的主要外部威胁从来自西北转变为来自东南沿海，从来自游牧民族变成来自海洋强国，3000年来的农耕与游牧之争，被海权与陆权之争所替代，另一方面是在科技、军事、制度等方面全方位领先的工业文明对农耕文明进行降维打击、代际碾压，其冲击比从西周到晚清的历次朝代更迭、异族入侵都要来得猛烈，不仅颠覆了清朝276年（从皇太极改国号为金算起）的国运，还深刻解构了中国几千年来的传统社会。

然白云苍狗，时移势易。如果说"三千年未有之变局"是中国封建帝国由强转弱、被裹挟进以西方为中心的大变局，那么当下的百年未有之大变局，却是全球性的、复杂而深刻的。

第一，世界格局东升西降，国家之间的力量对比发生变化——古老的中国焕发生机，走近世界舞台中央；而引领启蒙运动与工业现代化的西方，从辉煌的巅峰跌落，东西方在世界文明版图中的地位再次转换。

第二，过去高歌猛进的全球化走向反面，让位于激烈的国家博弈。跨国公司在全球经济中寻求更低廉的劳动力和最优惠的税收地，在源源不断制造物美价廉商品的同时，也带来了国家间贸易失衡、部分国家产业空心化、全球贫富差距拉大等问题，激化了全球化"赢家"与"输家"之间的矛盾，导致民粹主义与国家主义抬头。国家博弈尤其表现在中美之间，美国动用所有战略资源围堵中国，双方博弈的主战场从贸易领域蔓延至科技、政治、军事、意识形态等各方面。

第三，进入信息时代，互联网重构了权力体系，一些国家的政治权力让位于大数据及其掌控者。科技巨头在一定意义上成为一种"国家"。从"领土"上看，它们占据的网络空间超过任何单一国家的领土范围；从人口上看，截至2022年1月，脸书有29.12亿名月活用户，YouTube有25.6亿名活跃用户[1]，均超过中国、印度人口；从财富上看，科技公司富可敌国，苹果公司市值在2018年8月首次超过1万亿美元，在2020年8月超过2万亿美元，在2022年1月曾短暂突破3万亿美元的门槛，随后略有下降，2023年6月，苹果公司的市值再次突破了3万亿美元的象征性门槛，成为全球第一家在华尔街收盘达到这一水平的集团。[2]从法律上看，平台公司自己制定和执行规则，还按照规则封杀了美国前总统的社交媒体账号；从话语权上看，平台公司管控着全球的信息传播，甚至能用数据和算法重新定义西方的选举政治。

第四，西方一直以来所标榜和倡导的价值体系轰然倒塌。西方国家把"民主、自由、平等、人权"的价值观树立为照耀世界的"灯塔"，并利用人们对这些看起来很美好的价值观的向往，重塑世

---

[1] 南京传媒学院.前沿 | 2022年海外社交媒体平台特点及传播趋势[EB/OL].（2022-04-28）[2023-09-10].https://mp.weixin.qq.com/s/sTobXqgEzAawggkLwUML0Q.
[2] 新浪财经.苹果成为史上首家市值突破3万亿美元公司 较第二名高出约5000亿 万亿俱乐部还有这些公司[EB/OL].（2023-07-02）[2023-09-10].https://baijiahao.baidu.com/s?id=1770302936357865138&wfr=spider&for=pc.

界面貌。然而，赤裸裸的"美国优先""占领华尔街运动""弗洛伊德之死""国会山沦陷"，以及"丹麦门"、糟糕的疫情防控等，将美国根深蒂固的贫富差距、种族歧视、富人政治、霸权主义等情况充分暴露出来，打碎了人们对"灯塔国"的理想投射，让西方价值体系跌下神坛。

第五，气候问题颠覆全球政经，加速百年未有之大变局的演进。全球多地频发极端天气，创纪录的寒潮、暴雨和异常炎热天气轮番登场。2021年初，超级寒潮横扫北美；年中，罕见高温席卷美国西北部、加拿大西南部等地，加拿大不列颠哥伦比亚省小镇莱顿的气温甚至达到49.56℃；持续暴雨引发德国、比利时一些城市及我国河南郑州的洪涝灾害；2023年4月，东南亚和南亚地区出现高温天气，泰国气象部门4月数据显示，北部的达府当月最高气温为44.6℃，缅甸东部一城镇近日气温一度达到43.8℃，为当地10年来最高。对此，世界气象组织秘书长彼得里·塔拉斯表示，在减缓气候变化取得成效之前，极端天气和自然灾害将越来越多。就在第19届世界气象大会开幕当天，世界气象组织发布了最新统计报告，该报告显示：1970年至2021年间，全球各地报告的极端天气、气候和水相关事件引发的灾害达11778起，导致超过200万人死亡，经济损失高达4.3万亿美元。[①]英国《柳叶刀》杂志在2023年4月刊登的一篇报告中指出，气候变化已经严重影响南美洲民众健康。过去20年来，南美洲的高温天气更加频繁和强烈。自2000年以

[①] 新华社客户端.世界气象组织：过去半个世纪气象灾害导致超200万人死亡[EB/OL].（2023-05-23）[2023-09-10].https://baijiahao.baidu.com/s?id=1766669007230061724&wfr=spider&for=pc.

来，南美地区 65 岁以上人群因高温死亡的人数呈持续上升趋势。[1]

百年未有之大变局表现在方方面面，表面上看是国家内部矛盾、国家之间冲突、人与自然关系失衡在当下的集中爆发，但归根结底，是要变革两三百年来的"工业经济＋市场经济"的内在逻辑。如果把人类历史分作两段，大致可分为工业革命前和工业革命后。在工业革命前，农业是所有社会的基础，重农抑商在很大程度上是因为没有足够的商品进行交换。自 18 世纪 60 年代工业革命爆发，人类进入工业化时代以来，技术革命与机器大工业生产极大提升了生产效率和生产规模，支撑起商品经济的运行和人口增长，彻底改变了小农经济时期的人类生产和生活方式。人类历史虽然长达 250 万年，但物质生产、经济增长和财富积累成为社会发展常态，却发生在工业革命后的 250 多年中。这 250 多年生产的财富总量，占到人类财富总量的 99.9%，直至当下工业经济走到尽头。

一方面，工业经济本身含有生产过剩的内在逻辑。当生产供给大于社会需求之时，就会出现经济危机。在 20 世纪 30 年代的经济危机中，仅 1933 年一年，美国就毁掉了 1040 万英亩（1 英亩 ≈ 4046.86 平方米）棉花、750 万英亩小麦、640 万头猪、500 万只羊被宰杀抛弃，160 万车皮的谷物作为燃料被烧掉；巴西把 2200 万袋咖啡豆倒进海里，约合当时全世界一年的消费量。更何况，产能过剩在当下也是企业追求利润最大化的结果。

另一方面，无限的工业生产对自然资源的消耗也是无限的，人类的欲望也是无穷的，总是试图占有更多的物质和更大的空间。如甘地所言，"地球可以满足所有人的需要，但是满足不了每个人的

---

[1] 新华国际头条. 极端天气频现！这届世界气象大会任务有点急迫 [EB/OL].（2023-05-25）[2023-09-10]. https://www.shobserver.com/news/detail?id=615955.

欲望"，以工业文明为基础的现代生产和生活方式，破坏了人类与地球的生命循环系统，导致自然秩序的紊乱。其间有两个加速点，一个是二战结束后，全球经济快速增长，第三次科技革命带来生产力的又一次飞跃，环境污染也随之扩大与加深。如1952年，伦敦烟雾事件导致上万人直接死亡，10万人生病，甚至彼时正在上演的歌剧《茶花女》因室内雾太浓看不见舞台而中止。另一个是20世纪80年代，全球化浪潮冲击到世界的每一个角落，新兴市场与发达国家形成"生产—消费"关系，在工业化、城市化进程中，释放出巨大的能量和污染。如牛仔裤洗涤掉下来的微纤维污染到达北极地区；塑料碎片（1～10毫米）和微塑料（1～1000微米）从最深的海底到南北两极，无处不在。对此德国学者莫特尔曼指出："西方世界毁灭第三世界的自然环境，并且迫使第三世界毁灭它自身的自然环境，相反地，第三世界自然环境的破坏——如对雨林的滥伐和对海洋的污染——通过气候转变反扑第一世界。第三世界率先死亡，然后是第一世界。穷人率先死亡，然后是富人。小孩先死亡，然后是大人。"

与此同时，金融难逃"自我膨胀、自我蒸发"的宿命。以交易为目的的市场经济中，参与的"经济人"普遍追求利润最大化，以致过剩成为市场经济的常态，而平仓是解决过剩的必然方式。换言之，市场经济内含"过剩—平仓"的原罪，经济危机是"过剩—平仓"的表现形式。在市场经济初级阶段，货币是商品交换的一般等价物；市场经济进入高级阶段，全球过剩货币成为货币交易独立于实体经济的前提，货币摆脱传统媒介的约束成为交易的对象，概念成为一般等价物，"钱生钱"、炒概念的演化逻辑就此形成。

综上，当工业经济走到尽头，未来充满不确定性，两三百年来人类社会发展所依赖的两大支柱被悉数抽去,百年未有之大变局骤然而至。

"最初,没有人在意这场灾难,这不过是一场山火、一次旱灾、一个物种的灭绝、一座城市的消失,直到这场灾难与每个人息息相关。"电影《流浪地球》开篇的这句话不只是背景铺垫,更像是预言。鉴于工业经济制造污染,市场经济产生过剩,百年变局的真底牌是变革生产方式、交换方式和生活方式。中国人口存量太大,为了构建人类命运共同体,中国需要在生产方式和生活方式上率先变革。尽管中国"双碳"目标几乎覆盖所有行业,但吃穿住行仍是主战场。

未来穿什么?

科学考古发现,原始人类赤身裸体生活了长达 300 万年,30 万~40 万年前,他们开始用树叶和兽皮蔽体。直到 1 万年前进入新石器时代,人类利用麻、葛等植物纤维制作衣物,这才揭开了真正意义上"穿"的历史序幕。

250 多年前,一位名叫哈格里夫斯的英国工人不小心一脚踢翻了手摇纺纱机,从而发明了珍妮纺纱机,却未料到此举竟加速了历史车轮的转动。英国不仅率先实现工业革命,而且借助棉花贸易构造了全球资本主义。从采集麻葛到养蚕缫丝,从植物纤维到化学纤维,从御寒保暖到审美需要,从生活需求到社会功能,从传统手工业到大工业生产,从"羊吃人运动"到"棉花帝国",一部"穿"的历史贯穿人类文明历程。而如今,"穿"的变革也构成了百年变局的真底牌之一。

从消费层面看,全球服装过度消费的现象触目惊心。全球每年购买的服装总量约 5600 万吨,预计到 2030 年将达到 9300 万吨,2050 年将增至 1.6 亿吨。2020 年 4 月《自然》杂志上的一篇研究显示,当时全球成衣产量比 2000 年时翻了一番,达到每人每年 13 千克。其中:英国每人每年购买 26.7 千克的新衣服,是世界平均水平的 2 倍;美国人平均每 5.5 天就会买一件新衣服,一年平均购买 66 件。[1] 另据《为什么你该花更多的钱,买更少的衣服?》一书的数据,英国平均每位女性每年购买衣物的重量约达 28 千克,当代人购买衣服的数量是 1980 年的 4 倍,西方女性平均每人一生会在时装上花费超过 13 万英镑。[2] 再看中国,中国人早就告别了"新三年,旧三年,缝缝补补又三年"的年代,凭票买布的记忆也已远去,买衣服不再是刚需,而是一种习惯——"心情好时买,心情不好时更要买"。1949—2019 年,中国城镇居民人均衣着消费增长 53.6 倍,农村居民人均衣着消费增长 82 倍。[3]2020 年人均衣着消费支出 1238 元,占人均消费支出的 5.8%。[4]

---

[1] 时尚透明度创新. 泛滥的过度消费让我们思考一个问题,我们未来穿什么? EB/OL].(2022-12-13)[2023-09-10].https://baijiahao.baidu.com/s?id=1752079708683147457&wfr=spider&for=pc.
[2] 露西·希格尔. 为什么你该花更多的钱,买更少的衣服? [M]. 北京:生活.读书.新知三联书店,2016.
[3] 秦丝进销存. 厉害了我的国,一年产 456 亿件衣服,可绕地球 700 圈! [EB/OL].(2019-09-27)[2023-09-10].https://www.sohu.com/a/343751553_395766.
[4] 中国经济网.2020 年中国人均消费支出:城镇居民 27007 元,农民 13713 元[EB/OL].(2021-01-18)[2023-09-10]. https://baijiahao.baidu.com/s?id=1689192048650822342&wfr=spider&for=pc.

过度消费带来的直接结果就是衣物的闲置与浪费。2000—2015年，全球服装产量从 500 亿件增长到 1000 亿件，而同期每件衣物穿着的次数下降了 25%。[1] 根据统计，女性衣柜中平均有 12% 的衣服是"不常穿的"。[2] 如此一来，全球每年大约产生 9200 万吨纺织品废料，相当于每秒就有一卡车纺织品被扔掉。预计到 2030 年，这一数量将达到每年 1.34 亿吨。[3] 其中，英国人平均每年把大约 35 万吨服装当作垃圾丢弃，美国人平均每人每年扔掉 37 千克的旧衣服。[4] 而中国平均每年有 2600 万吨旧衣服被丢弃，在 2030 年后这一数字或将提升至 5000 万吨。[5] 就算消费者把衣柜塞满，服装品牌仍然难清过剩库存。例如，英国奢侈品牌博柏利（Burberry）2013—2018 年销毁的商品总价值超过 9000 万英镑（约合 8 亿元），仅 2018 财年，就销毁了价值超过 2860 万英镑（约合 2.54 亿元）的库存，相当于 8.1 万件格纹围巾或 2 万件经典风衣。[6]

庞大的服装消费离不开过剩产能的支撑。就生产层面看，中国已然是世界最大的服装生产国、最大的纺织服装出口国，拥有完善

---

[1] 国际能源小数据.【图说】全球纺织品生产碳排放超过航空、海运总和！[EB/OL].（2019-05-28）[2023-09-10].https://www.sohu.com/a/317179173_778776.
[2] 怪罗科普.那么多不穿的衣服去了哪里？每一秒都有一卡车衣服被填埋 [EB/OL].（2020-08-04）[2023-09-10].https://baijiahao.baidu.com/s?id=1674079205827688611&wfr=spider&for=pc.
[3] 捂碳星球 momo.5000 万吨衣物被丢弃，回收再利用纺织品是新的低碳趋势 [EB/OL].（2021-09-25）[2023-09-10].https://baijiahao.baidu.com/s?id=1711860348507450416&wfr=spider&for=pc.
[4] 国际能源小数据.【观点】全球服装浪费惊人：每一秒钟都有一卡车衣物被遗弃！[EB/OL].（2019-02-19）[2023-09-10].https://www.sohu.com/a/295576337_778776.
[5] 互联网那些事.你扔掉的二手衣，正在决定非洲的流行趋势 [EB/OL].（2021-11-11）[2023-09-10].https://mp.weixin.qq.com/s/cDq1FBVFP1Dmu-UaE0uZiA.
[6] 富日记.Burberry 销毁 2.5 亿元商品背后的商业思考 [EB/OL].（2018-07-29）[2023-09-10].https://baijiahao.baidu.com/s?id=1607321792544168839&wfr=spider&for=pc.

的服装产业链条和数量最多的熟练工人。中国每年生产约600万吨棉花,是世界最大的棉花生产国[①];2021年,我国化纤产量达6524万吨,占全球的70%以上,亦是全球化纤产量最大的国家[②]。2018年,中国一共生产服装约456亿件,差不多可以绕地球700圈。[③] 2021年,我国服装行业规模以上企业达到12653家,完成服装产量235.41亿件;纺织服装累计出口额为3154.66亿美元,同比增长8.38%。[④]

倘若仅是服装闲置积压也就罢了,事实上,衣服与任何工业品一样,从原料、加工、流通、使用到废弃处理,每一个环节背后都会造成不计其数的碳排放和环境污染。衣服究竟是怎样"伤害"地球的?

第一,纺织业的碳排放超过全球航运、海运业。仅从生产过程看,一件衣服从棉花采摘到制成棉纱,再到织布、染色和成衣等过程,中间经过几十甚至上百道工序,耗费几个月时间,跨越十几个城市或国家才能到达消费者手中。国际能源署发布的《全球能源回顾:2021年二氧化碳排放》报告指出,2021年,全球能源领域二氧化碳排放量达到363亿吨,同比上涨6%,创下历史最高纪录。[⑤] 单

---

① 罗子帆.厉害了我的国,一年产456亿件衣服,可绕地球700圈![EB/OL].(2019-09-27)[2023-09-10].https://zhuanlan.zhihu.com/p/84412872.
② 人民资讯.构建现代产业体系 全面建设化纤强国[EB/OL].(2022-07-19)[2023-09-10].https://baijiahao.baidu.com/s?id=1738773054427483039&wfr=spider&for=pc.
③ 罗子帆.厉害了我的国,一年产456亿件衣服,可绕地球700圈![EB/OL].(2019-09-27)[2023-09-10].https://zhuanlan.zhihu.com/p/84412872.
④ sunny的阳光每一天.数据快报|2021年纺织品服装出口额超3100亿美元,创历史新高[EB/OL].(2022-01-14)[2023-09-10].http://news.sohu.com/a/516596753_121123793.
⑤ 中国能源报.IEA:全球能源碳排放量再创新高[EB/OL].(2022-03-15)[2023-09-10].https://baijiahao.baidu.com/s?id=1727346113193284143&wfr=spider&for=pc.

服装行业的碳排放量就占了约10%，是仅次于石油的第二大污染源。据李维斯（Levi's）品牌商的估计，一条牛仔裤在整个使用寿命期间将产生33.4千克的二氧化碳，相当于一辆汽车行驶111千米的碳排放量。

第二，时尚产业是水资源耗费大户。2017年，时尚产业消耗了约790亿立方米的水，足以填满近3200万个奥运会标准大小的游泳池。预计到2030年，时尚产业的用水量将再增加50%。[①] 以世界上最常用的天然纤维棉花为例，其通常被塑造为清洁、健康、环保的形象，但棉花却是一种极其消耗水资源的植物，每生产1千克棉花需要大概2万升的水，相当于1个人喝900天的量。被棉花毁掉的地方——哈萨克斯坦和乌兹别克斯坦交界处的咸海，曾是全球第四大内陆湖，但该区域自从1960年开始大规模种植棉花后，只用了40年时间，湖面就缩小到只有原来的1/10，干涸的河床变成盐碱地。同时，虽然全球只有2.4%的农田种植棉花，但它消耗了10%的农业化学品和25%的杀虫剂，这些化学成分会渗入水道和土壤层。而取代棉花等天然纤维的涤纶、锦纶、腈纶、丙纶、维纶和氯纶等"六大纶"合成纤维，在生产过程中更是耗费了大量原油，最终产物又很难降解。

第三，纺织服装业造成严重的水污染。一方面，纺织业印染和后整理[②]所排放的废水占全球工业废水总排放量的1/5[③]，每印染加工

[①] 译言."廉价的衣服早已暗中标上了高昂的代价"，快时尚行业对环境的影响究竟有多大[EB/OL].（2021-03-29）[2023-09-10].https://m.thepaper.cn/baijiahao_11921907.
[②] 即纺织品整理环节，通过物理、化学或物理兼化学的方式来改善织物手感和外观的方式。
[③] 中国产业用纺织品行业协会.废旧纺织品该何去何从？这项研究一举两得[EB/OL].（2022-10-19）[2023-09-10].https://mp.weixin.qq.com/s/DaCA131lmxplKlecOnnUxg.

1吨纺织品就耗水100～200吨，其中有80%～90%成为废水被排出①。因为废水含有染料、浆料、助剂、油剂、酸碱、无机盐等，属于难处理的工业废水之一。如每生产1吨牛仔产品就会排放200吨污水，即每生产3条牛仔裤就会排出200升污水，这些污水中含有2500种化学物质②，恶臭刺鼻，如果接触到皮肤，还会导致皮肤发痒、溃烂。另一方面，衣服在洗涤中产生的微纤维，会经过自然循环进入食物链，出现在人类的餐桌上。牛仔裤每洗一次就会释放5.6万根微纤维。③一个人每年清洗衣服时会释放近3亿丁聚酯微纤维④，服装行业每年向海洋排放50万吨微纤维，相当于500亿个塑料瓶⑤。而污水处理设备并不能完全过滤微纤维，大量微纤维不仅在大气中旋转，还会流入海洋，游走到世界各地。学术期刊《自然·通讯》发表的一份关于环境分析的研究论文显示，北极近表层海水约92%的微塑料污染都来自合成纤维，其中约73%为聚酯纤维。⑥

第四，废弃服装处理造成环境污染。鉴于目前大多数旧衣处理仍采用填埋或焚烧的方式，巨大的废弃量加上粗劣的销毁方式又造成了新一重环境污染。填埋渗透的化学成分和焚烧所产生的污染

---

① 中国战略新兴产业.以废治废！两种废料制备出"生物炭"变身废水处理利器[EB/OL].（2021-09-29）[2023-09-10].https://www.163.com/dy/article/GL2U8SO10550HKM7.html.
② 云传物联.为了一条"牛仔蓝"我们要付出多大的代价[EB/OL].（2019-08-20）[2023-09-10].https://www.163.com/dy/article/EN1OAM380518K8JK.html.
③ 果壳.每洗一次牛仔裤，你都在污染北极：北冰洋已发现蓝色牛仔纤维[EB/OL].（2020-09-21）[2023-09-10].https://mp.weixin.qq.com/s/qc25eeXa09XCz90PlQLCSQ.
④ 小刀叨生活.穿衣服比洗衣服释放更多的微纤维到环境中[EB/OL].（2020-04-09）[2023-09-10].https://baijiahao.baidu.com/s?id=1663460677829800176&wfr=spider&for=pc.
⑤ 界面新闻.Burberry宣布弃用塑料，可持续时尚又有了新进展[EB/OL].（2019-03-18）[2023-09-10].https://baijiahao.baidu.com/s?id=1628311321339027497&wfr=spider&for=pc.
⑥ 光明网.近表层海水92%微塑料污染来自合成纤维[EB/OL].（2021-01-29）[2023-09-10].https://m.gmw.cn/baijia/2021-01/29/1302078747.html.

物，都将对土壤、水质、空气造成污染，尤其当服装的面料采用的是"石油织物"时。其中，超过85%的废弃衣物被填埋处理，不仅占用大量土地资源，而且它们会在分解过程中释放出甲烷气体，整个过程超过200年。如果选择焚烧，低温燃烧将产生剧毒的脂溶性物质，高温燃烧则会排放对大气污染严重的氮氧化物。

以上种种的背后，是快时尚与消费成瘾已成为全球普遍现象。

一方面，在过去20年里，时尚体系发生彻底变化，服装从季节性的更替转向近乎即时的满足。所谓快时尚，就是快速反映时尚变化趋势，以及快速设计、快速生产、快速销售、快速下架的时尚产业。全球供应链整合，使快速产生大量廉价时尚产品变得可能。快时尚品牌一改过去换季时才推新款的做法，改为每月甚至每周都推出数种新款式，鼓励年轻人彰显个性。这也意味着一件衣服穿不了几次就过时了。艾伦·麦克阿瑟基金会2017年发布的报告《新的纺织品经济》显示，在拥有众多快时尚品牌的美国，在过去30年里，美国人购买衣服的数量增加了5倍，但每件衣服平均只穿7次。[①] 加之价格便宜，面料、做工不佳，服装寿命被大大缩短。现代服装的使用寿命为2～10年，内衣和T恤衫的寿命仅为1～2年，西装和外套的寿命为4～6年。

另一方面，过分的贪欲成为时代症候，消费者陷入快速满足—丢弃—再次消费的恶性循环，这种状况改变了人与衣物的情感关系。过去，人们珍惜、缝补衣服，衣服如长久的好友或恋人，共同分享岁月和记忆；如今，人们对于衣服，却似频繁地猎艳，只有感

---

① 人民资讯."买买买"狂欢背后，"快时尚"让全球"服装垃圾"成灾[EB/OL].（2021-11-10）[2023-09-10].https://baijiahao.baidu.com/s?id=1716027743104114980&wfr=spider&for=pc.

官刺激与虚荣心，以及之后的麻木与遗忘。人们急着寻求新一轮刺激，与衣服缺乏长久的情感关联。正如蒋勋在谈到衣之美时说："全新的衣服少了记忆的深情，而穿久了之后会有感情，它与人的身体产生很多记忆，记忆是美的。"

更严重的是，近年来世界各地频繁出现的自然灾害，如洪水、干旱、山火等，为整个人类社会敲响了警钟。联合国政府间气候变化专门委员会发布报告称：已经排放和未来将要排放的温室气体会继续改变全球海洋、冰盖和海平面，而这些变化在未来数百年甚至1000年都是不可逆转的，这是对全人类的"红色预警"。[①] 由此看，人类正处于服装革命的风口浪尖。百年巨变时代，以往的服装消费方式难以为继，必须彻底改变服装生产和消费模式。"未来中国人穿什么"的图景也就此展开。

第一，循环经济。百年变局的核心，就是解决工业经济中化工产业比重过高的问题，摒弃一次性经济，回归自然的循环经济。当下的服装是纤维、塑料、金属的复杂组合，难以拆解，因此：从设计环节开始，衣服在剪裁、原料、配件的选择上就要考虑可回收性和可生物降解性；在生产之时就可针对回收、拆解的循环功用做出设计优化，如智能缝纫可分解的缝线，让修补和回收变得轻而易举；在使用过程中，品牌可提供衣物借用、租赁、二次设计等服务；在一件衣物的使用周期彻底结束时，衣物的材料、组件可再重新变成新产品的原材料。而这将会是自工业革命以来人类消费模式的最大的改变。

---

① 界面新闻.联合国最新气候变化报告发出"红色预警"，人类出路何在？[EB/OL].（2021-08-10）[2023-.9-10].https://baijiahao.baidu.com/s?id=1707672304613489000&wfr=spider&for=pc.

第二，面料革命。未来纺织品必然有两种趋势：一种是越来越质朴，回归自然；一种是越来越智能化和高科技化。前者为历史的否定之否定，一方面是从合成纤维转向麻类等棉花文明之前的纤维，另一方面是在取之不尽的植物纤维（如竹、荷花、芦苇、甘蔗渣、咖啡渣、菠萝叶等）之中，借助材料科学、生物技术提取纤维制作纺织物。如宾夕法尼亚州立大学研发了"自愈面料"（一种新型的高科技纳米修复材料），衣服破了之后，无须缝补，揉几下就能恢复如初；再如将藻类转化成有益皮肤的生物纤维和环保染料，使用可分解的菌菇根制作定制服装等。

第三，技术革命。即生产过程中的科技迭代，不产生相应污染。如随着3D打印技术的快速发展和纺织新材料的不断研发，配合3D人体测量、CAD（计算机辅助设计）等技术，未来将实现自动化的"单量单裁"，人们可以在家或任何地方打印纺织产品并按照设计随心所欲地生产，真正实现个性化；且一次成型、制造快速，省去了传统工艺的多道工序；采用量增法而非传统的量减法，节省原料，基本上没有废弃物产生。

第四，数字革命。在未来世界的数字化浪潮中，时尚界正在经历一场虚拟主义的洗礼。数字时尚正成为一种未来的生活方式选择，这意味着科技和时尚、程序员和艺术家之间的界限正在逐渐被打破，"眼见为实"或许将成为过去式，类似"皇帝的新鞋"的虚拟服饰将成为风潮。如古驰（Gucci）和科技公司 Wanna Fashion 合作推出的首款虚拟鞋 Gucci Virtual 25，人们花费 11.99 美元即可购得虚拟鞋款，可以在 Gucci App 和 VR（虚拟现实）社交平台 VRChat 中使用，也可以在游戏平台 Roblox 中试穿，截图或者录视频发在社交平台上。梁实秋曾写道，"一团和气，两句歪诗，三斤黄酒，四季衣裳";张爱玲说,"衣服是一种语言"。中国人穿衣,讲究"乘物以游心",衣裳不仅是外物,更是内心气度的外化,比如"乐以天下,忧以天下"。

未来吃什么?

2021年以来,在美国,《时代》周刊发文宣称:"如果从中国人的菜单上撤下肉食,世界将被改变。"美国总统气候问题特使克里公开表示,中国人应当减少吃肉,只有这样才能"避免破坏环境"。这些现象并非个例,"中国人吃肉毁灭世界"的舆论甚嚣尘上。2014年,《科学美国人》杂志发文称"中国人对肉的胃口越来越大,随之而来的是气候变化和污染";2018年,《大西洋》月刊表示"中国对肉的喜爱威胁他们的环保运动";2019年,《经济学人》称"地球需要中国遏制对肉的胃口,但劝说其国民恐怕很难"。更有甚者,把中国人吃肉和巴西的热带雨林联系在一起。[①] 英国《卫报》等部分西方媒体称,中国对牛肉不断增长的需求,帮助巴西牛肉销售如火箭般上升到创纪录水平,但这种繁荣也带来高昂的环境代价,有"吃光雨林"的风险。[②] 报道在字里行间夸张渲染:"中国人每吃一块肉,亚马逊雨林里就冒出一股烟。"

[①] 人民资讯.中国人吃肉到底得罪了谁?[EB/OL].(2021-12-14)[2023-09-10].https://baijiahao.baidu.com/s?id=1719087083995122586&wfr=spider&for=pc.
[②] 海外网.借环保非议"中国人吃肉",西方到底有多伪善?[EB/OL].(2021-06-23)[2023-09-10].https://baijiahao.baidu.com/s?id=1703310772092227653&wfr=spider&for=pc.

中国人吃肉招谁惹谁了？惹了环保！原因是饲养的牛、羊等动物会通过打嗝和放屁排出大量甲烷，种植饲料、开拓农场会导致森林砍伐，畜牧业的确与环境息息相关。根据联合国粮农组织（FAO）的一份报告，与畜牧业供应链相关的产业温室气体每年排放量总计71亿吨二氧化碳当量，预计占人类造成的温室气体总排放量的14.5%。[1]但这样的指责，真是"'锅'从天上来"！且不说中西方的传统饮食习惯大相径庭：在美国人传统膳食结构中，动物性食物占40%，蔬菜水果类占23%，谷薯类食物仅占16%；而中国人的膳食结构中，动物性食物仅占17%，蔬菜水果类占44%，可以说是相当清淡了。更何况中国的人均肉、蛋、奶消费量不仅远低于欧美发达国家，比起一些发展中国家也算少的。经济合作与发展组织（OECD）数据显示，2020年，中国年人均肉类消耗量为44.4千克，美国为101.6千克，澳大利亚为89.3千克。其中，美国人均牛肉、禽肉消耗量分别是26.2千克和51千克，远远高于中国的4.2千克和14.2千克。即便是猪肉，美国的人均消耗量（24千克）也比中国多（22.7千克），中国的人均猪肉消费量甚至比韩国和越南的还要低。[2]显然，美国人在吃肉问题上的产生的"气候赤字"更加突出。而对这一事实，西方媒体鲜有报道，反倒把一切问题甩锅给中国，"美国人多吃肉，中国人却不行"，西方的双重标准再次尽显无遗。也正因如此，美通社说："敦促中国人少吃肉就能改变世界？别甩锅了。"

---

[1] 中国气象爱好者. 爱吃牛肉的美国人，为什么会影响到地球之肺的生死存亡？[EB/OL].（2023-08-19）[2023-09-10].https://baijiahao.baidu.com/s?id=1774647087057281023&wfr=spider&for=pc.
[2] 海外网. 借环保非议"中国人吃肉"，西方到底有多伪善？[EB/OL].（2021-06-23）[2023-09-10].https://baijiahao.baidu.com/s?id=1703310772092227653&wfr=spider&for=pc.

不可否认的是，由于 14 亿人口的巨大体量，中国人但凡一张嘴，就可能让世界的某个角落为之震荡。麦肯锡发布的《中国肉食消费市场报告》显示，2021 年，我国肉类消费总量高达近 1 亿吨，占全球总量的 27%。① 中国不仅是世界肉类消费第一国，还是全球最大的肉类进口国和最大的粮食进口国等；论比重，中国人吃掉了全世界 1/3 的肉制品、70% 的西瓜、1/3 的冰淇淋。② 总的来看，中国餐饮业市场规模还在增长中，2011 年突破 2 万亿元，2015 年突破 3 万亿元，2018 年突破 4 万亿元，2019 年约为 4.7 万亿元，2020 年受疫情影响跌至 4 万亿元，2021 年餐饮行业规模为 4.7 万亿元。③

更重要的是，从趋势上看，中国人的肉类消耗前景可观。按照规律，人均肉类摄入量会先有一个快速攀升期，之后才会到达一个稳定值。在现实中，多数发达国家和地区的年人均肉食摄入顶峰是 100 千克，而后开始回落并趋于稳定。照此趋势，公共政策倡导团体野生救援（WildAid）的专家认为，到 2030 年，中国人每年的人均消费肉量将增长至 90 千克左右。④

显然，"未来 14 亿中国人吃什么"不只是中国自己的事情，更成为国际问题。其背后有三大主因。

其一，人口问题导致食物生产逼近地球承载力的极限。联合国发布的《世界人口展望 2022》报告显示，世界人口预计将在 2030

---

① 无界新食.中国肉类消费总量占全球 27%[EB/OL].（2022-12-26）[2023-09-10].https://xueqiu.com/6168979048/238561080.
② 健康界.中国人到底有多能吃？一年吃掉 4 万亿元！[EB/OL].（2019-08-21）[2023-09-10].https://mp.weixin.qq.com/s/VUDfpLPdMtM3DU9wlNzbdQ.
③ 红餐网.近五万亿的餐饮大市场，这 4 个趋势越来越明显[EB/OL].（2022-03-04）[2023-09-10].https://mp.weixin.qq.com/s/hPdlLMqoKAU9FyvMnWQQnQ.
④ 海外网.借环保非议"中国人吃肉"，西方到底有多伪善？[EB/OL].（2021-06-23）[2023-09-10].https://baijiahao.baidu.com/s?id=1703310772092227653&wfr=spider&for=pc.

年和 2050 年分别增长至约 85 亿和约 97 亿，到 21 世纪 80 年代达到约 104 亿的峰值。[1] 而当前的农业经营模式是不可持续的，全球粮食生产占用了 40% 的土地，排放了 30% 的温室气体，消耗了 70% 的淡水。同时，全球已有 1/4 的农田高度退化，另有 44% 的农田处于中度或轻微退化状态，进一步扩大食物生产可能会导致人类付出毁灭性的代价。简而言之，我们正在接近自然的极限。如果想要避免耗尽地球资源，防止饥荒等灾难，人类就必须彻底改变耕作方式，通过创新的方式实现粮食增产。

其二，持续恶化的气候趋势倒逼人类转变肉类生产方式。自 1961 年以来，全球肉类产量从 7100 万吨增长到 3.4 亿吨。[2] 如今，畜牧业已占用全球 40% 以上的粮食产量、50% 的农业用地和 10% 的能源消耗。[3] 未来 30 年，人类需要的食品产量将是过去整个人类历史的总和[4]，再加上全球变暖等因素，未来要让人人有肉吃，注定是个"不可能完成的任务"，哪怕耗尽整个地球的资源都无法实现。未来的肉、蛋、奶必须以集约化、可持续的方式生产，而不是单纯地依赖对环境与气候产生负效应的畜牧业。

其三，疫情促使人类对饮食习惯和方式做出反省，人类开始从过度饮食向健康饮食切换。世界卫生组织报告显示，截至 2022 年 3 月 4 日，全球有超过 10 亿人患有肥胖症，其中包括 6.5 亿成

---

[1] 海外网.联合国报告：世界人口预计今年 11 月突破 80 亿[EB/OL].（2022-07-11）[2023-09-10].https://baijiahao.baidu.com/s?id=1738053372794943671&wfr=spider&for=pc.
[2] 科工力量.《纽约时报》：向"人造肉"进军，让美国继续领导食品工业[EB/OL].（2021-04-30）[2023-09-10].https://mp.weixin.qq.com/s/SJm8WuEP6vgIYYXDHhh-RQ.
[3] 网易广东创投.蛋白质的革命：为什么我们需要关注人造肉？[EB/OL].（2021-08-02）[2023-09-10].http://bendi.news.163.com/guangdong/21/0802/18/GGDQKUKA04179H63.html.
[4] 解读中国.纪录片《超凡未来》：食物革命，如何填饱 100 亿人口的肚子？[EB/OL].（2021-07-24）[2023-09-10].https://www.bilibili.com/read/cv12296083/.

年人、3.4亿青少年和3900万儿童。① 根据经合组织（OECD）2017年在肥胖人群方面的调查，美国成年人（15岁以上）肥胖率高达38.2%，是全球最胖国家，其次是墨西哥（32.4%）、新西兰（30.7%）、匈牙利（30%）、澳大利亚（27.9%）和英国（26.9%）。② 从历史来看，每一次大瘟疫都会带来人类社会的重大变革，眼下的疫情亦是如此。人类正从烹饪方式、食材选择、品类创新等方面进行彻底的"革命"。在中国，从食补到营养均衡和精准营养，每个群体都在从健康需求出发，重新审视自己的营养膳食。

由此看，人类正处于全球粮食革命的风口浪尖。尽管工业革命的到来让经济的增长速度远超人口的增加速度，证伪"马尔萨斯陷阱"，但在如今百年巨变的时代，工业经济被环保逼到了尽头，原先的餐饮方式已难以为继，必须彻底改变生产和消费食物的方式。只不过鉴于消费量太大，中国需要在食物的生产和消费方式上率先变革。然而，鼓励人们从吃荤到吃素，并不是根本之道，毕竟人体需要蛋白质营养。何况从最原始粗放的谷物、蔬果、肉类，到结合加工技术赋予食品新的口感和更丰富的营养价值，再到凭借现代科技从食物中提取各项生物活性物质进行营养补充，说到底，人类膳食的代际演变实则也在随着技术进步而迭代。这意味着恰逢生命科学、生物技术等第四次科技革命，人类正迎来一场食物革命。这场革命不仅仅是停留在农作物杂交改造上的革命，而且是结合未来的前沿技术，从细胞到基因、从生产到消费等方方面面的根本性革

---

① 壹点灵心理君.5月11日是世界防治肥胖日，肥胖的危害有哪些？[EB/OL].（2022-05-11）[2023-09-10].https://zhuanlan.zhihu.com/p/512714931.
② 第一财经.英报告揭新冠重症超六成为肥胖人士，全球最胖国家美国要小心了[EB/OL].（2020-03-27）[2023-09-10].https://m.yicai.com/news/100568542.html.

命。它旨在让人们感受食物美妙滋味的同时，还能与环境的可持续性相结合，让人从单纯的果腹进化到拓展五感体验，并能借此获得健康。在率先自我变革的中国，"未来中国人吃什么"的图景也将由此展开。

第一，肉类变革：从传统养殖到人造肉等"非传统养殖"。肉、蛋、奶的生产将发生根本性变革，逐步重塑传统肉类市场。既然传统肉类产量的增长已经见顶，又无法改变中国人的吃肉偏好，那就只能改变肉的生产方式及其性质，用人造肉代替动物肉乃大势所趋。届时，人造肉可能风行中国。荷兰马斯特里赫特大学在实验室制成了人造牛肉汉堡；以色列学者通过从受精鸡蛋提取细胞，生产出了人造鸡肉。在实验室的无菌条件下对动物细胞进行培养，经过数周时间，人造肉即可端上餐桌，还可以减少78%～96%的温室气体排放，以及99%的土地使用。只不过中国饮食文化向来讲究色、香、味俱全，对人造肉的要求远高于欧美。也正因此，现有的人造肉产品上市后往往因"口感、味道不佳"而少有人问津。由此，技术上的突破将成为关键。

第二，数字农业：引领粮食生产方式的颠覆性变革。数字化育种新技术可节约30%～50%的成本[1]；AI让个人照看土地的面积从20亩（1亩≈666.67平方米）激增至60～100亩[2]，效率提高了

---

[1] 农业行业观察.种业巨头的"数字化"：不只是赶超欧美，更是超越自己[EB/OL].（2021-07-31）[2023-09-10].https://www.baidu.com/link?url=CErjtKoZTMTYOOwvQWCy4Sr3-rtXqWVIbEpQ2XOSa_ZWuEyq-O9CLxqsMPvDRiiyVaNIGJjXs86hALiqLn7tBK&wd=&eqid=952ea05a00091bf70000000465092e0e.

[2] 农民日报.当AI遇见农业 智能化生产触手可及[EB/OL].（2022-09-23）[2023-09-10].https://www.baidu.com/link?url=VN-6NIcM_8xp8DyVRxJodpoWt1BGlwDZggJuJsG9Pdjs1BXoZ-4E8QIqKqQb4Hh4p8AT3ZoACTy7Zkc60C9WpATCsx_xW54FBnD4IPE8cO&wd=&eqid=9a29455f0005cf820000000465092e6.

2～4倍。无人机、智能机器人、大数据技术在农业上的应用，将使农业进入数字时代。和传统农业相比，以数字科技为支撑的未来农业，将经历一场翻天覆地的生产方式变革。未来的农民将和锄头、水泵说再见，通过远程操作来完成从播种到收获的各个环节，类似以色列农业的高劳动生产率（是日本的3倍、中国的12倍、美国的60%）、高回报率（农民人均年收入1.8万美元）将在中国的广袤大地上涌现。先行者如北京市大兴区长子营镇的AI-PaaS（平台即服务）应用系统，使用极少人力就能生产出以往数倍的新鲜蔬菜，其正将农业数字化的畅想变成现实。

第三，农业变革：生物经济使工厂取代农场。如果说数字农业将极大提升粮食生产率，那么，建立在生命科学与生物技术基础之上的生物经济，将从根本上把食品从土地上解放出来，既不占农田，又能减少碳排放。由此，未来中国的食物将不只从土地里生长出来，还将在工厂中制作而成。一方面，在空中垂直农场里"种"食物。在适宜条件下，通过改变"光配方"、改善营养液成分等，就能以车间生产的方式生产粮食、瓜果及鸡鸭鱼肉等。另一方面，利用基因编辑创造新品种。通过基因编辑，中国科学家可以提升食物的营养价值、延长食物的保质期等，比如让人们可以吃上含更多维生素C的番茄、保质期长久的草莓。

第四，厨房变革：从购买向自种自收切换。"一米菜园"的流行化将成就一种更为自足的生活方式。垂直农场走进城市，可以把城市的屋顶和阳台变成菜园，在社区的共享空间里打造"城市农场"。根据目前的技术水平，1万平方米的百层大楼可日产生菜、小白菜180吨，如果建设植物工厂，4栋大楼就能满足新加坡600万人每年25万吨蔬菜的需求。鉴于牡蛎和海带等产品既能清洁水道，又有碳固存、减少风暴影响等作用,城市微型航海农场或将应运而生。

第五,餐饮心理变革:随危机时代而变。伴随流感瘟疫、洪水火灾、极寒极热等全球极端气候的常态化,中国人的餐饮心理将转变。一方面,肉类消费已不再被视为"财富的象征","素食革命"正悄然兴起。如在中国的大城市,一些社交媒体群组、网站正在推广"无肉生活",编制各地素食餐厅地图等。另一方面,枸杞、莲子、人参等药用资源,经过选育和改造后作为"药食同源"的特殊功能性食品,服务于大众。此外,为应对极端天气,应急食物网络、荒漠农场、极地农场、应急食物创新等设施会提前到来。

未来吃什么?对这个问题,人类从不缺乏想象。早在1999年上映的《黑客帝国》中,未来人类进食的就是一种由单细胞蛋白质、合成氨基酸、维生素和矿物质混合而成的单细胞营养液,一小碗便能包含所有人体所必需的营养成分,精准、高效又充满科技感。如今,电影中的"营养液"已经以营养代餐、膳食补充剂等形式实现。放眼未来,在科技创新的引领下,未来中国人吃什么的餐饮画卷正逐渐展开,不仅将"喂养每一个中国人",还将引领世界走向餐饮新时代。

未来怎么住?

鼓励生育需要更好的居住空间,消费升级需要更多的居住空间,教育、医疗、交通基建也需要更多的土地供给。然而,城市发展却无法沿着摊大饼式的传统扩张路径一路高歌。

其一,城市建设成为吞噬资源和能源的黑洞。根据清华大学建筑节能研究中心对中国建筑领域用能及排放的核算,2019年中国建筑建造和运行用能占全社会总能耗的33%,与全球范围的统计比重接近。其中,中国建筑建造占全社会能耗的11%,高于全球5%的比重;建筑运行占中国全社会能耗的23%,低于全球平均水平。未来随着我国经济社会发展、生活水平的提高,建筑用能在全社会用能中的比重还将继续增加。从二氧化碳排放角度看,2019年中国建筑建造和运行相关的二氧化碳排放量约占中国全社会二氧化碳排放总量的38%,其中建筑建造占比为16%,建筑运行占比为22%。[①]

其二,无论是如火如荼的老旧小区改造,还是没有最高只有更高的摩天大楼竞赛,城市建设在高歌猛进的同时,也埋下了雾霾、热岛效应等环境隐患。自然资源保护协会的资料显示,中国70%以上的碳排放来自城市,其中近1/3来自为大型建筑供热、制冷和供电的能源设备。[②] 按照中国环联发布的《建筑垃圾处理行业2018年度发展报告》中的测算,平均每1万平方米的建筑施工面积产生550吨建筑垃圾,建筑施工面积对城市建筑垃圾产量的贡献率为48%。[③] 此外,不少地方城市建设热衷于大拆大建,大幅缩短了已有建筑物的寿命。

[①] 中房科学.零碳甚至负碳!国外十大碳中和项目都是如何做到的? [EB/OL].(2021-10-29) [2023-09-10].https://www.163.com/dy/article/GNEKH8S005316JPW.html.

[②] 易碳家.2020中国绿色城市指数TOP50报告:中国70%以上碳排放来自城市,近1/3来自大型建筑耗能 [EB/OL].(2021-01-22) [2023-09-10].http://m.tanpaifang.com/article/76399.html.

[③] 人享建材网."十四五"建筑垃圾减量计划实施中,建筑垃圾处理未来走向如何? [EB/OL].(2020-12-14) [2023-09-10].https://www.sohu.com/a/438118385_120796890.

其三，在疫情、气候变化面前，没有"回程票"的城市脆弱性暴露无遗。居住环境越现代，反而越危险。城市就如一个精密运转的仪器，越精密，容错率也越低。以2021年7月郑州的暴雨灾害为例，在城镇化快速扩张的过程中，原有的农田、绿地、水系等透水、蓄水性强的"天然调蓄池"被不透水的水泥地面所取代。据统计，2000—2021年，郑州市不透水面积从373平方千米增加到1147平方千米，增加了2倍以上。①城市化导致地表径流系数加大，同量级的降雨产、汇流时间缩短，流量显著增加，洪峰形成加快，径流峰形趋"尖瘦"化。②珠江水利科学研究院统计了粤港澳大湾区15个高密度城市典型流域，与城市化前（1992年）相比，城市化后（2019年）流域最大3小时暴雨洪峰流量平均增加了41%。城市的扩张，让原本标准偏低的城市洪涝防御系统的防御能力进一步下降，加剧了城市洪涝灾害。

如果说人塑造了住房，住房也塑造了人，那么过去在工业思维的引导下，城市变成了冷冰冰的钢筋水泥堆砌的空间、贪婪的资源消耗体，不仅将自己隔离于世，其作为生态系统的自循环功能也荡然无存。种种迹象已经表明，人类正处于居住革命的风口浪尖，探索新的居住方式迫在眉睫。那么，中国人未来住什么？以什么样的形式居住？

其一，从拥有房子到使用房子，"够住"和"租房"成为居住新理念。过去，中国人大多将租房作为不得已的阶段性、过渡性需

---

① 陈文龙等. 郑州特大暴雨启示：高密度城市如何应对暴雨洪涝 [EB/OL].（2021-08-06）[2023-09-10].http://www.360doc.com/content/21/0806/08/990198_989725767.shtml.
② 涛儿-taoer. 郑州特大暴雨启示：高密度城市如何应对暴雨洪涝 [EB/OL].(2021-08-06) [2023-09-10].http://www.360doc.com/content/21/0806/08/990198_989725767.shtml.

求，然而对于人口、收入、区域发展结构复杂的中国而言，发展租房市场才是解决居住问题的根本之道。据贝壳研究院的统计，截至2020年底，我国的租房人群已经达到2.1亿[①]，且小户型、多功能空间最受欢迎。政策也在不断转向，2020年底，苏州调整落户政策，明确租房可落户；2021年7月，武汉开出首例居住权不动产登记证明，"房子不是我的，也可无忧居住"。这些都意味着住房的去金融化之路已经开启。此外，更要坚定执行"房住不炒"，以房地产税收逐渐替代土地财政，促使投机炒作让步真实需求，扭转房市错位现象。

其二，共享公寓、合作住宅等创新居住模式提供了"家"的另一种可能性。遍地开花的共享公寓虽然是开发商提供给"空巢青年"的选择，但商业化也可以培育出温情的花朵。取代原生家庭和传统婚姻模式，你可以挑选志同道合的"家人"共居共生。在NHK（日本广播协会）纪录片《7位一起生活的单身女人》里，7位单身老奶奶组成养老姐妹团，相互扶持；新加坡"垂直村"的跨世代生活中，相对年轻的住户可以为老人提供帮助，相互扶持，跨世代交流。一边共享，一边独居，既挖掘了新的市场潜力，又展示了家的另一种可能。除了理念转变、模式创新，未来解决居住问题更离不开技术革命，科技进步不仅有望打破集中化居住、生活的城市布局，还能够从根本上扭转传统的资源消耗型建设路径，为居住带来新的可能。

其三，可生长材料重新定义住宅，建筑成为有感觉、会思考、

[①] 每日房说. "买房"和"租房"有多大区别？经济专家：5年后，差别一目了然[EB/OL].（2021-08-14）[2023-09-10].https://baijiahao.baidu.com/s?id=1708082699521299459&wfr=spider&for=pc.

可调整的生命体。如自我生长的大厦——GEOtube概念大楼，是福尔德斯工作室为迪拜设计的一个建筑概念。它是个巨型的结构体系，外层为白色网状结构，就像人体血管一样，利用漂浮式的太阳能板抽取波斯湾的盐水，并且输送到建筑的每一个空间的外层结构，从地下室到顶楼。水分蒸发后剩下的盐分会累积形成白色结晶。随着时间的推移，在海盐层不断沉积的同时，建筑也会慢慢长大。当需要对建筑进行空间上的增建时，建筑可以直接延伸白色网状结构，等待盐分凝结，形成新的空间。

其四，数字革命让建筑"可流动、可下载"。3D打印机的发明，让建筑本身也具有了可被复制、下载、传播的数字化属性。例如，名为Genesis Model的3D打印混凝土房屋，包括3间卧室、2个卫生间、独立车库、太阳能和风能设备、备用电池、拥有雨水收集系统的浴室，预计费用为28.9万美元。另外，这个系列的房屋将能够承受高达354公里每小时的EF5级（最高等级）龙卷风，以及8.0级的地震。

其五，突破空间限制，让人类能居住在地球上的每一片土地上。无论是《海底两万里》中的"鹦鹉螺号"潜水艇，还是《星球大战》中悬浮于太空中自给自足的城市，"上天入地"已经是未来住房的标配。毕竟，整个地球仅有30%的面积是陆地，其中仅有16%可供人类建造房屋。因此，能在地球乃至太空的任何一方角落建设，才是真正的未来住宅。例如，纽约的设计事务所AI SpaceFactory以火星上的石头为材料，设计了一系列火星上的房子概念。又如，日本清水公司设计的海洋螺旋城市概念，可以借助螺旋结构漂浮在海面或沉入海底，利用海水温差发电，并利用深海强压反渗透过滤技术提取纯净水，利用海底的微生物将二氧化碳转化为甲烷燃料,实现自给自足。

从茅屋、砖房到筒子楼、单元房、现代化社区,再到充满想象的未来住宅,住所的需求和定义不断变化,它的功能也不再仅是遮风挡雨的寝室。未来,我们对住房的理解绝不只是冰冷数字标出的面积,而是优质的居住体验、绿色的居住生态和完善的居住生活服务。

未来怎么行?

200万年前,古人类凭着一双脚走出非洲,跨越海洋、河流、山峦、沙漠与冰川,分散到世界各地。脚是最早的天然交通工具。5500年前,生活在欧亚草原上的中亚人驯养了马匹,于是马成为人类出行史上第一个代步工具。人类借助马实现了速度翻倍(人类跑1000米的世界纪录是2分11秒,马仅需1分钟),马背驮起商业贸易往来,金戈铁马踏出帝国疆域,"古道西风瘦马"写尽"断肠人在天涯",马为人类文明的发展立下汗马功劳。然而,无论是健步如飞还是策马奔腾,终究都是生物的范畴。直到18世纪60年代第一次工业革命爆发,人类迈入工业化时代,出行方式才被彻底改变。1807年,美国人富尔顿制造了由蒸汽机带动水轮拨水的轮船"克莱蒙特号",使水上交通发生革命性变化;1814年,英国工程师斯蒂芬孙制造出世界上第一台在轨道上行驶的蒸汽机车"布鲁克号",从此火车奔腾在历史舞台上;1885年,德国人卡尔·本茨设计并制造了世界上第一辆内燃发动汽车，从此汽车奔驰在全世界的马路上；1903年，美国莱特兄弟发明了世界上第一架飞机"飞行者一号"，实现了人类翱翔天空的梦想……

当前，超过10亿辆汽车（截至2022年9月底，全球汽车保有量为14.46亿辆）在四通八达的高速公路上行驶；高铁以300~350公里每小时的速度疾驰；新冠疫情之前，每天有超10万架次飞机在天上飞行；截至2021年2月，全球船队的船舶数量首次突破10万艘，合计运力为14.44亿总吨、21.36亿载重吨。[1] 更不用说"可上九天揽月，可下五洋捉鳖"的太空探索与海底深潜！交通方式的变革拓展了人类社会的边界，更让人类夺得地球生物速度之最，与此同时产生的副产品，却是对地球环境的污染，以及对"车、马邮件都慢，一生只够爱一个人"的怀念。

从总量上看，国际能源署数据显示，交通运输行业为全球第二大碳排放部门，碳排放量占比达25%，是引发全球气候变化的主要因素。[2] 具体到交通行业内，道路运输占行业碳排放量的75%，航空、水运各占11%，铁路占3%。从美国的情况来看，交通系统产生的碳排放量在2016年超过电力部门，成为美国碳排放量最高的部门，交通系统温室气体排放量占世界碳排放量的4%，比整个法国和英国经济的总和还要多。其中，轻型车辆，包括轿车、皮卡和SUV（运动型多用途轿车），是交通运输碳排放的主要来源。2017年，轻型车辆排放量占美国交通系统排放量的近3/5。就中国的情况而

---

[1] 龙 de 船人. 全球船舶数量突破10万艘[EB/OL].（2021-02-19）[2023-09-10].https://www.163.com/dy/article/G37J0K0E0514DFG0.html.
[2] 李亚楠. 换电重卡能否扛起商用车电动化大旗 | 中国汽车报[EB/OL].（2021-10-18）[2023-09-10].https://baijiahao.baidu.com/s?id=1713955417939862536&wfr=spider&for=pc.

言，交通运输领域碳排放量占全国终端排放量的 15% 左右；2013—2019 年，交通运输领域的碳排放量增速保持在 5% 以上，成为碳排放量增长最快的领域。[1] 其中疫情前的 2019 年，中国交通运输领域碳排放总量为 11 亿吨左右，占全国碳排放总量的 9.7%，其中公路占 74%，水运占 8%，铁路占 8%，航空占 10% 左右。

第一，道路运输碳排放量占交通行业碳排放量的大头，其中轻型车的碳排放所占比例最大，占交通行业碳排放总量的 45%，这一数据与汽车保有量巨大密切相关。[2] 截至 2022 年 9 月底，中国机动车保有量达 4.12 亿辆，其中汽车保有量为 3.15 亿辆[3]，成为世界汽车保有量最大的国家，燃油车仍为最主要类型，保有量占比高达 96%。[4] 根据 2020 年底发布的《机动车污染防治政策的费用效益评估（CBA）技术手册》，未来 5 年，中国还将新增机动车 1 亿多辆，工程机械 160 多万台，由此增加的碳排放量将非常大。[5] 进一步而言，汽车在行驶过程中直接排放的二氧化碳并不代表整个行业碳排放的全貌，还有燃料、车辆上游的碳排放，即汽车行业全生命周期

---

[1] 李亚楠.换电重卡能否扛起商用车电动化大旗 | 中国汽车报 [EB/OL].（2021-10-18）[2023-09-10].https://baijiahao.baidu.com/s?id=1713955417939862536&wfr=spider&for=pc.

[2] 金融界.能链翟宇博："场景＋技术"双创新，推动交通领域碳中和 [EB/OL].（2022-05-05）[2023-09-10].https://baijiahao.baidu.com/s?id=1731983542338145202&wfr=spider&for=pc.

[3] 新华网.全国汽车保有量达 3.15 亿辆 连续三个月新增量超 200 万辆 [EB/OL].（2022-10-08）[2023-09-10].https://baijiahao.baidu.com/s?id=1746110462131277784&wfr=spider&for=pc.

[4] 睿见 Economy.李毅中：预计 2030 年我国电动汽车产量超过 1500 万辆，保有量 1 亿辆 [EB/OL].（2023-04-01）[2023-09-10].https://finance.sina.com.cn/hy/hyjz/2023-04-01/doc-imynvuek4023506.shtml.

[5] 人民资讯.当新能源商用车遇见换电模式，远程星瀚 H 续航接近无限？[EB/OL].（2021-11-09）[2023-09-10].https://baijiahao.baidu.com/s?id=1715945603585780642&wfr=spider&for=pc.

的碳排放。一方面是燃料生产的碳排放，包括汽油、柴油的生产，火电、水电、风电、光伏等发电环节的碳排放，氢燃料、e-fuel（合成燃料）等替代燃料的碳排放等；另一方面是汽车材料和零部件生产的碳排放，包括钢、铝、铜等金属材料生产的碳排放，橡胶、塑料、织物等非金属材料生产的碳排放，动力蓄电池及其材料生产的碳排放。2021年我国汽车行业全生命周期碳排放总量达到12亿吨二氧化碳当量，其中乘用车约占58%，汽油乘用车和柴油乘用车碳排放主要来自燃料周期，占比均高达77%。[1] 即便是新能源车，也并非零排放，而是排放转移——纯电动乘用车有近50%的碳排放来自车辆生命周期。[2] 如锂电池生产耗水量巨大，从锂矿中提取1千克锂需要消耗2吨水，一块70度的锂电池含有8.4千克锂元素，需要消耗16.8吨水；又如退役电池处理问题，2020年退役汽车电池高达20万吨，预计2025年将达到78万吨。大量电池流向非正规小作坊，对环境造成二次污染。[3] 更何况电池回收成本高昂，目前1吨磷酸铁锂电池回收成本高达8500元，但所得金属的市场价值仅为9000元。[4]

第二，航空业并非碳排放的超级大户，但绝对是碳减排的"困

---

[1] 和讯网.推动燃油车节能降碳，能链与北京绿色交易所等共同起草团体标准[EB/OL].（2022-09-29）[2023-09-10].https://baijiahao.baidu.com/s?id=1745276500005046051&wfr=spider&for=pc.
[2] 人民资讯.一辆汽车的碳排放来自哪儿？[EB/OL].（2021-08-16）[2023-09-10].https://baijiahao.baidu.com/s?id=1708253534175312263&wfr=spider&for=pc.
[3] 财经野武士.新能源汽车不环保？5g废旧电池污染60万升水，去年20万吨咋处理的[EB/OL].（2021-06-26）[2023-09-10].https://baijiahao.baidu.com/s?id=1703643439455609980&wfr=spider&for=pc.
[4] 驱动之家.马斯克声称特斯拉100%回收废旧电池 专家反驳：不可能[EB/OL].（2021-08-19）[2023-09-10].https://baijiahao.baidu.com/s?id=1708477736114011816&wfr=spider&for=pc.

难户",主要原因在于长途飞行非常依赖化石燃料,而航空燃油的革命性替代绝非短期内可以一蹴而就的。根据国际清洁交通委员会的统计数据,2019年全球客运和货运航班共排放二氧化碳9.2亿吨,占全球交通运输行业碳排放量的10%,约占全球碳排放总量的2%,其中85%的航空碳排放源来自客运航班,15%来自货机。2019年,美国、中国和英国的航空碳排放量位居全球前三位,总排放量分别为1.79亿吨、1.03亿吨和0.32亿吨,共占当年全球航空碳排放总量的39.2%。[1] 航空业碳排放量与航空交通运输量成正比,中国航空碳排放压力尤为巨大。2015—2019年,中国民航机队以年均近290架的规模增长,年均增速为9.6%,同期总运输周转量以年均11%的速度增长。按照每千克航空燃油产生3.15千克二氧化碳的比例计算,同期中国民航运输业二氧化碳总排放量年均增幅为14.8%,吨公里油耗呈年均3.4%的增长。[2] 从消费潜力上看,2021年,我国民航完成旅客运输量4.4亿人次。[3] 这些人以外的群体既是极具想象力的市场,也是极具压力的碳排放规模。碳排放导致气候变化,将使飞行成为对勇气的考验。英国气象学家保罗·威廉姆斯博士的研究表明:在气候变化背景下,晴空湍流在北大西洋上空蔓延,将导致跨大西洋的飞行更加不稳定。[4] 量子力学的主要创始人海森堡临终时说:"我要带两个问题去问上帝,一个是广义相对

---

[1] 于占福.全球航空减碳工作正在稳步推进[EB/OL].(2021-09-10)[2023-09-10]. https://ep.cannews.com.cn/publish/zghkb7/html/4595/node_190670.html.
[2] 诗钦画意.航空产业碳中和之路全方位解析[EB/OL].(2021-09-01)[2023-09-10]. https://baijiahao.baidu.com/s?id=1709699654087406203&wfr=spider&for=pc.
[3] 人民资讯.2021年我国民航运送旅客4.4亿人次[EB/OL].(2022-01-10)[2023-09-10]. https://baijiahao.baidu.com/s?id=1721552700005398085&wfr=spider&for=pc.
[4] 科技时坛.全球变暖导致飞机颠簸增加?英国科学家揭示背后真相[EB/OL].(2023-06-13)[2023-09-10].https://roll.sohu.com/a/684800019_121706473.

论，一个是湍流。我估计第一个问题是有答案的。"

第三，被忽视的全球航运业污染，同样触目惊心。伴随贸易全球化发展，全球航运业排放的温室气体占温室气体总排放量的3%。国际海事组织预测，到21世纪中叶，如果船只继续使用化石燃料，那么航运的温室气体排放将会继续增长50%～250%，最多可能占到世界碳总排放量的17%。[1] 长期以来，船舶运输使用的燃料油是最脏的化石燃料，它是由低阶且廉价的原油组成的。而且在2020年之前，《国际防止船舶造成污染公约》强制实施的燃油硫含量限值为3.5%（新的硫含量限值为0.5%），是车辆的2800～3500倍。全球航运业每天消耗300万桶高硫燃料油（低硫燃料油的成本要高出63%），产生大量可吸入悬浮粒子、氮氧化物和二氧化硫。而航运企业为应对空气污染压力，一般会选择安装"洗涤塔"，向海洋排放被称为"洗涤水"的废水——含有燃料油中的致癌物、危害海洋生物的重金属和硝酸盐的混合物，最终造成海洋污染。非营利研究组织国际清洁运输理事会研究发现，使用"洗涤塔"的船舶每年向全球海域倾倒至少100亿吨"洗涤水"，其中大约80%最终流向海岸附近，恶化浅水区水质。[2]

综上所述，无论是汽车还是航空、航运，人类现代出行方式都给地球环境带来了方方面面的影响。2019年，《柳叶刀》发文列出全球死亡风险因素，从高到低依次是高血压、吸烟（包括二手烟）、肥胖、糖尿病、高盐饮食、饮食不均衡、环境空气污染、室

---

[1] 律江南 Michael. 航运是污染最严重的行业之一 [EB/OL].(2019-10-08) [2023-09-10]. https://baijiahao.baidu.com/s?id=1646759020723574648&wfr=spider&for=pc.
[2] 国际清洁交通委员会北京代表处. 船舶尾气洗涤塔导致的大气污染物和废水排放研究（五）全球视角下的船舶尾气洗涤塔洗涤废水排放 [EB/OL].(2022-06-21) [2023-09-10].. https://mp.weixin.qq.com/s/_ACzyIoymInA7DWCScHBuw.

内空气污染等。这些因素并不独立存在和作用，它们相互之间的叠加会增加致死概率。2018年欧洲呼吸学会国际大会上发表的一项研究表明，进入母体肺部的空气污染物颗粒，可以通过血液循环进入胎盘。

就出行而言，中国是世界最大的汽车生产国和消费国，又是世界最大的汽车出口国和第二大进口国，加之"双碳"目标的提出，世界交通出行的变局主场必然在中国。未来出行或将出现以下变革方式。

第一，回归公共交通。历史总是呈螺旋式发展。1826年，一位退休军官利用蒸汽机排出的热水兴建了一座公共浴室，为解决地点偏僻、客人稀少的问题，就用公共马车接送客人往返。由于线路固定，很多人请求搭车以解决交通问题，于是他顺势开办了穿梭在旅馆之间的公交路线。此后，这项服务迅速在英国、法国及美国的各大城市中流行开来。如今，在私家车泛滥、交通拥堵的背景下，鼓励发展公共交通——地铁、轻轨、城轨、公交，也是未来解决出行问题的方法之一。据估算，选乘公共交通，人均每天可分别减少氮氧化合物、挥发性有机化合物排放量1.7克和6.8克，按照2019年成都地铁全年日均客运量383.41万乘次计算，每天可减少的氮氧化合物和挥发性有机化合物的量，相当于91万辆私家车每天出行产生的量。①

第二，完善共享出行模式。不管当下共享出行方式被如何诟病，不能否认的是，它丰富了出行方式。共享是一种技术之外更为

---

① 红星新闻.选乘公共交通，每个人每天可以减排多少？我们算了一笔账[EB/OL].（2020-07-07）[2023-09-10].https://baijiahao.baidu.com/s?id=1671560797092108801&wfr=spider&for=pc.

本质的模式创新，一定会遇到各个层面的困难和挑战，也更需要政府与市场综合管控。前者重在制度规范，后者重在技术提升。共享模式的进一步完善，则是供需之间的精确匹配，只有个性化出行足够方便到不需要私人拥有汽车，城市中的汽车数量才能真正下降。改变出行逻辑，就会让越来越多新的出行方式出现在交通和更广阔的智慧城市领域。

第三，自行车成为新时尚。自行车曾是 20 世纪 70 年代中国家庭的"三大件"之一，可如今它已并非每个家庭必备的了。中国曾经是自行车大国，而现在，荷兰是名副其实的"自行车王国"，1700 万人口却拥有 2300 万辆自行车，[①] 以及总长超过 3.5 万公里的自行车专用道路——标志明显，路面宽敞，单向车道路面至少宽 1.75 米，双向车道宽度至少有 2.75 米，占荷兰全国道路总长度的 30.6%。[②] 荷兰人均自行车道路长度居世界第一位，且以 0.22 美元每公里的税收抵免来奖励骑车通勤者。2021 年 5 月 11 日起，西班牙所有城市限速 30 公里每小时，成为欧洲首个全面限速 30 公里的国家；自 2021 年 8 月 30 日起，巴黎除少数主干道，全市限速 30 公里每小时[③]，希望借此让人们放弃开车，选择步行或骑车，向"无车化"城市迈进。

第四，建设智慧道路。借助物联网、大数据、人工智能等新一

[①] 山水游记.自行车王国：自行车比人还多的国家，国家付钱让人们骑自行车 [EB/OL]. （2018-12-21）[2023-09-10].https://baijiahao.baidu.com/s?id=1620464814793664610&wfr=spider&for=pc.
[②] 网易探索.中国并非真正的自行车王国 [EB/OL].（2014-03-31）[2023-09-10].http://www.tranbbs.com/Advisory/safety/Advisory_132325.shtml.
[③] 维城.【维·关注】本月起，奥地利超速驾驶的罚款翻倍啦！[EB/OL].（2021-09-02）[2023-09-10].https://www.163.com/dy/article/GITO2OPD0514BTOD.html.

代信息技术，构建以数据为核心的城市交通信息采集与发布的智慧载体，实现道路服务品质化、管理科学化和运行高效化，有效提升出行体验。比如改造所有的信号控制设施，接入路面交通流实时数据及互联网交通大数据，实现道路全线的流量自适应控制和人车感应控制。

第五，改变上班通勤模式。通往格子间的时间和路程有多长？《2018职场人通勤调查》显示，上海人平均通勤耗时59.56分钟，也就是说人们每天有将近2个小时在路上度过。[1] 北上广深的人们"5公里以内幸福通勤"的比重分别为38%、48%、52%、60%，万人单程通勤交通碳排水平分别为每天8.7吨、每天7吨、每天6.7吨、每天5.5吨。伴随远程办公的发展，上班通勤模式的转变将直接减少碳排放。估值达到数十亿美元的Automattic和GitLab，都是远程办公的始祖级玩家，它们的员工分散在世界各个角落，真实地向世界展示了远程办公的可行性。

---

[1] eNet&Ciweek. 前程无忧发布《2018职场人通勤调查》https://www.163.com/dy/article/GITO2OPD0514BTOD.html[EB/OL].（2018-09-20）[2023-09-10].http://www.enet.com.cn/article/2018/0920/A20180920054172.html.

第四章

共同富裕与人口问题

现阶段生育率下降是社会发展的必然规律，破解未来社会高质量发展路线的迷局，不在于纠结人口数量的变化，而在于培养满足未来社会发展趋势的人才。

人口危机：断崖与急转

20世纪70年代，"人口爆炸"是各国最担心的问题，美国学者约翰·卡尔霍恩却持有不同观点。1973年，他在《英国皇家医学会会刊》发表论文《死亡的平方：老鼠数量的爆炸性增长和死亡》，记载了著名的"25号宇宙"实验。"25号宇宙"制造了一个理想中的老鼠居住地：充足的食物、饮用水、筑巢材料，没有任何天敌，良好的卫生环境，以及一个有限的生存空间。按照事先的科学计算，当老鼠数量达到3840只时，鼠窝才会不够；到6144只时，水才会不足；到9500只时，粮食才会短缺。可当老鼠的数量达到理论峰值的30%（2200只）时，实验鼠死亡的情况已时有发生，因为实验期间发生了很多意想不到的事情。随着数量的扩大，老鼠之间出现了"贫富"分化：强壮的雄鼠占有了更多的雌鼠，占领了条件更好的鼠窝；弱势的雄鼠则被驱赶，丧失交配权；有些无所事事也没被追求的雌鼠选择远离鼠群，拒绝社交和生育；有些拒绝斗争的雄鼠变得冷漠，独居且专注打扮自己。1780天后，在没有天敌和疾病的情况下，最后一只实验鼠死亡。①

或许"25号宇宙"的实验存在一些问题，比如近亲繁殖等。但其中的许多现象，似乎都能在当下的社会中找到相通之处。

第一，人口分布不平衡。"25号宇宙"中，有的"领地"新生鼠很多，有的则很少，"领地"之间新生鼠数量的最大差距甚至超过百只。现实社会也是如此，人们不断涌入大城市，人口的地区差异、城乡差异不断拉大。如美国以纽约为中心城市的东海岸城市群，以占美国1.5%的土地承载了美国约20%的人口；日本以东京为中心城市的首都圈，以占日本6%的土地承载了日本60%的人口；我国的长三角城市群、粤港澳大湾区等亦是如此。

第二，不婚主义和低生育率。"25号宇宙"实验进行到第560天的时候，鼠群数量达到峰值，鼠群中出现"不婚主义"，雄鼠和雌鼠间互无兴趣，生育行为随之减少。现实中，低生育率危机已然徘徊在诸多国家上空。2001年起，韩国就已被纳入极低生育率国家之列。2018—2020年，韩国出生率分别为0.98‰、0.92‰、0.84‰，逐年下降。英国牛津大学人口经济学教授大卫·科尔曼曾说，韩国或将变成"全球首个消失的国家"。

---

① 低调 de 专属. 理论学习——"第二十五号宇宙实验"[EB/OL].（2020-10-20）[2023-09-10].https://zhuanlan.zhihu.com/p/267050503.

第三，低欲望社会呼啸而来。"25号宇宙"后期，鼠群的社交性明显下降，它们开始花更多的时间宅在家里，不愿出来。现实与之不谋而合——互联网使人们可以随时随地与任何地方的人交流，人们的社交需求被无限满足，而与之相对的是过度社交带来的疲惫，以及现实中人情味的淡薄。日本有"御宅族"，中国有"佛系青年""空巢青年"，他们蜷缩在自己的舒适圈内，不关心其他事物。

幸运的是，人不是老鼠，现实社会也比"25号宇宙"更为开放，但毋庸置疑的是，人口问题的严峻性与复杂性超乎想象。2011年，在被问及中国是否会在2050年成为最强大国家时，基辛格就曾回答说："中国每年保持9%的经济增长率，没有哪个国家能够做到这一点。然而，中国将由于计划生育而从2030年开始出现巨大的人口危机，这种人口危机是其他国家都未曾有过的。因此，不能根据中国目前的发展趋势简单地推测中国将成为强国，没有理由认为美国将落后于中国。"[1] 如今从数据来看，中国的情况不容乐观。根据国家统计局2023年1月发布的数据，2022年我国出生人口为956万。[2] 从各省份发布的2022年统计公报来看，只有广东出生人口突破了百万，连河南、山东这样的人口大省也跌破百万，北京、上海和东北三省的出生率更是创下新低。自然增长率由正转负、降至-0.60‰。这不仅是中华人民共和国成立以来出生人口首次跌破千万大关，也是自1962年以来首次出现总人口的负增长。然而，这次的负增长可能仅仅是开了个头，根据育娲人口研究的预

---

[1] 文秘帮.人口问题上，我们跌入了多少个误区时间[EB/OL].(2022-07-11) [2023-09-10]. https://www.wenmi.com/article/pufv0z03miwn.html.
[2] 国家统计局.中华人民共和国2022年国民经济和社会发展统计公报[R/OL].(2023-02-28)[2023-09-10].http://www.stats.gov.cn/xxgk/sjfb/zxfb2020/202302/t20230228_1919001.html.

测，未来中国的人口还将进一步减少，到 2027 年将跌破 14 亿人，到 2043 年将跌破 13 亿人。[①]

目前，中国的生育率面临现代化进程的挤压，以及长期独生子女政策下的社会观念和社会机制与多生多育相背离等多重下行压力。更为关键的是，随着经济发展，人类的生育已演变为一项类市场行为，受市场规律的支配。具体来说，一方面，生育的直接成本和机会成本会随着经济的发展而增加。其中除了生育的直接成本及孩子的衣食住行、医疗、教育等费用的上涨，更关键的在于机会成本——收入越高，生育的机会成本也越高。因为有限的时间一旦与抚养孩子捆绑，就意味着牺牲工作、休闲、娱乐和诸多自我追求，这些都是生育的机会成本。另一方面，养育的边际效用递减。很多高收入职业女性在职场上获得的收入、荣誉、地位、成就感等的综合效用，要远大于生育带来的效用，于是她们自然会选择暂时不生育或少生育。

在生育机会成本上升和边际效用递减的两面夹击下，低生育率、人口老龄化成为经济增长的必然结果。有人将这种人口结构的变化称为"宁静危机"，因为它不像其他的社会问题那样尖锐、亟待解决，而是让社会悄无声息地一点点滑向困境之中。人们在危机之初难以察觉到它的严重性，直到大概过了一代人的时间，人口结构变化的后果陆续浮现时，才发现其棘手之处。

更为重要的是，人口问题既是个人和家庭问题，也是社会问题、国家问题，还是"基础性、全局性和战略性问题"，正因如此，日本前首相安倍晋三发出"少子化对日本而言是国难临头"的哀鸣，

[①] 尹烨.自然增长率-0.60%，一年减少85万人，中国人口拐点已经来了[EB/OL].
（2023-01-18）[2023-09-10].https://www.163.com/dy/article/HRBLQVS70514CPMF.html.

俄罗斯总统普京称俄罗斯的命运和历史前景取决于人口。从历史角度看，人口是国家的关键性战略资源，人口变迁势必影响大国兴衰和权力转移。曾经统治地中海地区的罗马帝国，最终走向灭亡的一个重要原因就是少子化。公元前2世纪的罗马，生10个孩子的人比比皆是。在恺撒时代，一个家庭有2～3个孩子也是很平常的事情，但是到了奥古斯都时代，不结婚的人越来越多。罗马帝国的终局，是由于国家极度缺乏青壮年劳动力，不得不大量雇用蛮族佣兵来镇守防线，而这些有着超高生育率但对罗马缺乏认同感的"野蛮人"，最终成了罗马帝国的掘墓人。美国学者威尔·杜兰特曾总结道，从根源上讲，罗马帝国不是亡于武力征服，而是亡于种族的嬗变，在罗马灭亡前，重视生育、子嗣众多的蛮族早已替代了自我节育的罗马本土人，成了这个帝国的主体。[①]

进一步而言，虽然人工智能方兴未艾，但在生产、就业等方面拥有大量年轻人口仍然意味着更多的可能性。

其一，"补充新鲜血液"能够在一定程度上缓解未来老龄化社会的税收和财政压力。低生育率带来的老龄化危机最直接的体现，就是养老金体系入不敷出。2030年后，随着人均寿命延长和老年人口激增，国家财政中老年人的医疗和社会保障的支出将迅速扩大。如果能够及时鼓励生育并显著提升生育率，那么每年新增的几百万年轻人，正好能满足未来中国经济对创新型人才和服务人员的大量需求，增加的税源也能缓解财税危机。

其二，人口对产业规模和创新能力有积极的推动作用，能激发经济增长潜力。1850年时，法国是欧洲的工业国，与德国较量时

[①] 海边的西塞罗. 人口负增长，现实版"老鼠乐园"离我们有多远[EB/OL].(2023-01-18)[2023-09-10]..https://mp.weixin.qq.com/s/al2W6eqttV8N0H0ynd218w.

总是法国占优，而法国人口也一直比德国多。到了 1870 年，德国人口超越法国，德国的工业生产与总体经济能力——特别是钢铁产量——达到法国的 2 倍以上，这使德国在工业化上明显比法国处在更有利地位。法国在两次世界大战期间对自身安全的忧虑和需要自我保护的感受，很大程度上也是人口大大下降这一事实造成的。如今，中国经济已经逐步告别依靠廉价劳动力的初级制造业，开始倚重中高技术水平的制造业和服务业，放开和鼓励生育所新增的人口，将在 20～30 年后成为中国创新创业的主力军，这既能够保持人口规模优势，也有利于发挥创新的规模效应。

由此来看，人口数量多寡、人口结构分布、人口素质高低等，都会在方方面面影响大国兴衰，而现阶段生育率下降又是社会发展的必然规律。面对当下的人口危机，方向无法选择，政策只能调整。

生育低谷与 ChatGPT

"忆昔开元全盛日，小邑犹藏万家室"，庞大的人口基数一直是农耕时代的中国古人对于社会繁荣形态的终极想象。长期以来中国不但拥有全球最多的人口数量，而且凭借着人口基数所衍生的人口红利、人才红利、市场规模，实现了堪称"奇迹"的经济高速增长 40 年。但在当前，中国社会却面临着人口发展趋势的重大变化。从宏观数据看，人口负增长已是既成事实。从微观现象看，黑龙江省伊春市在2023年2月宣布对两个街道"撤街设镇",亦是各地人口总量出现下滑的一个缩影。数量变化仅仅是当前人口情况的一个侧面,近年来,与人工智能相关技术的"爆炸式"发展又给本就复杂的人口问题,套上了额外一重复杂性。从颠覆了围棋的AlphaGO到颠覆了作画的GAN(生成对抗网络),再到2022年末火到"出圈"的ChatGPT,人工智能似乎不但精通"琴棋书画诗酒茶",而且已经能在思考能力上对人类发出挑战。这就使得在这个人工智能看似将要"横扫一切"的时代,传统的人口观念、人才观念、教育观念都将迎来洗牌。这一问题不仅关乎未来人口的"量"与"质",更将引发对于社会发展思路的再调整。

实际上,当前全社会对于人口问题的纠结心态,反映出人口与社会发展关系的三重悖论。

第一重悖论,社会越发达,人口承载能力越高,但生育意愿却持续走低。随着生产力水平的发展,人们的生活质量获得大幅提高,同时随着福利政策的普及,大部分人已经不用担心物质生存问题,而是把重心放在精神生活质量,这就使得民众的生育意愿远远小于过去。如《纽约时报》所做的一项民意调查就显示,美国育龄人群不生孩子的第一大理由正是"想要休闲时间"。

第二重悖论,政策试图抹平人口"谷峰",但却难以摆脱自身滞后性。对于任何一国而言,都希望人口能够长期均衡发展,由于生育政策从出台到见效往往需要几代人的时间,更别提部分政策"治标不治本",现阶段应景政策往往又成为下一个阶段的问题之源。以新加坡为例,其在20世纪60年代曾面临人口激增的问题,高峰时期曾达到平均一名育龄女性生育6个孩子的水平。而随着社会发展水平的提高,人们的婚姻、生育观念都发生了巨大变化,出生率快速走低，这又使得新加坡的生育政策一直跟不上社会变化。从 1970 年开始提倡节育，到 1987 年不得不鼓励生育，新加坡生育政策"U 形转弯"却依然难以延缓人口下滑的趋势。

第三重悖论，化解人口问题的关键在于技术进步，但同时又造成 AI 挤压劳动岗位的矛盾。技术进步一直被视为破解人口问题的一大抓手，如工业机器人以及人工智能等，均是为了应对劳动力不足而产生。但正如熊彼特所提出的，每一次技术革新的结果便是可预期的下一次萧条。半个世纪以来，从智能流水线到无人工厂，技术进步逐渐挤占了原来的人工工作。对此，世界经济论坛就曾估计，到 2025 年，人工智能将在全球消灭大约 8500 万个工作岗位。[①]

更进一步收敛，在社会演化与技术迭代的合力之下，人口的"过剩"与"短缺"已经难以简单定论。

一方面，社会的稳定运行必须以平衡的人口结构为基础，这就要求人口始终保持总量适度、结构合理。在这一视角下，少子化所引发的新增人口不足，除了会导致老龄化，也会影响经济的动态平衡。以日本为例，其 65 岁以上人口的总占比已超过 28%，位列世界第一。老龄化的人口结构将带来需求下降和风险厌恶情绪，直接减少家庭的消费、企业的投资，造成经济低迷、通货紧缩。低生育率已成为影响社会正常发展的阻碍。

另一方面，从工业经济到信息经济、科技经济的进阶又使得生产从劳动密集转向技术密集，在产业新格局下又呈现人口过剩。随着大数据时代和机械智能化时代的到来，人们开始尝试赋予机器根据产品需求自行调整参数并控制生产的能力。这种"让机器控制

---

① AI 知更鸟.AI 进入新基建时代，将"消灭"8500 万的岗位 [EB/OL].(2022-01-27)[2023-09-10].https://baijiahao.baidu.com/s?id=1723089291449759119&wfr=spider&for=pc.

机器"的新生产模式宣告了人力即将从产业链的制造环节中永远退出。同时，生命医疗技术的精进也让人越来越长寿。根据联合国人口司的数据，2022年全球人口平均寿命已经从1950年的46.5岁上升至71.7岁。[①]而《自然·通讯》在2021年刊登的一篇论文，更是指出人类寿命可达150岁。两条技术曲线叠加当下人口基数及人口增长惯性，或最终形成人口"超级过剩"。

以此论之，生育危机和ChatGPT叠加之下，折射出来当前人口问题的核心矛盾是，社会稳定运行视角下的"人口不足"，与经济演化视角下的"人口过剩"发生了碰撞。

归根结底，矛盾根源在于用旧标准看新事物，在科技经济时代，应打破"适龄人口＝劳动力"的恒等式。在体力方面，随着机械技术的发展，工作环境已出现巨大变化，"适龄人口＝劳动力"认知已经过时。而对于脑力劳动，信息技术的进步又使得信息已经不是工业时代的"奢侈品"，海量的知识在网络上一键即可搜索获得，大众面临的不是知识匮乏，而是信息过剩。如果说，工业时代看重人力资源"量"的积累，那么到科技经济时代，将转而侧重"质"的飞跃。更进一步收敛，知识信息成为过剩的、贬值的，智慧恰恰是稀缺的、升值的，科技经济时代制造"宏观人口过剩"的同时也史无前例地制造"智慧分子人口紧缺"。而从知识到智慧的进阶，不仅要穿透表面看到本质，从纷乱的表象中提炼出解决问题的根本和关键，还要抓住烦琐信息间的联系，挖掘出万物背后的运行逻辑，还要在此基础上创新创造，在旧有的知识体系上创造新价值。故而，智慧分子不是掌握知识、胜任流水线工作的"技工型"

---

① 前途科技.人的预期寿命越来越长，但生活质量怎样才能更高？[EB/OL].(2023-08-18)[2023-09-10].https://accesspath.com/report/5865459/.

人才,而是能够具备无穷创意,能够完成高价值创作工作的"哲学家型"人才。

而智慧分子也将打破人与 AI 的二分对立,具备以智慧驾驭人工智能,实现价值、创造价值的能力。既能以人工智能为其所用,又不会被人工智能所限制。就此意义而言,人类将与 AI 形成错位互补,既能够发挥 AI 在信息检索、聚合知识方面的专业性,又能够啮合人类在概念勾连、创新创造方面的深刻性。

首先,结合人类创造性思维与 AI 产出能力,持续创造高质量内容。从实现原理来看,AI 创作内容其实是基于已有的内容进行重新拼接。因此,未来人类文化财富总量的提升,依然要依靠持续原创,而非机器生成。例如,目前部分实时新闻稿已经由写作 AI 接手,但此类 AI 却依然无法胜任文学作品的创作。在每个人都能运用 AI 生成平庸作品的时代,能够脱颖而出的必然是创意。由此,智能时代的创作必然是具有创造性思维的人类和具有持续产出能力的 AI 相互协作。

其次,结合人类跨学科思维与 AI 信息检索能力不断探索知识边界。AI 的长处在于检索已知的信息,而非对未知建立连接。与之相对的,现代科学技术的重大突破,往往是在不同学科彼此交叉和相互渗透的过程中形成的。跨学科或者说交叉学科研究对于人们取得科学技术的原创性成果和突破性进展的意义重大。如近期结合计算机科学、有机化学、数学等学科的 AI 自动识别蛋白质就大大加速了医药科学的创新速度。

再次,结合人类的批判性思维去伪存真提高 AI 产出质量。AI 虽然擅长汇总信息,但却不善于甄别信息的准确性。更有甚者,为了强行回答用户问题而编造扭曲事实。例如 ChatGPT 的回答,往往是由大段长段材料生成的冗长内容，虽然看似逻辑自洽，但有时却是在一本正经地"忽悠人"。因此，对于 AI 给出的信息，必须由人类进行监督鉴定，否则半真半假的信息将毫无价值。

最后，结合人类感性共情的能力使得 AI 作品真正深入人心。AI 只擅长处理信息却不能理解情感或道德，甚至在数据干扰之下频频出现"黑化"。然而，内容的创造是为人服务，这就使得创作者必须具备能够认识、管理、感受和处理自己及他人的情绪的能力。但从原理上看 AI 又注定不可能具备情感能力，因此人类感性共情的能力将是与 AI 互补最重要的一点。

总而言之，面对人口趋势变化与人工智能崛起这两个必然，破解未来社会高质量发展路线的迷局，不在于纠结人口数量的变化，而在于培育满足未来社会发展趋势的人才。因此，引导教育进入围绕创新、智慧的新革命已经刻不容缓。而最关键的一点在于，教育思路必须实现转轨，从灌输知识的老路转向培养智慧分子的新路。清华大学经济管理学院院长钱颖一曾指出，未来的人工智能会让我们的教育制度培养学生的优势荡然无存。[1] 因此，未来的教育应致力于培养面向智能时代的创新人才，引导学习者在学习和工作中，发展关键能力与核心素养，培养创造力而不仅仅是记忆知识，特别是面向人工智能善于组织、整理信息的优势，应当培养学习者提出问题和鉴别信息的能力，这样才能更好地适应未来时代的发展。傅立叶曾言，"我们的命运在于前进，各种社会都必须向更高一层进取"，而这必将是中国社会发展的远景。

---

[1] 中国教育在线. 钱颖一：人工智能将使中国教育优势荡然无存 [EB/OL].(2023-02-14)[2023-09-10].https://baijiahao.baidu.com/s?id=1757761472656332970&wfr=spider&for=pc.

从"讨好年轻人"到"讨好老年人"

"讨好年轻人"似乎已经成为整个社会的普遍现象。市场越来越多地将消费需求旺盛的年轻人作为目标客户,或是将 logo(标志)改得更为时尚亮眼、包装更加炫酷,或是利用二次元、黑科技等流行文化作为营销噱头,或是通过淘宝直播、抖音带货、综艺节目、明星代言等方式迎合年轻人的消费习惯。互联网大厂更是不遗余力地向年轻人"致敬"。2021 年五四青年节,快手、B 站、京东等互联网大厂接连推出以"致敬青年"为主题的系列短视频:B 站征集 955 名初中生的声音,以"我不想做这样的人"为主题发表演讲;快手宣誓"青春有 N 种可能";京东找来各行各业的青年,以"什么是青春"为题给出了"热爱"这个答案。

美国社会学家赖特·米尔斯曾说,无论是个人生活还是社会历史,不同时了解这两者,就无法了解其中之一。同样,只有把年轻人置于时代、社会的大背景中,才能了解年轻人。在过去,青年并不是社会的主体,亦不是被颂扬的对象。在传统秩序中,"老人"隐含了阶序的优越。历史学家安德鲁·阿肯鲍姆发现,在 200 年前的美国,老人的地位远高于今天。因为在现代以前,老年人数量稀少,能活到老年被看成一种积极的成就;而且老年人在知识与经验方面具有优势,年轻人往往要仰仗他们的指引。这种对老年人的尊敬普遍出现在各国文化中,一个极端例子是格鲁吉亚的阿布哈西亚人。当地人十分尊重老年人并从他们那里获取指导,老年人自始至终都是社区的领导者,他们在 80 岁以后仍会保持一定程度的体力劳动,继续和年轻人生活在一起。尤其是在传统儒家的文化秩序中，"重老轻少"是一种传统。"少年老成""老成持重"往往意味着褒奖和赞许，"敬老尊贤""长幼有序"更是千百年来教化伦常中的共识，而"少不更事""少年轻狂"则容易遭到诟病。

随着时代的切换，人类呈现从老年崇拜的经验社会走向青年崇拜的创新社会的趋势。罗素讲过，"青年崇拜"是各国近现代化过程中较普遍的现象。对新生命力的崇拜，与工业时代的产业化有关。工业革命需要新知识，工业大机械生产需要新型劳动力，所以时代的大门开始向年轻人敞开。在中国，情况尤为特殊。中国近代自有"年轻人"这个社会类别开始，"青年"这个角色就因为社会各种迫切的期待而被建构起来。从清末梁启超的《少年中国说》到五四新文化运动时的《新青年》，再到后来的革命青年，青年在中国的历史上扮演了进步文化运动推动者的角色，在救亡图存运动中承担了拯救国家民族的使命，逐渐在我国形成了一种对青年的崇拜情结。李大钊的名篇《青春》对青春进行了热烈的歌颂，并对青年寄予厚望。李大钊和同时代追求进步的知识人认为，建设青春之中华在于老人与中年人能够退出历史舞台，为年轻人提供适合的社会文化与政治表达空间。革命运动尤其注重发掘年轻人所蕴藏的巨大政治能量，掌控文化资本的知识精英也特别注重吸纳具有改造社会理想的文学青年。

如今，信息文明的到来让这种青年崇拜愈演愈烈。作为数字化原住民的年轻人，网络已成为其"统治"的空间。互联网发展史划分出了两代人：数字化原住民和数字化移民。在互联网上，老年群体就像是迁移到陌生大陆的移民，而数字化原住民则如鱼得水。当代生活里没有任何神秘的东西，从飞机到比特币，一切原理都可以被了解——只要你愿意。

年轻人独有的思维和体力优势，成为推动企业发展、科技创新的中坚力量。2021年脉脉数据研究院的一项调查显示，以字节跳动、美团、滴滴为代表的新生代互联网公司，平均年龄低于30岁（含30岁）的公司几乎占一半，字节跳动和拼多多员工平均年龄相对最低，平均年龄仅为27岁。老牌互联网公司中，阿里巴巴员工的平均年龄为31岁，百度员工的平均年龄为30岁，腾讯员工的平均年龄为29岁。"互联网+"公司中，小米员工的平均年龄是29岁，华为是31岁，老牌互联网公司网易员工的平均年龄为29岁，搜狐、新浪员工的平均年龄也仅为30、31岁。[1] 在美国，18家规模最大的科技公司员工年龄的中位数也在30岁以下。

消费市场上，年轻人更是一马当先，重塑了这个时代的消费格局。被称为"全球企业研究者先锋"之一的托马斯·科洛波洛斯说道，面对群体的强势崛起，只有理解消费主力"95后"的商业逻辑，懂得如何讨好这一代年轻人，未来的商业才能成功。一方面，年轻消费者向传统领域进军；另一方面，许多新兴品牌也因他们而生。从食品饮料领域的元气森林、拉面说、钟薛高、喜茶，到彩妆护肤领域的花西子、完美日记，再到家电领域的小米、小熊电器，以及潮玩领域的泡泡玛特等，大有"得年轻人者得天下"之势。

然而，过分推崇年轻人虽然可以带来一时的发展红利，但实际上是企业的一种故步自封。一方面，只会讨好年轻人，就注定被年轻人遗忘。在不同环境、文化背景下成长起来的不同代年轻人，有着各自不同的喜好；而且，年轻用户的消费偏好往往尚未定型，处

---

[1] 机器学习与Python社区.中国互联网企业员工平均年龄出炉：字节跳动、拼多多最年轻仅27岁[EB/OL].(2021-10-10) [2023-09-10].https://www.163.com/dy/article/GLVSN09D0519EA27.html.

于一个不断试错的时期，尝鲜消费居多，与年长用户相比，更容易发生偏好的转移。另一方面，年轻人收入的增长速度跟不上其消费欲望的增长速度。"'70后'忙着存钱，'80后'忙着投资，'90后'忙着负债，'60后'忙着替自己'90后'的子女还债"，这句调侃正逐步变为可怕的现实。汇丰银行有调查显示：中国"90后"一代人的债务与收入比，达到令人吃惊的1850%，人均债务超过17433美元。非理性消费早已冲破收入的天花板，催生一大批"精致穷"和"隐形贫困人口"，财务压力更让年轻一代成为放弃恋爱、放弃婚姻、放弃孩子的"三抛一代"。

百年来的青年崇拜既是天使，也是魔鬼。在一个青年崇拜大行其道的主流文化中，老年人也在与年轻人形成的强烈对比下遭到贬抑，被推向孱弱无助、昏聩迟钝、行将就木的荒凉彼岸。人一旦被贴上了"老"的标签，所要面临的不仅是就业上的年龄歧视，更是激烈竞争带来的安全感的丧失、精神上的漂泊感、面临衰老的恐惧与迷茫，乃至被整个社会边缘化的无力与失落。但这种极端功利导向的价值观是很荒谬的。

其一，从规模来看，年轻人与老年人数量此消彼长，人口老龄化已经成为"环球同此凉热"的问题。2020年，全球60岁及以上人口的数量有史以来首次超过了5岁以下儿童的数量。据世界经济论坛官网的报道，预计到2050年，全球65岁以上的老年人数量将翻一番，达到16亿。[1]

其二，老年利益群体在社会各领域日趋活跃，其影响力与话语权不容小觑。在美国，美国退休人员协会、全国老龄工作委员会、

---

[1] 环球网.世界人口老龄化：暗藏隐忧还是蕴藏机遇？[EB/OL].（2021-04-16）[2023-09-10].https://baijiahao.baidu.com/s?id=1697160009928184437&wfr=spider&for=pc.

老年妇女联盟、老龄组织领导委员会等组织通过媒体宣传、立法游说、政治论坛等活动形式，有效地保障了老年人的政治和经济权益，并向主流社会所构建的衰弱迟钝、无所事事的老年生活刻板印象发起了挑战，以积极活跃的老年生活现实模糊或消解了年龄的界限划分。由此来看，"讨好年轻人"表面看是大势所趋，实则也是思想固化的结果，企业仍未摆脱老年人是社会负担的思维惯性。

实际上，如果说"讨好年轻人"是时代产物，那么老年人同样也在被时代所重塑。

首先，"个人—国家"之间的权重发生转换，从国家主义到个人主义，老年人的个体意识不断崛起。中华人民共和国成立后的前几十年里，计划经济时期强调集体的力量，国家在家庭与个人面前几乎是全能的，个人与国家之间形成了直接的"支配—服从"式的依附关系。改革开放后，经济体制发生转换，与强调集体的计划经济相比，市场经济重在个人，鼓励竞争，鼓励人们追求独立自主，呼吁人们实现个体价值。经济制度的转变是老年人个体观念转变的直接原因之一。

其次，社会流动加速，传统的家庭纽带开始动摇，倒逼老年人进行身份认同和价值观的重构。传统"侍奉在侧"的孝亲模式被打破，取而代之的是松散的家庭结构及疏远的亲子关系。与此同时，年轻一辈的家庭地位和社会地位显著提高，家庭地位的此消彼长让诸多老年人在面对子女时，所说的话不是被归为"明知故问"，就是被恳请"别管太多"。各式矛盾让老人深感"老了才知道，养儿不防老"。加之城市化繁华之下的隔离与孤独等，都倒逼越来越多的老年人将重心从家庭、子女转向个人，不断发现新的人性价值，积极实现老年身份重构。

最后，在网络的竞技场上，老人们反倒拥有得天独厚的优势：没有堆积如山的作业，没有排山倒海般压迫白领的最后期限（deadline），没有因难以抵制娱乐欲望而虚度时光的负罪感。大把大把的空闲时间，羡煞那些为上网不得不熬夜，苦苦从海绵里挤捏时间之水的年轻一代。虽然网龄较短，网络新移民们的日均上网时间却很长。艾媒研究院发布的《2021年中老年群体触网行为研究报告》显示，51%的中老年人日均上网时长超过4小时。[1] 银发新移民们正在酝酿一股赶超原住民的力量。

社会制度、家庭结构、个体观念的复式变迁，长寿时代与数字时代的双重叠加，让"讨好老年人"成为一个更广阔的市场。

一方面，老年人已成为新时代一股不可忽视的消费力量。瑞士信贷银行最新调查显示，在几乎所有发达国家，60岁以上消费者的人均消费额都超过了25～64岁年龄层的平均水平。[2] 美国政府的一项调查显示，婴儿潮一代老人每年的消费额比其他年龄层多4000亿美元。这一现象并不局限于美国，人口老龄化问题较严重的日本和社会福利水平较高的瑞典，也都出现了类似现象。法国巴黎银行的数据显示，未来数年内，老年人对全球消费额的贡献将达到40%，交通业、房地产业、食品业、医疗业和保险业都将从中受益。[3] 在中国，老有所养已无法满足老年人的需要，老有所乐、老有所学成为他们的新追求。从广场舞到追星，还有上老年大学，老

---

[1] 谭江华. "银发族"沉迷短视频要小心[EB/OL].(2022-07-07)[2023-09-10].http://ylxf.1237125.cn/NewsView.aspx?NewsID=392111.
[2] 参考消息. 西媒：老年消费赶超青壮 "银发经济"为社会变革带来机遇[EB/OL].(2018-04-16) [2023-09-10].https://baijiahao.baidu.com/s?id=1597874119328121549&wfr=spider&for=pc.
[3] 同②

年人比想象的会玩。

另一方面,技术的发展逐步弥补了老年人在体力、脑力上的短板,老年人也可以成为社会财富的创造者。老年的核心挑战是体力损失和智力损失,而这些都可以通过数字化、智能化来应对。自动化与人工智能技术可以帮助解决因年龄增加带来的体力损失难题,或者从根本上对初级劳动力进行替代;同时,信息化和智能化可以在一定程度上缓解脑力损失的压力,强化脑力要素供给。这都将对劳动力素质和年龄结构形成新的供给。比如,宝马为了留住技术熟练、经验丰富的老龄工人,通过改造生产线、创造合适的工作环境,让其继续工作。宝马在德国丁戈林的一个大型新工厂,完全由50岁及以上的工人运营。宝马、奥迪、大众等汽车制造商均在创造研发可穿戴机器人——外骨骼,通过减轻关节负担并增强力量来提升老龄工人的生产力和竞争力。

总之,正如茅盾文学奖获得者、作家周大新所说:"在这个世界上,如果单从年龄的层面上说,其实只存在三种人,即已经变老的人、即将变老的人和终将变老的人。老年,是我们每个人都绕不开的一段路,这段路上的风景想不看都不行。"变老只是客观的事件,它本身不传递任何价值取向。重点在于,我们怎么看待变老这回事。技术的变革推动着时代快速发展,但良性的发展不应是追逐前进者而抛弃落跑者,人的价值也不应因年龄与时代的变化而被泯灭。况且,以生理年龄来定义人群的方式,早已与当下的时代格格不入。由于互联网的普及,世代对立走向终结将是大势所趋。托马斯认为,技术的简化和便利终将使所有世代联合在一起,因此Z世代很可能将是21世纪的最后一个世代。更何况,年轻的心态、年轻的文化能够带来"年轻"的身体。例如有研究发现,老年人玩

《魔兽世界》可以提升他们的认知能力。如同塞缪尔·厄尔曼在名篇《青春》中所言："无论年届花甲，抑或二八芳龄，心中皆有生命之欢乐，奇迹之诱惑，孩童般天真久盛不衰。"

四次分配：共同富裕"主战场"

　　站在"两个一百年"奋斗目标的历史交汇点，"共同富裕"正在中国全面拉开序幕。2021年8月17日，中央财经工作会议专题研究扎实促进共同富裕等问题，强调"先富带后富、帮后富"，"构建初次分配、再分配、第三次分配协调配套的制度体系"，"鼓励高收入人群和企业更多回报社会"，"形成中间大、两头小的橄榄形分配结构"等事项。[1] 究其根本，计划经济已成过去，自由市场经济也问题不断，传统经济学已经无法解释和引领当下的经济现实，中国必须摸索出第三条道路。于是，"先富"变"共富"的国策被重申。以税收、转移支付为代表的再分配和以慈善捐赠为主的第三次分配更多的是对现有存量财产进行精准的进一步分配，并不能产生新的财富"蛋糕"，无法从根本上实现共富。毕竟，社会主义共同富裕不是靠"等、靠、要"实现的，关键前提是劳动创造幸福，无论是个人幸福还是社会发展，都要通过劳动获得。因此，真正实现共同富裕的主战场是第四次分配。

---

[1] 求是. 新发展阶段促进共同富裕的战略擘画[EB/OL].(2021-10-17)[2023-09-10].http://www.xinhuanet.com/2021-10/17/c_1127966346.htm.

要实现第四次分配，关键是国家担任导演，企业担任主角。概因企业是推动社会发展的核心环节，它能通过不断的细分、竞争、创新，提供更多新产品、就业岗位和新的生活方式，从根本上推动社会发展。如果说过去企业处在以效率和竞争为核心的市场体系中，把市场竞争带来的负外部性问题交给国家来处理，甚少承担社会责任，那么第四次分配将重塑游戏规则。企业将从单一追求效率和利润最大，转向基于社会原则的可持续价值创造，从而调整为社会型企业。这也恰恰是企业随时代进步而迭代的必然。

工业时代，企业和逐利商业原则在碰撞与融合的螺旋中成就了人类文明的现代化；而今的数字革命时代，伴随互联网成为国家的新型基础设施，企业站在了市场与社会边界日渐模糊的历史时点上，社会责任和担当不再是附加在商业利益上的光环，也不再是企业对外部期待的被动回应，而是企业竞争力的核心部分和企业主动追求的长期目标。这种社会性企业的价值，将不只体现在第三次分配等公益慈善行为中，更在于社会价值的自我蜕变——企业依靠商业行为本身，挖掘、发现社会问题中的公益价值，为社会创造更多就业、机会和财富，在赚取小部分利润的同时，创造社会价值。就此而言，有些企业家、富豪以为共同富裕是计划经济的倒退，关注点也仅仅停留在表面的细枝末节上，显然是搞错了方向，表错了决心。而且，服务于社会事业发展，既是企业的责任，也是企业的机遇——能在多大程度上成就社会经济发展，也就能在多大程度上成就自己。

"有国有家者，不患寡而患不均，不患贫而患不安。盖均无贫，和无寡，安无倾。" 2000多年前孔子说的这句话，放在今天，依然迫切。未来，起到辅助补充作用的第三次分配将极大发挥转移支付效应，如成立专门的基金会，由专业人士打理资金以解决社会问题，同时也通过投资让资产升值，获得更多资金用于公益；大量社会群体或企业将通过"互联网＋慈善"的便捷平台，投身公益，养成"一块儿做好事"的习惯。而在共同富裕的主战场——第四次分配上，国家、企业将在协作中形成"命运共同体"，并呈现以下图景。

一方面，针对绿化工程、社区养老等无法按市场经济运转的公共服务性板块，作为导演的国家将主动搭台，以市场化招标的形式让企业竞选，并寻找员工来运作。

另一方面，担当主角的企业，将向社会型企业转变。第一，率先为社会经济探路，以"政府端神经末梢"的身份聚集资源与产业，形成中国特有的社区经济平台。第二，重构行业竞争逻辑。龙头企业将更好地承担第四次产业革命中转型升级的发展责任，如同华为将鸿蒙系统捐献给社会般，充当致富带头人的作用，创造联动效应，带领行业与业内中小企业共同成长。第三，在进行社会事业科技创新，服务自身业务的同时，惠及其他企业乃至全社会，如杜邦把控制工业产品有毒物质的业务发展成一家独立企业，不仅能消除自身产品的毒副作用，也能为别的企业服务，检验其产品的毒性，为其开发各种无毒化合物。第四，再造内外结合的复式组织，在复式化的随拆随合中，打造强大的变革能力与进化能力。

总之，共同富裕事关长远，唯有把准时代发展的脉络，方能于变局中谱写新篇章，创造新作为。

第五章

再造金融新体系

信仰华尔街共识、奉交易经济学为圭臬的一些金融界精英，还未认清金融"一半天使，一半魔鬼"的本质，他们依然沉湎于摘取"低垂的果实"，殊不知实际情况早已发生变化，唯有变革市场方能使金融回归服务实体的正道。

把金融关进笼子里

以美国为代表的西方国家的金融行业陷入了"充当一般等价物—讲故事、炒概念—击鼓传花—形成黑洞"的原罪中，由此诞生了华尔街模式下"钱生钱"的怪圈，金融脱离实体自我空转，稍有不慎就会引发爆仓等连锁反应。比如2021年3月26日，Archegos基金爆仓，150亿美元的头寸被强制平仓，制造了"人类史上最大单日亏损"，再加上高杠杆，Archegos基金的名义风险敞口达到800亿美元。再如美国史上最大庞氏骗局主犯麦道夫，以对冲基金虚设投资项目为诱饵，向投资者承诺 10%～15% 的高收益率，到 2008 年事发时，涉案金额已达 4200 亿元，被其收割的"韭菜"多达 3.7 万人，遍布全球 136 个国家和地区，"韭菜池"中不乏著名导演斯皮尔伯格、美国知名演员凯文·贝肯、美国房地产开发商雷德·威尔彭等。从 1929—1933 年的大萧条，到 1987 年席卷全球股市的黑色星期一，再到震惊世界的 2008 年次贷危机，每一次危机都导致大量社会财富蒸发，化为泡影。尽管美国金融乱象如今已呈愈演愈烈之势，但到目前为止，美国依然在金融领域稳坐霸主之位，不禁使一些人产生了"美国金融可以这样搞，中国为何不可"的幻想。

产生这种想法其实是由于对中美两国金融差异性认识不足。美国虽然有纷繁复杂的金融衍生品市场，但真正维系美国金融霸权的，是美元在国际货币体系中的统治地位。美国通过向全世界输出美元，导致新兴市场国家经济过热，在宽松政策退出之际，美国又会打出"加息＋缩表"的紧缩政策组合拳，让美元"变贵"的同时又让国际市场上的美元货币流通量减少，割全世界的"韭菜"。

而目前人民币显然还不具备像美元这样在全球货币体系中的地位，同时中国金融又有区别于别国的复杂性。一方面，中国股市迄今仍是重融资、轻投资的政策市，政策一来，股市就动，可以说连传统金融的功能都还没有发挥好。随着教育领域"双减"政策落地，2021 年 7 月 26 日 A 股市值蒸发了近 2 万亿元。中国金融行业天生就摇摆于政府和市场之间，当下还未能有效发挥优化资源配置的功能，并不适宜再容纳更多规则复杂、规模庞大的金融衍生品。另一方面，新老金融叠加。乘着新科技的东风，一些所谓的金融创新肆意生长，成为各种投机套利、圈钱、骗局的"法外之地"，如近年来令人眼花缭乱的 P2P（互联网金融点对点借贷平台）、租金贷以及各种数字加密货币等,然而这些所谓创新的背后,往往聚集了各种纷繁复杂的金融衍生品,一旦崩盘将引发系统性金融危机。

究其根本,金融本就存在着"一半天使,一半魔鬼"的两面性。一方面,从结果上看,金融可以是绚丽华美的,也可以是残酷血腥的。当自由流淌的资金似经济躯体里的活力血液向最需要、最有效率的地方集聚,为社会不断创造出更多的财富时,金融就是笑靥如花的天使,让人们对明天充满期待与信心;可是当资金不合理地流向少数领域和人群时,就如打开了潘多拉魔盒,多米诺骨牌效应使经济发展雪上加霜,人们对未来感到迷茫,经济社会哀鸿遍野,金融也变成了面目狰狞的魔鬼。尽管现代金融业枝繁叶茂,其衍生工具和活动方式令人眼花缭乱,然而作为金融本源的资金融通这一最基本的功能和含义依然未变。另一方面,从作用上看,金融之于经济,就如同人的血液之于身体,整个金融体系就似人体的心脏和遍布全身的血管所构成的一个运行系统。金融跟不上经济发展的需要,出现金融抑制,就如同人得了贫血症;金融超越了经济发展的需要,出现金融自由化和经济泡沫,就像人得了高血压。金融发展脱离经济发展的需要,则会出现金融风险,就像人生病,积累到一定程度时甚至会危及生命。

金融与生俱来的两面性与矛盾性,注定了人类经济发展的曲折性与多变性。所谓"成也萧何,败也萧何",如何善用金融造福人类,成为一个世界性的课题。在中国金融界乃至学界、理论界,一些人并未看透金融本质上的两面性,他们信仰华尔街共识、交易经济学,沉湎于摘取"低垂的果实",殊不知实际情况已发生了翻天覆地的变化,单纯依靠旧有理论去补齐市场缺板,无益于中国金融的发展。正如马克·吐温所言,"让你泥足深陷的不是未知,而是你确信的并非如你所想"。

倘若以经济发展规律的内在逻辑来理解当下国家对过度金融化的遏制，其背后实则蕴含了三大逻辑。

其一，理论逻辑。根据经济规律，金融资本在解放生产要素并提升资源配置效率的同时，如果对之不加限制与约束，就会造成金融过剩。任何一个行业一旦过度金融化，就会失去其本义，沦为金融衍生工具。当社会普遍认为玩金融可以获取暴利，讲故事、造概念就能赚得盆满钵满时，金融市场就会滋生一个个"金融黑洞"。而金融独大、投机成风将使金融脱离实体走上自我交易、自我膨胀的道路，直接导致国家经济的空心化，并引发社会阶层撕裂、贫富极端分化等问题。

其二，现实逻辑。现实层面上，中国正面临金融发展过速，但与之相关的市场体系尚不成熟，法律配套也不健全。民营经济，尤其是房地产、互联网科技企业的过度金融化和资本化，也在不断影响民生与国本，各类金融衍生产品（债务、理财、信托、股市等）不断诱导社会通过金融杠杆赚快钱，如果继续演化，势必导致经济泡沫化。因此，收敛金融、厘清金融的边界与范围，成为当下经济纠偏最现实的问题。

其三，历史逻辑。近800年来的金融危机无一不是在金融过度发展的背景下爆发的，过度的金融扩张和投机炒作使得市场被扭曲，让社会被卷入移花接木、击鼓传花、无中生有的庞氏游戏。"信用违约掉期"触发了美国金融危机，而金融危机改变了美国国运，成为其他国家的前车之鉴。中国势必不能学美国在金融化道路上一路走到黑，而是要"半道截住"，以遏制过度金融化的方式引导金融回归本源，落实实体。

总之，金融已然走到历史的岔路口，一些传统的金融理论和金融概念已经无法解释不断涌现的新的经济金融实践，甚至连金融本身也面临被重新定义的新局面。2017年的第五次全国金融工作会议实现了对金融工作的转轨纠偏。2020年10月24日的外滩金融峰会上，时任国家副主席的王岐山针对中国未来金融的发展方向发言："中国金融不能走投机赌博的歪路，不能走金融泡沫自我循环的歧路，不能走庞氏骗局的邪路。"①

遏制金融化不会一帆风顺

在整顿市场的政策背景下，遏制过度金融化被推至风口浪尖，只不过金融资本自带逐利基因，不仅利益至上，而且有着规避监管的天性，以致国家在去金融化的道路上不断面临阻碍。

首先是金融业的混业经营对分业经营的排斥。从20世纪初到现在，金融混业经营和分业经营经历过一个周期性的改变。1929年美国大萧条，导火索是美国股市泡沫破裂，根本原因是美国的银行业和证券业混业经营导致风险传播。危机之后，1933年，美国出台了《格拉斯-斯蒂格尔法案》，严格限制银行从事股票交易和证券业务。但进入20世纪90年代之后，受利益驱使，很多美国银行通过银行控股公司的形式进入资本市场，实际上进行了混业经营。在

---

① 肇庆发布.王岐山：中国金融不能走这三条歪路、歧路、邪路[EB/OL].(2020-10-24)[2023-09-10].https://m.thepaper.cn/baijiahao_9698842.

这个背景下，美国出台了《金融服务现代化法案》，允许银行、证券、保险混业经营，银行开始控股投资银行、财务公司、对冲基金和货币市场基金等非银行金融机构，使得银行创造的货币大量进入房地产市场和场外衍生品市场，最终导致房地产泡沫破裂，引发2008年金融危机。

从中国的情况来看，金融机构在改革开放初期是混业经营模式。当时银行可以办理证券和保险业务。但在1993年金融秩序混乱之际，中国政府出台了16条综合治理措施，其中一条就是要求银行与自身开办的非银行金融机构和经营实体彻底脱钩，此后《中华人民共和国中国人民银行法》《中华人民共和国商业银行法》《中华人民共和国证券法》的颁布明确了分业经营的道路。但自2006年起，我国开始设立金融业综合经营的试点，除了试点，事实上很多金融机构和一些非金融企业自身也做了一些混业经营的业务。这些混业经营的业务在增加金融机构业务多样性和竞争力的同时，也放大了道德风险和利益冲突，尤其是一些大的金融机构追求多牌照、全牌照，控股了不同类型的金融机构，成为野蛮生长的金融控股集团，对金融机构自身的风险管理和金融监管形成挑战。分业经营虽是金融支持实体经济、防范风险的根本道路，但就金融机构自身而言，为了追求利益最大化，混业经营的冲动会天然抵触分业经营的规定，这成为金融机构在去金融化道路上的巨大阻力。

其次是与金融深度捆绑的产业也会对去金融化形成反扑。教培、文娱、互联网、房地产等行业由于与金融业存在深度捆绑，在去金融化的过程中，势必形成不同程度的阻力。以房地产为例，房地产作为优质的融资抵押物，房价上涨与信用扩张会相互助力，导致房地产与信用周期天然存在协同关系。而国内土地招拍挂、期房预售等制度设计，在加快商品房供给的同时，也容易造成金融资源积聚于地产领域。对于房企而言，规模就意味着在拿地和融资方面的竞争优势，虽然这些企业如今遭遇政策高压，被暂时遏制，但倘若房地产调控有所放松，房企可能又会产生加大金融杠杆、做大规模的冲动。就在去金融化的浪潮不断压制传统意义上金融过度的产业时，金融化的触角另辟蹊径，转头扑向制造业等实体经济领域。典型如2021年7月上海电气"爆雷"案件，本质上就是"金融贸易"侵蚀实体行业。在上下游运作模式上，这些制造业上市公司预付100%的资金来购买原材料，收取下游仅10%的定金，中间90%的差额就靠银行贷款。这样一来，换头寸引发的上下游之间的时间和空间差距，就需要增加贷款补缺口。一旦资金闭环出现问题，金融风险就会完全暴露，而依靠去金融化措施又很难做到提前察觉和覆盖。

最后是去金融化还面临所谓金融创新的阻击。近年来，金融创新层出不穷，包括金融工具的创新、资产证券化的创新及互联网金融的创新，产生了很多类金融机构和类金融业务，致使影子银行遍地，体系外金融野蛮生长。尤其是以蚂蚁花呗、京东白条等为代表的金融科技创新，更是超越了现有的金融监管规则和理念，在一定程度上可以规避金融监管的现有框架，其试图建立所谓的"非对称监管"优势，以规避金融监管。以蚂蚁集团为例，它采用"联合贷款"的模式，巧妙地脱离了现有金融监管框架，但其金融的根本逻辑没有改变，并在监管盲区下实现了信贷规模的飞速增长。从本质上看，这些"金融创新"巧妙地渗入了借贷和金融衍生业务，而现有的金融监管规则却对其并不适用。在技术进步和金融化的推动下，重点民生领域也在经历一场金融变革，催生出大批"金融＋民生"的创新产品与服务,涉及贷款、融资租赁、票据贴现、资产证券化(ABS)等多种金融业务。然而,该领域的金融创新大多处于行业监管的模糊、空白地带,现有法律法规难以对其形成全面有效的监管。这一情况吸引大批投机资本入场,通过"创新"民生金融服务掩盖风险,规避监管,使去金融化的过程变得更为复杂。

从趋势上来看,在重重阻击之下,未来去金融化的道路将不断谋求战略突围,以金融改革、创新监管、制度革新等为抓手,冲破阻力,落实金融服务实体经济的要求。一方面,为防范混业经营的风险,金融业发展将坚持总体以分业经营为主的基本框架,不鼓励发展混业经营,政府将对已经存在的混业经营加强监管,并要求金融监管从分业监管转为精细的网格化管控。至于与金融过度捆绑的行业,抑或是以创新之名行金融之实的行业,将以雷霆手段剥离其金融属性,在去杠杆、挤泡沫的过程中还原其实体属性。另一方面,对科技创新、资本赋能、金融发展的天然诉求,政府当通过制度创新给予金融资本合理的发展空间。例如以北京证券交易所为代表的具有中国治理特色的金融市场的构建,就是通过创建一种新赛道的方式探索中国金融资本的战略突围,给予金融资本规范、合理的发展空间。与之形成鲜明对比的是新加坡交易所放松对SPAC(特殊目的收购公司)的上市管制,美其名曰丰富企业融资途径,实则造成过度金融和资本狂热。

概而言之,中国在金融上本就没有发展到位,却来到了去金融化的时刻。因此,在去金融化的时代浪潮中,要注重"收"与"放"的协同,在去金融化和促进金融发展之间寻找战略均衡点。既要避免过度金融陷入"金融原罪"[①]，引导金融服务于实体，又要构建多层次资本市场和协同互补的金融发展格局，确保经济高效发展。

北交所，新赛道

北京证券交易所设立，开启了中国证券市场的新格局。

就设立初衷而言，北交所意在将新三板精选层企业平移，并让创新层企业通过注册制实现在北交所上市，将新三板优质企业纳入囊中。

就制度安排而言，除全面采用公司化管理、试点证券发行注册制之外，北交所在分层制度、做市商制度等方面进一步接轨国际证券市场。借鉴纳斯达克成熟的分层制度，北交所在原有新三板分层制度的基础上，建立起一个逐渐优化的企业动态成长路径，让新三板企业以基础层、创新层、北交所三层"层层递进"的方式实现在北交所上市，制造更多的首次公开募股（IPO）及转板机会。

同时，北交所新股上市不设涨跌幅限制，上市次日起涨跌幅限制为30%，接近纳斯达克。就目标宗旨而言，北交所将作为服务中国创新型中小企业的主阵地，致力于从全国3000万家中小企业中培育一批"小巨人"企业。自改革开放以来，中小企业一直是中国经济发展中极为重要的微观主体，贡献了全国50%以上的税收、

---

① "金融原罪"是指货币过剩与蒸发的宿命，其具体论证来自福卡智库《金融原罪与金融文明》一书，由上海财经大学出版社2009年出版。

60% 以上的 GDP、70% 以上的技术创新成果和 80% 以上的劳动力就业岗位，[①] 是中国经济的基本盘，而创新型中小企业更是重中之重。北交所的定位避开了国企、民营龙头企业，将重点聚焦于创新型中小企业。

只不过在有关政策频频出台、市场全面整顿的背景下，北交所的成立明显自带强调市场经济与资本金融的标签。自 2018 年以来，无论金融控股集团、互联网头部企业，还是教培企业、房地产企业等，均遇到政策的大力管控，尤其是金融证券企业，中信、光大、招商局、蚂蚁集团等巨头更是被列为重点监管对象。

一方面，北交所的构建既延续了新三板近 8 年摸索总结出来的服务中小企业的成功经验，又吸收了科创板和创业板近几年的注册制改革经验，在机制设计上已具有先进、规范的资本市场形态。

另一方面，对市场经济的相应管控并非向计划经济倒退，而是为了调整市场经济的偏态，遏制资本盲目扩张。设立北交所，本质上是为了引导金融资本的发展方向，尤其是进一步对金融证券发展正本清源，切割"华尔街模式"的金融独大、投机成风，让中国金融真正服务于实体经济，既强调资本金融在经济发展中的杠杆作用，也使得中国资本市场的布局更加合理完善，补足中国资本市场在支持中小民营企业方面的不足。可见，北交所的设立在一定意义上也意味着中国资本市场的建设已不再以华尔街为师，不再以纳斯达克为典范，而是积极探索具有中国治理特色的资本市场。

深入分析，北交所除自带标签外，其背后的真正目的是在中国经济转轨的时代背景下构建产业经济迭代升级的战略渠道。

---

① 人民资讯.张晓强：全力促进中小企业高质量发展[EB/OL].(2021-06-03)[2023-09-10]. https://baijiahao.baidu.com/s?id=1701476888475763058&wfr=spider&for=pc.

首先，北京证券市场将持续抢占专精特新企业的战略制高点，助力中国产业链、价值链的跃迁。以最早申请在北交所上市的翰博高新为例，翰博高新属于半导体显示面板行业，拥有200多项专利，下游客户包括京东方、群创光电、华星光电、JDI（日本显示器公司）等国内外半导体显示面板制造商，终端客户则覆盖华为、联想、三星、惠普、戴尔、华硕及小米等，是未来半导体细分行业的潜在龙头。而类似翰博高新这样的专精特新企业，既是核心零部件与创新产品的生产者，也与各类大型企业深度绑定，若加上北交所提供的资金支持，未来势必成为中国整个供应链、产业链和价值链转型升级的助推器之一。

其次，北交所为科技类中概股的回归提供了创新性的制度安排。科技一直是全球大国竞争的主战场，近年来，在美上市的科技类中概股一直面临被打压乃至被恐吓退市的局面，而中国前十大互联网科技企业没有一家是在内地证券交易所上市的。北交所的成立，除了支持国内创新型中小企业发展，也将为在美上市的科技类中概股的回归提供制度安排与框架设计，让科技类中概股对接国内资本市场，以获得更为稳定的融资环境。与此同时，北交所也将为准备赴美上市的企业提供全新的融资平台，避免类似滴滴等企业在境外上市带来的风险，以及"长臂管辖"造成的不确定性。

最后，北交所将在进一步开拓国际业务、扩大国际合作空间、接轨世界的同时，让世界接轨中国资本市场。北京是中国的政治中心、文化中心、国际交流中心和科技创新中心，北交所也必然会在支持地区性资本市场、国际资本市场中发挥国际交流中心的作用，不断增强其外向化和国际化水平。随着北交所的壮大，未来很可能会有支持东北亚、东南亚、"一带一路"及《区域全面经济伙伴关系协定》(RCEP)国家的创新型中小企业的融资制度安排,从而支持供应链与产业链的升级、区域合作化发展,以及人民币国际化。

为匹配中国日益庞大的经济体量,北交所的设立可能仅是前奏。未来,中国很可能会存在至少5家重要的证券交易所,即在北京证券交易所的基础上,或将在东北和西南地区增设解决产业结构、金融服务等问题的交易所。当前,世界经济格局基本呈现以美国、欧盟、中国为主导的态势,以2021年数据为例,全球GDP约为96.29万亿美元,其中美国约为22.94万亿美元,欧盟为17.09万亿美元,而中国则为16.86万亿美元,且中国经济所占的比重还在进一步增加。"经济基础决定上层建筑",美国和欧盟均有多样化的证券交易市场,例如,美国有三大交易所和各类独具特点的证券交易市场,欧洲有伦敦证券交易所、德国证券交易所、巴黎证券交易所、阿姆斯特丹证券交易所、布鲁塞尔证券交易所、马德里证券交易所等。鉴于此,为匹配中国日益增长的经济体量,以及深化中国金融发展战略格局,新增证券交易所便成为趋势。

进一步而言,未来的"五大证券交易所"将各自承担历史任务,明确分工、协同配合,成为中国经济梯度化发展、实现战略纵深的重要突破口。就上交所、深交所、北交所而言,三者各自占据东南沿海和北方经济重镇,其定位与分工已相对清晰。上交所致力于稳定国企、央企的融资,并通过科创板吸引高科技公司,尤其是针对面向世界科技前沿、经济主战场、国家重大需求的企业,主要服务于符合国家战略、突破关键核心技术的科技创新企业。深交所则重在加强民营龙头企业及创业板企业的创新引领作用,支持传统产业与新技术、新产业、新业态、新模式深度融合。而北交所的上市门槛比创业板、科创板低很多,未来会让很多细分领域的翘楚企业进入，重点培育专精特新企业，同时为更多中概股回归、拓展国际业务合作等提供创新性制度安排。

就设立东北地区证券交易所的目的而言，或将重点针对东北地区市场化改革的迫切需求，以及南北地域经济发展不平衡的问题。由于历史原因，东北地区是最早进入、最晚退出计划经济体制，并且是执行计划经济体制最彻底的地区，一直以来政府经济权重过大，而产业经济发展的市场化意识不强、内生动力不足。长此以往，东北地区的营商环境将很难改善，与南方的差距也将不断扩大。此证券交易所的设立，将锚定东北地区市场化改革、激发经济活力，同时也将缓解"投资不过山海关"等现象。自改革开放以来，深圳在短短40多年的时间里就完成了从南海小渔村到现代化超大城市的飞跃。如今，东北正步入深度市场化改革的进程，而构建东北证券市场这样的市场化改革机制，将为东北的经济发展注入强心剂。

就设立西南地区的证券交易所的目的而言，或将致力于推动中国经济由东向西的战略纵深，协调内陆经济与沿海经济的平衡发展，以及进一步优化全国资源配置。当下，中国经济已着手布局由东向西、由沿海向内地的梯度化发展格局。在西部大开发的战略背景下，此证券交易所的成立无疑将为西南经济再添金融资本活力，成为中国经济战略纵深的推动力。同时，西南地区作为强化陆权贸易、平衡海权贸易的战略腹地，不仅连线"一带一路"，而且与中亚、南亚、中东欧、西欧国家的经济互补性很强，合作潜力巨大。未来西南资本市场的成熟也将赋能西南经济的区位优势，强化中国陆权经济主导权。此外，西南地区的资源储备在我国工业发展和布局中占有重要地位，西南证券市场健全后，也将成为中国优化资源配置的战略要塞，不仅能充分发挥西南地区的资源禀赋，也将助力培育一批新型能源类企业和产业基地。

概而言之，新型证券交易所成立后，都将在区域均衡发展、产业迭代升级的轨道上充分发挥区位优势和比较优势，并利用所能获得的市场资源条件，赋能实体经济并促进国家经济的稳定与长期繁荣。从趋势来看，随着北京证券交易所的建立，以及未来可能会建立的东北和西南地区证券交易所，"五大证券交易市场"将各自发挥所长，赋能产业经济与大中小微企业，并与全国区域性股权交易市场、各类商品期货市场乃至离岸市场之间形成协同互补、错位发展、互联互通的格局，推进中国资本市场往多层次、包容的方向发展，开启多元化市场协同服务国家经济的新格局。

金融资本的中国道路

众所周知，改革开放前，中国的金融体制完全是中央计划体制。改革开放后，从间接融资、直接融资到衍生品市场，中国的金融改革秉持渐进式原则，历经 40 余年的发展，逐步形成了多层次、广覆盖的金融体系。其中，以银行业为典型代表的间接融资，作为中国金融的绝对性主力（间接融资：直接融资 = 8.2：1），发挥了极大的作用。

在中国，商业银行主要以抵押资产为信用发放信贷，金融市场与实体经济之间形成了一条深深的鸿沟，导致"资产市场通胀，实体经济通缩"的两极格局。在"虚拟经济来钱快,实体经济发展难"的引诱下,银行开始从金融中介异化为垄断独占金融资源、试图投行化的角色。尤其在 2008 年金融危机后的宽松环境下,国内个别银行效仿华尔街,玩起了金融衍生品、信托理财、表内表外业务"闪转腾挪"等"金融创新"。与此同时,高喊"如果银行不改变,我们就改变银行"的互联网新金融犹如一匹匹脱缰的野马,颠覆了银行业。但从 P2P 爆雷、现金贷爆仓到信托爆仓,再到类金融机构以金融科技之名大肆非法集资等,互联网金融自身也异化为"金融原罪"的又一滋生地和引爆点。

而以股市为代表的直接融资,至今仍是重融资、轻投资的政策市,往往无法实现真正的市场化运转,结果手段变目的,资本市场愈来愈脱离实体经济。一边异化为"提款机"和"套现"场所——"股市套现是最大的造富机器",企业上市融资的目的不是给投资者回报,而是在市场圈到更多的钱,甚至有人把这种融资方式当作个人掠夺社会财富的工具。另一边则异化为"割韭菜"的场所。"大股东套现,小股民被套住",大量精英、中产阶级等股民"被打劫"。最终,股市失去了本身的功能,大部分企业也失去了努力打拼的动力,真正把资金投放至实体的企业,寥寥无几。

进一步拆解,中国金融行为往往跟在欧美发达国家后面亦步亦趋,把人家有而我们没有的东西当成追求的目标,想要填补空白。这恰恰是当下中国衍生品市场的形象写照——从试点探索、两次清理整顿到规范创新发展,从完善四大期交所、筹建第五家期交所到上市 86 个期货、期权品种,中国期货市场已"三十而立",可如今的中国衍生品市场仍然对美国模式照搬照抄。2019 年底,中国又开启了新一轮期权大扩容,但在发展上依旧信奉华尔街共识。问题是，美国的金融衍生化道路已经走不下去了，从价格发现被异化成价格颠覆，到套期保值被异化为对赌，资本纷纷参与到所谓的价格发现的投机活动中，美国衍生品市场陷入了自导自演的癫狂状态，不仅背离服务实体经济的初心，还异化为虹吸社会资源的黑洞。

毋庸置疑，改革开放以来，中国的金融体系对整个国家的经济增长产生了巨大推动力，但在高速发展的过程中也衍生了不少问题。从根本上看，现有金融体系更多的是工业时代的产物，金融体系因时代而生，也必然应时代而变。而今"互联网＋大数据"的信用体系创造正对传统资产抵押的信用基石釜底抽薪，让科技企业等无产者不靠资产而是靠信用抵押，也能直接获得银行的信贷资金；更何况互联网、区块链等新科技的发展，正倒逼金融组织变革。尤其是数字货币的涌现，不仅改变了原有的货币形态，还试图打破并重塑金融体系，让金融组织方式不得不随之而变。显然，世界正处于有可能创造一个真正为未来思考的全新金融体系的历史性时刻。这一体系的历史地位将比肩第二次世界大战的产物——布雷顿森林体系，相应的国家也将强势崛起。放眼全球，无论是往近了看——疫情加速中国成为"世界经济安全岛"，还是往远了看——中国经济拥有搭建这一全新金融体系的底气，都可以看出中国的胜算是最大的。显然，这是时代给予中国的历史性机遇，中国的金融组织再造已经是箭在弦上，不得不发。

综上，时代正给予中国弯道超车的历史性机遇，中国金融也到了充分利用科技打造全新金融体系的关键时期。金融乃国之重器，一旦出问题，整个国家经济和社会都会随之晃动，但美国等经典金融已被证伪，无法照搬照抄。可以说，中国走不了单一行政化或是单一市场化的金融资本道路，只能通过"大市场＋大政府"的复式金融来穿透"金融原罪",这也顺应复式时代的趋势。复式金融将不仅是金融要素的高度整合,还将呈现出一种全新的、变革的金融组织方式——金融组织将不再是银行等单一组织,而是一种集间接、直接、衍生三者于一体的、全新的复式组织。那么,最适合中国的、中国最有可能践行的方式,是在穿越间接、直接、衍生的基础上构建金融资本的中国道路——金融资本化、资本基金化、基金平台化、平台股权化。这条道路涉及的绝大部分资金来自社会资本,以产业引导基金为导向,以政府引导搭建的平台为抓手,股权对社会全公开,政府少出资、不分红,最终形成把银行、基金、股权、政府等都利用起来的复杂的金融市场。但这并不意味着对间接、直接、衍生金融资本的全盘否定,概因这三种金融资本将以复式组织的方式嵌入其中。在可预见的未来,间接、直接、衍生与创新式的中国道路不仅能并行不悖,还能在从竞争到合作的过程中彼此交融,进而实现为实体服务的正途。

第六章

房地产行业的理性回归

市场的修复不会大开大合，而是个缓慢温和的过程。我们不能继续指望楼市的繁荣支撑中国经济，更无法靠炒房赚差价了。旧逻辑被釜底抽薪，新的逻辑也在悄然浮出水面。

楼市翻转：突发性、必然性、趋势性

2022年底，楼市陷入"寒冬"，广东省城乡规划设计研究院住房政策研究中心的研究员表示，2022年12月大部分城市房价在下跌，且下跌城市数增加，意味着当下楼市供给需求两端仍旧比较疲弱。① 然而，2023年初，楼市却迎来梦幻开局，上海连续出现多个"日光盘"，还有项目出现"千人摇"行情；北京某楼盘的销售人员周末一天带十多组客户看房，有楼盘单日热销20亿元；更有"跌了

---

① 李洁.楼市供需两端表现依旧不振 2022年12月房价下跌城市增多[EB/OL].(2023-01-16)[2023-09-10].https://www.cls.cn/detail/1241923.

三年的楼市，一周就要涨回来""2月北京二手房成交量同比大涨96%"等数字陆续抢占着热搜，挑动购房者的神经。

楼市起伏反转的走势，让普通购房者陷入深深的迷茫：到底是市场反弹下的昙花一现，还是市场反转下的新一轮上冲？毕竟，在2021年，中国房地产业在创造最高的销售数据之后急转直下，房价普遍调整，房地产第一次陷入信心大伤的地步。如今突然上扬，属实让人摸不着头脑。但若细究便会发现，当下楼市行情的翻转有其必然性与特殊性，且不说随着疫情防控政策的优化和调整，对房地产将产生积极影响，来自经济端、市场端的压力与动力更是给楼市打了一剂又一剂的"强心针"。

一方面，势比人强，经济萎缩迹象明显，中国经济运行面临前所未有的国际挑战，高质量的发展必须有最基本的"高速度"。房地产与国民经济深度捆绑，与土地财政密切相关，与居民财富息息相关，历来是最好的经济发展抓手。例如，从GDP占比看，2020年房地产及其产业链就占了我国GDP的17%（完全贡献），更别提2020年房地产完全拉动的投资就占全社会固定资产投资的51.5%。因此在货币只进银行、不消费的大背景下，房地产被赋予了厚望。据瑞银的估算，2020年至2022年期间，中国居民新增储蓄或累计达到4万亿元。[1] 如何让沉睡的货币进入市场成为启动经济引擎的关键。

另一方面，需求犹如磁石总是指引着楼市的方向，正在逐步释放。具体而言，有的居民为货币过度贬值的事急得"抓耳挠腮"，房地产成为其投资的第一选择。毕竟，房地产确实是一项高回报投

---

[1] 鲁克. 中国2023拼经济：房地产芝麻开门[EB/OL].(2023-03-02)[2023-09-10].https://www.bihai123.com/community/qzcj/9696.html.

资。从历史回报来看，在过去20年的中国，房地产年收益最少有3.58%，最高有10.78%。以上海为例，据中原地产的统计数据，从2009年10月到2021年9月，上海二手房房价涨幅达到3.17倍，年均复合增长率为10.09%；而同期上证综指的涨幅只有1.2倍，年均复合增长率为1.57%。[1] 有的居民对住房的需求从"有没有"向"好不好"转变，住房改善的社会性需求依然广泛迫切。有研究表明，从北京住房交易的成交结构看，"卖旧买新"或"卖一买一"已经占到总成交比重的55%左右。在很多城市，改善性购房的比重正逐年增加。据贝壳研究院的研究表明，50个重点城市改善性购房占比由2020年的26%提高到2022年的30%。[2] 开发企业也发现，即便在2022年市场处于深度调整状态，一些优质改善性房地产项目反而取得了十分亮眼的销售业绩。

由上可见，"小阳春"行情确实有望在短期内助力楼市上扬，也让很多人又重新憧憬起过去的房地产盛宴，留恋着短平快、高周转的旧时光，但殊不知"三十年河东，三十年河西"，行业的底层逻辑已在悄然改变。如今，楼市面临着两个回不去，既回不到房地产支撑中国经济的程度，也回不到靠炒房赚差价的疯狂年代。

一是，支撑房市高涨的各项因素已日渐消退，中国经济高增长结束、人口红利日渐消弭、城市化速度逐渐放缓，中国楼市供需总体趋于平衡，严重缺口导致的大起大落将归于平静。据《中国住房存量报告2021》所列数据，1978—2020年中国城镇住宅存量从不到

---

[1] 叶檀. 必须承认 房子仍将是最正确的投资[EB/OL].（2022-08-27）[2023-09-10]. https://baijiahao.baidu.com/s?id=1742216802944269315&wfr=spider&for=pc.
[2] 亢舒.「房地产周评」释放改善性住房需求势在必行[EB/OL].(2023-01-18)[2023-09-10]]. https://baijiahao.baidu.com/s?id=1755309954975988424&wfr=spider&for=pc.

14亿平方米增至313.2亿平方米，人均住房建筑面积从8.1平方米增至34.7平方米，住房套数从约3100万套增至3.63亿套，套户比从0.8增至1.09（一般套户比等于1为供求平衡，考虑人口流动等情况，成熟市场套户比一般在1.1左右，比如美国是1.15）[①]，也就是说，除了炒房需要，用于自住的住宅需求基本饱和。

二是，楼市风向以调控维稳、寻找平衡点为主。过往一次又一次的现实已然表明，无论经济形势如何变化，无论楼市是高歌猛进还是横盘调整，"房住不炒"已经成为中国房地产的刚性原则。自2022年以来，从中央到地方，支持性的政策频繁推出，但核心仍是在"房住不炒"的刚性约束下，寻找一个平衡点，即既保证房地产正常交易健康发展，又保证房价处于合理区间微幅震荡。

进一步而言，进入楼市新时代，旧逻辑被釜底抽薪，新的逻辑也在悄然浮出水面，即"短期看政策，中期看货币，远期看人口"。

具体而言，短期来看，政策始终是房地产波动的风向标。银行房贷政策、旧区改造力度、房产税等政策变动都将成为房地产市场的扰动因子。例如：当银行从"堵"转向"放"，房贷投放宽松化，则有利于打开需求端；一手房与二手房双轨制的消融则有利于激活市场端。此外，时不时放出风声的房地产税如同悬在中国房市上方的达摩克利斯之剑，实际上，征收房地产税既可以作为财政收入增长替代，其税收收入可通过转移支付的方式用于地方保障房建设等，调节社会财富分配，又可代替政策来调控房地产市场，一举多得。虽然目前房地产税"悬而未落"，但它的"存在"对房市起到一定的"威慑"作用。

[①] 泽平宏观.中国住房存量报告：2021[EB/OL].（2021-09-02）[2023-09-10]. https://baijiahao.baidu.com/s?id=1709742053109983031&wfr=spider&for=pc.

第六章　房地产行业的理性回归

中期来看，主导房地产市场的主要因素仍是货币。自从人类社会步入纸币时代，财富的保值就变成了永恒的话题，更何况自从布雷顿森林体系瓦解之后，国际货币体系进入货币发行无节制时代，尤其是以美国为首的西方国家大水漫灌救经济。纸币泛滥导致货币兜兜转转地到处寻锚、追逐利润，而房地产既有使用价值，又有金融属性，还无类似币圈的技术门槛，理所当然成为全民追逐的优质资产。在货币超发、全球通胀的背景下，世界范围内不少国家楼市出现普涨现象，毕竟货币增长，物价自然跟随上涨，房子作为一种商品，房价上涨符合其逻辑性。未来，若是货币仍处于超发状态，房价也大概率将随之水涨船高。

长期来看，人口年龄结构和人口迁移决定了房地产需求的长期基本面。联合国开发计划署预测，到2030年中国城市化率将达70%，届时中国的城镇人口将达10.2亿人[1]，如此刚需无疑是支撑未来楼市持续增长的基础，但问题是，人口分布正向城市群、都市圈集中，自然会拉动楼市的回暖与增长。未来将有两个人口结构性因素左右着房价：一方面，新生人口少、人口负增长导致购房需求不断减少；另一方面，人口老龄化日益加剧，对于大中城市的房价均将或多或少出现推动作用，或将导致房屋供大于求，房价从而下跌。

由上可见，在供需、政策、货币、人口等多重因素的影响下，房地产不会消失，仍将是国内的支柱产业，只是未来的发展模式和市场状况变化了。拥抱变化，才能更好地理解未来的房地产市场。

---

[1] 新华网.联合国报告预测2030年中国城镇化水平将达70%[EB/OL].(2013-08-28)[2023-09-10].https://m.huanqiu.com/article/9CaKrnJC0T9.

房地产行情本质特征——分化

纵观2023年以来的楼市行情，经历了2—3月短暂的"小阳春"之后，4—5月即开始出现销售疲软。2023年5月份，70个大中城市新建商品住宅销售价格环比整体涨幅回落、二手住宅环比下降。这也说明，市场的修复并不会大开大合，而是在"房住不炒"的基调下，把握着宽松的度，以防范金融风险，这注定是个缓慢温和的过程。在此过程中，已经不能用涨或者跌来简单描述概括全国的房地产了。

具体而言，一是城市加速分化，一、二线城市逐渐回暖，三、四线城市的楼市却患上了"焦虑症"，备受"高库存"叠加"去化周期长"的双重折磨。普通刚需住宅与豪宅也在加速分化，一边是普遍打折、"救市"政策频出但迟迟不见效，另一边是任性筛客、大设门槛却开盘"日光"，越贵越脱销。上海豪宅疯狂"续杯"，入市的单价超10万元/米^{2}项目均倍受热捧，豪宅购房者感受到了"一房难求"。长三角以外，北京、广州、深圳、武汉等一、二线城市的顶级板块高端项目也不乏日光盘，许多有钱人怀揣上千万元却在摇号中铩羽而归。但对于普通购房者而言，站在黄浦江边，手拿1500万元现金，根本看不到能购买的房产，加之收入下降、未来的不确定性横亘在普通人面前，当一线城市房产月供高达两三万元，万元月薪购房者也不得不选择止步。

二是城市内部分化，回归地段权重。随着城市摊大饼时代结束，占有核心资源、拥有商业以及医疗、教育等附加值高的主城区仍是最佳区域。有了人气就有流量，有了流量就有溢价。无怪乎中国香港著名企业家李嘉诚曾道出关于房产投资中最重要的考量因素——"决定房地产价值的因素，第一是地段，第二是地段，第三还是地段"。以上海为例，内环内、内中环、中外环新房均呈现供不应求的局面，各环线成交均价（郊环外均价、外郊环均价、中外环均价、内中环均价、内环内均价）已从2018年的"3—4—6—9—11"向2022年的"3—5—7—10—12"格局转变；以附带教育资源的学区房为例，学区房相比于非学区房普遍存在20%左右的高溢价，部分名校的学区房溢价超过30%，且随着时间的推移，价值趋势越发明显。如北京市西城区连厕所都没有的破烂小房子，卖到10多万元/米^2；南京30多平方米的20世纪80年代老房子，当地中产们连夜排队抢购，诸如此类的案例比比皆是。

总体而言，房住不炒、打新红利逐渐消退已成大趋势，这一轮房地产行情的本质特征就是分化。未来，随着市场经济趋于成熟，分化不仅仅体现在房价上，房地产市场或将分化为商品房与租房两个市场。一直以来买房似乎成了人生的全部投注。随着"租购同权"以及确立"多主体供应、多渠道保障、租购并举的住房制度"，租赁市场风渐起。土地出让明确租赁地块，再加之90后、00后等新生代的观念转变，待到租赁法律制度真正到位完善，商品房与租房的分化也将水到渠成。分化还表现在新房供应的性质上，政府供应廉租房，市场供应高端商品房。当房产买卖基本属于富人的事情时，穷人要么廉租要么"旧区改造"。全世界闻名的新加坡模式或可提供参考，通过低价转让国有土地使用权、大规模兴建公共住房，以保障民众的住房需求，这使得新加坡的组屋占比高达80%，私人住宅为20%。组屋还往往配有划了车位的露天停车场，楼与楼的空地上，还会设置游泳池、儿童游乐场所等公共配套设施，有的还会为屋区设立公用的幼儿园、政府服务机构等。我国未来也可借助于保障房、经适房等规划项目，调和城市住房的生态平衡。

房地产税开启从高速向高质的模式切换

在中国复杂、特殊且区域不平衡的房地产市场背景下，房地产税涉及房地产调控、地方财政、税收体系、收入分配，乃至央地关系等方方面面，牵一发而动全身，因此关于房地产税能否出台，一直是正反两方各执一词。其实，房地产税加速出台的理由相当充分。

第一，房地产调控失效，亟须建立长效机制。自1998年全面开启住宅商品化时代以来，房地产调控便如影随形，尤其是近几年来调控次数屡创新高。2018—2020年全国房地产调控次数分别多达450次、620次、489次，根据诸葛数据研究中心的不完全统计，进入2023年，截至5月19日约有150城优化调整楼市政策，调控频次超240次。[①] 尽管从中央到地方不断丰富房地产调控政策和监管手段，如上海"离婚三年内住房套数按离异前家庭总套数计算"封杀"假离婚"购房，采取"计分制"摇号，深圳对二手房、新建商品住宅和商务公寓销售实行"指导价"，拔高学历、压低年龄提高落

---

① 乐居网西安.2023年楼市调控超240次 多城试点"一区一策"[EB/OL].（2023-05-25）[2023-09-10]. https://www.sohu.com/a/678670037_804292.

户门槛，但市场依然"道高一尺、魔高一丈"，以致调控政策始终调不到位，只能不停地"打补丁"，"工具箱"日渐露底，后续监管乏力。

第二，房价越干预越上涨，已经忍无可忍。2009—2019 年，全国新建商品住宅销售均价从 4459 元/米^2 升至 8708 元/米^2，上涨了 1 倍。从一线城市更为市场化的二手房价格来看，北上广深二手房均价分别从 2009 年的 13932 元/米^2、12274 元/米^2、8200 元/平方米、13858 元/米^2，上涨到 2019 年的 62405 元/米^2、57084 元/米^2、33036 元/米^2、64298 元/米^2，分别上涨了 3.5 倍、3.7 倍、3.0 倍、3.6 倍。[①]

第三，地方财政困顿，严重依赖土地出让，潜藏债务风险。截至 2021 年 4 月底，地方政府债务余额达 26.6 万亿元，其中贵州、内蒙古等 9 个省份的负债率超过临界值的 100%。由于区域性商业银行是地方政府债券的主要购买者，地方债务存在财政和金融风险相互溢出的风险。与此相应，地方对土地财政依赖度居高不下，全国土地出让金从 2010 年 7500 亿元激增到 2019 年的 7.8 万亿元，10 年增长超 10 倍，2020 年全国土地出让金 8.4 万亿元，同比增长 15.9%，再创历史新高，占全国财政总收入 46%，占地方财政总收入 84.03%。[②] 在 31 个省市中，江苏、浙江、山东等 11 个省市土地财政依赖度超过 100%。城市土地资源有限，土地出让金终属一锤子买卖，转向可持续的税收来源才是大势所趋，卖地收入划归税务

---

① 任泽平，白学松. 任泽平：中国一线城市房价高不高？核心城市绝对房价和相对房价均居全球前列 [EB/OL].(2021-04-22) [2023-09-10].https://baijiahao.baidu.com/s?id=1697693807025507359&wfr=spider&for=pc.
② 谢逸枫看楼市. 谢逸枫：2020 年全国卖地收入首破 8 万亿堪称史诗级土地财政学 [EB/OL].(2021-01-28) [2023-09-10].https://www.163.com/dy/article/G1F3PCBJ0515ALUG.html.

部门则为未来转型奠定基础。

第四，房地产金融化，信贷风险加剧。自 2012 年开始，个人住房贷款历史性地取代制造业贷款，成为国有四大行贷款的第一投放方向。在全球货币宽松背景下，居民更是跑步加杠杆冲进楼市，家庭负债率进一步攀升。2020 年末，个人住房贷款达到 34.44 万亿元，占到个人贷款的 54.5%，即个人贷款中超过一半是房贷。到 2020 年，我国宏观杠杆率为 279.4%，其中居民、政府和企业三个部门杠杆率分别为 72.5%、45.7% 和 161.2%。① 根据 IMF 报告，当住户部门杠杆率低于 10% 时，债务增加有利于经济增长；当住户部门杠杆率高于 30% 时，中期经济增长会受到影响；当超过 65% 时，将影响到金融稳定，当下 72.1% 的居民杠杆率已然处于风险高位。

第五，从房地产税入手，调整税制体系，调节社会收入分配。房地产市场化改革 20 多年来，以房地产为代表的资产价格不断上涨，在很大程度上扩大了社会贫富差距。《中国家庭财富指数调研报告（2020 年度）》显示，在中国家庭财富构成中，房产作为投资对财富增加的贡献率近 70%②；据《我国居民财产差距与收入分配问题研究》成果估算，在 2002—2012 年研究区间内，全国居民财产分布差距基尼系数从 0.538 上升到 0.739，其中的 45.4% 是由房价上升引起的③。房地产税作为财产税的一种，则是调节财富差距、促进社会公平的直接手段之一。

---

① 新浪财经.周琼：中国居民杠杆率在世界上处于什么水平？[EB/OL].(2021-04-21)[2023-09-10].https://baijiahao.baidu.com/s?id=1697357623366093967&wfr=spider&for=pc.
② 齐鲁壹点.中国家庭投资现状：房产对财富贡献率近 70%[EB/OL].(2021-02-08)[2023-09-10].https://baijiahao.baidu.com/s?id=1691139876989797344&wfr=spider&for=pc.
③ 海外情报社.研究：中国十年内居民财富差距扩大堪比欧美百年[EB/OL].(2018-11-30)[2023-09-10]. https://www.163.com/dy/article/E1RP53GU0514AB6S.html.

第六，房地产税征收已具备技术条件。2018年6月，全国统一的不动产登记信息管理基础平台实现全国联网，意味着居民拥有房屋情况"全透明"。甚至上海在微信、支付宝随身办小程序、随申办APP、一网通办平台中上线"我的不动产"，可以查询本人名下房产情况，支持查询结果下载等。住建部2020年4号文则提到"全面采集楼盘信息"，建立全覆盖的新建商品房和存量房的楼盘表；"推进房屋网签备案系统全国联网"，建立跨地区、跨部门、跨层级的全国房地产市场数据库；甚至第七次人口普查增加了住房信息调查，这一系列动作或指向房产税征收在技术层面上已无障碍。[1]

显然，以开征房产税为标志，中国房地产市场将开启从高速度增长向高质量发展的模式切换。但基于看问题的角度不同，主张房地产税"路漫漫其修远兮"的观点也不无道理。

其一，房地产税征收存在法理性问题。我国土地所有权属于国家，房产拥有者只对土地拥有使用权而非所有权，而征收房地产税意味着不仅对土地上的房屋征税，还要对房屋下面的土地征税，更何况房价中已包含了土地出让金部分，其可视作未来70年税收的一次性现值支付，这样就会产生重复征税问题。此外，我国城市土地与农村土地的产权主体不同，两种土地所有制下的房子性质不同；在商品房之外，还有大量拆迁房、房改房、央产房、军产房、小产权房、经适房等，多种住房类型并存，普遍存在产权模糊等问题。

其二，房地产税立法程序进展缓慢。尽管2015年房地产税第

---

[1] 中华人民共和国住房和城乡建设部.住房和城乡建设部关于提升房屋网签备案服务效能的意见[R/OL].(2020-03-26) [2023-09-10].https://www.mohurd.gov.cn/gongkai/zhengce/zhengcefilelib/202004/20200413_244957.html.

一次被列入人大立法规划，但至今房地产立法程序仍未走完。按照一般法律立法流程，房地产税立法工作需要经过全国人大、财政部和相关部门起草草案—公开征求意见—国务院常务会议审议—全国人大常委会审议（三审）—再次公开征求意见—专家评审后提交全国人大常委会表决—国家主席签署主席令等多步程序。2019年3月全国人大财经委副主任委员乌日图称"房地产税法由全国人大常委会预算工作委员会会同财政部组织起草，相关部门正在完善法律草案、重要问题的论证等方面的工作，待条件成熟时提请全国人大常委会初次审议"，可见房地产税尚处在立法阶段。

其三，房地产税能否替代土地出让金存疑。根据恒大研究院房地产税规模测算模型，设定房地产税规模＝名义税率×全国存量住房价格×征税住房占比，其中征税住房占比由人均免征面积和城镇家庭住房面积决定。以2017年土地出让金5.2万亿元测算，要使房地产税超过土地出让收入，免征面积为0平方米时，税率须在2.5%以上；免征面积为12平方米时，税率须在4%以上。也就是说，如果免征面积超过12平方米，税率在4%以内，房地产税无法替代土地出让金。[1]2020年沪渝房产税分别占当地地方公共财政收入中税收部分的3.4%和5%，相当于当年本地土地出让金的6.7%和4%。若用房地产税来拯救因减税和地方收支失衡导致的现金流量表萎缩，可能会导致地方政府资产负债表崩溃。

其四，房地产税抑制房价作用有限。从2011年试点房产税的沪渝来看，10年来从未落下每一次房价上涨。早在2014年，国家税务总局原副局长许善达就说，"政府的职责是什么？应该是帮助

---

[1] 金融界.恒大研究院夏磊：房地产税能否替代土地出让收入？[EB/OL].(2019-03-12)[2023-09-10].https://baijiahao.baidu.com/s?id=1627757915723668102&wfr=spider&for=pc.

低收入群体解决住有所居的问题，而不应该将自己的工作目标放在抑制房价上"，由此而言，房地产税试点"从初衷来说已经失败了"。从韩国来看，2005年推出综合房产税后，房价出现短暂小幅下跌，随后继续上涨，2020年韩国住宅交易价格同比上涨8.35%，创14年来最大涨幅，文在寅对此向民众鞠躬道歉。[①]

其五，房地产税税制设计挑战。当下中国进入"一个分化的时代"，城市分化、人口分化、楼市分化、收入分化、产业分化、企业分化，房地产税征收范围、征收对象、计税依据、税率结构、税收优惠等具体实施细则都需要反复斟酌研究，否则就会引发公平与效率的失衡。如果实行普税制，房地产税则主要由中产及以下的收入阶层承担；如按人均或户均扣除一定面积征收，可征收的住房则少之又少，甚至少子家庭、独居老人成为被征税人；如果对第一套房或唯一住房免税，则可能会引发不合理避税现象，如引发离婚潮等社会问题。总之，"细节决定成败"。

其六，出台时机可遇不可求。一般而言，房地产税的最佳出台时机是经济稳定发展、房地产市场平稳健康运行时期，如此边际影响最小，更容易被社会接受。但如今，全球经济增长放缓，货币发行泛滥，金融泡沫集聚，通胀压力上升，在这种大环境中，中国经济需要谨慎行之，房地产税的推进更需斟酌时机，以免呈现反身性。

综上，关于房地产税出台与否，上述正反两方观点看似相悖，且各有道理，一如"两小儿辩日"，但在本质上恰是个二律背反命

[①] 金融界.房价太高！文在寅向韩国国民道歉：将把重点放在扩大房源供给[EB/OL].（2021-01-12）[2023-09-10].https://baijiahao.baidu.com/s?id=1688650649466461721&wfr=spider&for=pc.

题。说到底，从土地财政到房地产税，这是个巨大的质变飞跃，不仅需要量变的积累，更面临利益重构和治理变革的挑战。对于此类命题，不是靠有限认知来论战，而是用实践理性化解此矛盾。首先，房地产税改革依然属于问题倒逼型；其次，遵循两利相权取其重、两害相权取其轻原则；再者，政策制定取最大公约数。如此而言，试点扩大，边试点边立法，增减替代（如降个税等）、累进税率或成为可能。但至今依然有人企图利用房地产税率与房价上涨之间的差价做投机。照胡润所言，中国人对财富的渴望全球罕见，其实中国人对炒房投资投机也是全球罕见，因此，仍须提防"上有政策、下有对策"，这样才能真正兑现房住不炒、共同富裕。

房企转型背水一战

"江头未是风波恶，别有人间行路难。"2022年无疑是令地产人集体抑郁的一年。地产开发、销售尽显疲态，根据《齐鲁晚报》数据，全国房地产开发投资同比下降了10%，2022年商品房销售面积、销售额同比分别下降24.3%、26.7%。[①] 房企流动性急剧恶化，债务违约频发。恒大、融创、阳光城、正荣地产、龙光集团纷纷爆雷，烂尾楼、停贷潮等次生事件迭起。屋漏偏逢连夜雨，部分房企负面信息集中曝出，在投资者心理上触发晕轮效应，遂使整个

---

① 国家统计局.2022年全国房地产开发投资下降10.0%[R/OL].(2023-01-17) [2023-09-10]. http://www.stats.gov.cn/sj/zxfb/202302/t20230203_1901712.html.

地产行业被一视同仁地看衰，境外评级机构集中下调信用评级，碧桂园、旭辉等优质房企相继躺枪。不仅在海外融不到资，甚至还有被勒令提前偿付的风险。2022年，房企除了"活下去"的刚需以外，别无所求。为解倒悬之急，政策当起了"救火队"，先是"保交楼"，再是"三箭齐发"突破"三道红线"，而后各地又在首付、利率等方面下足猛药。本轮调整时间之长、程度之深，在房地产发展历史上极为罕见。然而，组合拳的反馈并不理想。"反思"已是2022年房企管理层口中的高频词，未来，房企确实该思考如何换一种活法。

　　事实上，无论行业乱象，还是政策转向，都是新周期下房企无所适从的现实反映。第一，行业需求面走低。过往刚需蓬勃，靠着城市化与家庭小型化两大趋势助推，但如今一边是城市化脚步明显放缓，另一边，是在老龄化叠加少子化的背景下，家庭小型化来到"不可再分"的原子级单位。2021年我国平均家庭户规模为2.77人，低于正常扶养、赡养的"三人家庭"水平，且基本住房需求趋于饱和，2021年城镇人均住房面积年达到41平方米。第二，房地产进入去金融化阶段，以往的经营模式难以为继。传统地产业靠堆量竞争，金融机构也认准销售指标"看人下菜碟"。于是，以无节制加杠杆的方式"注水增肥"，成为过去"放之地产皆准"的不二法门。然而，纸面销售规模毕竟不等于实际经营水平，中指研究院检测数据显示，2022年销售额破千亿的房企仅剩20家，较上年同期（41家）减少21家。[①]当需求的潮水退去，一批"千亿房企"原形毕露，宛若皮球泄气般迅速瘪了下去。2022年房地产行业非银类融资同比下降50.7%。第三，房企债务内外交困，剪不断理还乱。房企经营

---

① 财联社.百强房企去年业绩同比下滑4成 千亿房企仅剩20家[EB/OL].(2023-01-03)[2023-09-10].https://baijiahao.baidu.com/s?id=1754003096574619014&wfr=spider&for=pc.

性现金流普遍恶化，频繁触发债务违约。境内市场，2022年新增违约房企27家，同比增长125%[①]；境外市场，2022年新增美元债违约的中资房企有29家，占当年新增违约主体数量的90.63%[②]。更不妙的是，2023年房企到期信用债及海外债合计9579.6亿元，比2022年多700亿元[③]，偿债压力一浪高过一浪。

过去，房企粗放式发展被总结为"三高"，即高负债、高杠杆、高周转，对销售回款的依赖性很强。可当"好日子"翻篇，老玩法渐渐不灵了。近年来，不少房企也在探索新的方向与路径，但囿于转型的内在矛盾，终是不著见效。

第一，杠杆，加还是去？当高杠杆遇上流动性危机，房企便游走在信用违约的边缘。据Wind统计，2022年1—10月新增信用违约（实质违约或展期）房企35家。[④]负面事件增多，整体信用环境进一步恶化。在这股压力下，部分房企开始自发去杠杆，但还债本身要与促回款、卖资产、引战投、股东增持等资金进入渠道相配合，如果只出不进或出多入少，短期就将削弱企业抗风险能力，长期的话，拿地资金不足，将缺乏有效货值储备，错失优质布局机会。

---

① 中证鹏元评级.聚焦地产，"爆雷"与"纾困"并行——2022年债券市场违约、处置及展望（上）[EB/OL].（2023-02-02）[2023-09-10]. https://mp.weixin.qq.com/s/xdTwg0HGB3hEWIeKqKzUFQ.
② 新世纪评级.【2023宏观和债市年度研报系列】融资成本上升叠加行业风险 中资房企美元债违约创新高——2022年中资企业境外美元债违约年报[EB/OL].（2023-02-28）[2023-09-10]. https://finance.sina.com.cn/money/bond/2023-02-28/doc-imyifvft8076969.shtml.
③ 凤凰网房产.房企今年到期债务超9000亿，融资环境持续回暖[EB/OL].（2023-01-27）[2023-09-10]. https://baijiahao.baidu.com/s?id=1756103716481195407&wfr=spider&for=pc.
④ 未来智库.房地产行业研究及策略：降幅收窄，缓慢修复[EB/OL].(2022-11-22)[2023-09-10].https://baijiahao.baidu.com/s?id=1750158421119839544&wfr=spider&for=pc.

第二，从多元化向专业化回归？曾几何时，多元化业务是许多房企积极布局的"第二增长曲线"，可迫于当下手头紧，一些房企毅然砍掉多元化业务回笼资金，尤其是物管。从 2022 年底开始，物业领域的收、并购开始增多。如旭辉控股出售其持有的全部旭辉永升服务股份等，此外，雅生活服务、奥园健康、德信服务集团，以及更早之前的金科服务、禹洲物业、中南物业则等多家物企股权，也曾先后被摆上了出售席。[1] 据乐居财经不完全统计，有 20 家物企股权被卖出或转让。[2] 万科、融创、旭辉等多元化"深度玩家"都公开表示他们要"聚焦主业"。但据估算，中长期房地产行业销售规模大概率会缩 30%。断尾求生的同时，路可能也走窄了。

第三，传统行业与数字时代的不协调。房企要想华丽转身，就得挖掘当下最活跃的生产要素——数据的能量。然而，数字化经营任重道远。一方面，由于房地产的"重资产"属性，其应用标准化流程实现"大象转身"的难度很高。以 VR 看房为例，在房企各部门间，系统、板块往往独立建设，呈烟囱式架构，建模所需的图纸、参数存在数据割裂问题，低效标准化限制了智能化运营质量。另一方面，房企业务链条长、线下场景依赖性强，导致数据要素的收集有困难。如客户在看房时的行为、表情、语言，都缺乏信息采集设备，模糊的业主画像很难发展老带新或复购。

冰冻三尺非一日之寒，房企要想走出困境，仅靠"摸奖式"转型探索还远远不够。债务重组不过是将现有问题推迟到今后，以全

---

[1] 每日经济新闻.地产"压力山大"，多家房企出售旗下物业股权"救急" [EB/OL]. （2022-12-22）[2023-09-10]. https://baijiahao.baidu.com/s?id=1752919643714097239&wfr=spider&for=pc.

[2] 乐居财经.拿物管换钱，出险房企杯水车薪 [EB/OL].（2023-02-20）[2023-09-10]. https://www.sohu.com/a/643230301_100032554.

时段、高成本的方式勉强在短期内化解债务，提前偿债也只是暂缓危机从局部向整体的蔓延，至于各种砸锅卖铁存续现金流的办法，要么治标不治本，要么是将企业远景与短期危机一并捆绑销售掉了。迫在眉睫的，不只是渡过眼下的难关，更在于从危机中获得警醒，转危为机。眼下的债务违约和生存危机，都昭示着房企强化资金链安全的紧迫性，就此而言，重视资金链安全风险管控将成为房企的必修课。这就需要房企正视内外部环境变化，抛弃盲目加杠杆的激进做法，更加重视现金流管理和融资结构优化。如今，降低负债率和融资成本已成房企共识。据克而瑞研究中心统计，2023年1月，80家典型房企债券类平均融资成本为4.24%，同比下降0.36个百分点。[①] 房地产市场环境的变化，以及行业规模缩量等现实情况，都在倒逼房地产行业"探索"新发展模式。这就意味着房企要摒弃"拼规模""摊大饼"执念，进入精耕细作阶段。过去，产品差异性不明显，房企只能以规模化实现"薄利多销"。然而，规模化也会反噬，通过金融"吹泡泡"得来的煊赫家业，风险管控难度也极大。跑马圈地的时代已经结束，行业会慢慢回归到本源，房企的注意力将集中到项目的开发品质上来，朝着用户、产品、城市等方向发力深耕。

对于2023年，郁亮说："今年是背水一战的一年，如何理解背水一战？就是要么死，要么活，没有中间状态。"新时代的船，注定没有"差等生"的舱位。事关生死，房企唯有向死而生，既危中求变，又在变化中寻找新机遇。《三体》中有句话："生命从海洋登上陆地是地球生物进化的一个里程碑，但那些上岸的鱼再也不是

---

① 新浪财经. 房企1月融资同比环比均降 境外债发行拨云见日 [EB/OL].(2023-02-08)
[2023-09-10].https://baijiahao.baidu.com/s?id=1757202174462857998&wfr=spider&for=pc.

鱼了。"转型后的房企，再也不是传统意义上钢筋水泥的层累堆叠，未来重心势必朝着精耕细作的方向收敛自我。

其一，运营模式从"重资产"向"轻资产"转变。与以往在固定资产、存货方面的巨额投入不同，轻资产运营主要是从地产业务板块向外延伸的"不动产＋"服务，对企业现金流很友好。"轻"突出强调房企通过软实力和核心竞争力的发挥来获得收益，并非不用投入资金、技术和人力等资源。典型如代建，截至2022年末，已有超40家房企布局代建业务。事实上，代建也有助于化解城投托底压力。2022年地方城投拿地入市率不足1%，尚未入市的土地也为代建提供更多机遇。

其二，业务拓展向"一专多长"靠拢。相较机会主义较重的跨界多元化，与地产相关的多元化更加保险。前者是在无关领域扩张，如恒大，布局囊括足球、矿泉水等多个业务板块，相互间不形成战略协同，大而无当的下场是全面亏损与债务危机；后者则是围绕主业延伸链条，万科的万物云、龙湖的天街/冠寓、中骏的世界城TOD综合体/长租公寓莫不如是，都是将地产本业磨炼扎实之后，顺势而为的稳健拓展。2022年上半年万科经营服务业务全口径销售同比增长30.6%，新的利润蓄水池正在高涨。

其三，锚定需求面，聚焦产品力。在长期，改善性需求韧性较强，根据贝壳找房数据，预计2021—2035年新增改善性需求约为120亿平方米，年均约8亿平方米，占总需求的54%。[①]购房者不仅要有房可住，更要住得舒心、健康，这就要求房企在产品上做出差异化。如金地的"flexible灵动家"给了客户DIY调整户型的自

---

① 贝壳找房.我国住房市场进入改善时代,改善需求占比将近6成[EB/OL].(2022-07-19)[2023-09-10]. https://baijiahao.baidu.com/s?id=1738774743701774690&wfr=spider&for=pc.

由；金茂府则以绿色技术主打健康生活环境。

其四，转化前沿动能，提升科技力。攀登发展制高点，少不了向前沿技术取经。对于大体量房企，数字化转型难以一蹴而就。除了自力更生，也可向外借力，充分利用线上场景。如旭辉将营销业务搬上明源云，应用金蝶软件核算薪酬。

凛冬将至，尚在迷茫者不妨退回行业逻辑的原点思考，如何调整发展思路，在特色、内涵、居住功能、服务多样化上拼出新高度。或许，就像胡葆森说的，"刀刃向内，刮骨疗伤"的时候已经来了。

"租购并举"制度安排空间

党的二十大报告再提"房住不炒"和"租购并举"。前者统揽住房工作全局，是全国上下开展行业和市场管理、创新管理模式和长效机制、推进新住房体系和制度建设的顶层指导；后者是进一步推进住房制度改革，探索房地产发展新模式，推进住房高质量发展的顶层设计。然而，当下住房租赁市场踩进了"自由生长"的泥淖，出现因缺少管制而过分"乱"的怪象。有的人怀抱着理想来到大城市，却因囊中羞涩不得不租住在城中村等较偏远的区域；还有的人第一次租房就被设计欠下高额"租房贷"，经历公寓爆雷、流落街头的悲惨遭遇。在黑猫投诉上，跟租房相关的关键词主要为"转租不续租押金拖欠不退还""保证金退房提现难""虚假宣传""租房质量差""侵犯隐私""数据外泄""自动退租并扣押金""违规出租隔断房""私自调价"等,主要投诉对象为蘑菇租房、巴乐兔、蛋壳、自如等租房平台。以上种种怪象的产生,其实与目前的调控现状密切相关。一边是从中央到地方,有关部门对房价的调控可谓前所未有。而另一边,让年轻一代备受煎熬的住房租赁市场却缺乏管理,其原因主要有以下两个方面:

一方面,由于缺乏完善的住房租赁条例,自由租赁市场乱象不断。

当代年轻人的征途从被租房乱象割"韭菜"开始。其中有收费套路——不法中介往往打着低价房的幌子,诱骗租房者缴纳100～300元不等的看房费、信息费或咨询费,然后以房屋已出租、房东不在等借口一拖再拖,拒不退还租房人缴纳的费用。也有押金套路——租房者合同期满要求退租时,房主用房屋设施损坏或其他借口克扣房客的押金,造成房客不必要的损失。由于缺乏对房源的审核、管控,租房安全问题层出不穷。以甲醛房为例,在各种网络社区和投诉平台上,不乏各个房产中介被租户投诉甲醛超标的记录。租赁公司罔顾甲醛危害和租客健康,力求"不断点式"租赁,以谋取自身利益的最大化。长租公寓等创新模式本以为搭上了互联网的东风,成为租房市场的破局者,哪料想事与愿违。疯狂"烧钱"加杠杆的扩张套路,把房租当作融资工具的"租金贷",这些长租公寓还没触碰到租房市场的真正问题,就被资本带偏了,一度成为爆雷高地。据贝壳研究院的不完全统计,2017—2020年,媒体公开的陷入资金链断裂、经营纠纷及跑路的长租公寓企业超200家,疫情更是成为压垮长租公寓的最后一根稻草。①

另一方面,尽管各地政府在公租房供给和政策支持上不断加码,但相对量大面广的现实需求来说,公租房仍是供不应求。

首先,公租房数量少、申请门槛高、入住难。以上海为例,"十三五"期间,上海全市公租房(含单位租赁房)累计建设筹措18.5万套,累计供应15万套,累计仅约70万户享受保障(含已退出)。②其次,公租房申请条件严格,等待时间长。以广州公租房申请条件为例,存款不高于22万元且年收入不高于42792元,折合月收入不超过3566元才算低收入。③而在广州打工,月收入不高于3566元,属实较难。不仅如此,申请人还要有广州户口,这更是一道隐形门槛。再次,公租房的居住期限、地理位置、房屋性价比等,让年轻人望而却步。上海公租房最多只能住6年,而北京公租房最长仅可居住5年。由此看,公租房只是为了解决过渡性需求,人们的长期住房问题仍然无法解决。在地理位置方面,南京市四大保障房片区均位于中心城区外围的绕城公路附近,导致其空间分布长期边缘化,交通不便。还有知乎网友对"广州推出16668套公租房"的新闻吐槽:"公租房离最近地铁站4.5公里","感觉目的就是让你看过后下决心去买商品房"。

由此可见,当下的房控主场存在明显错位——政府将多半的管

---

① 齐鲁壹点.抛暖冬计划疑"抄底"蛋壳资产 维权风波不断自如能否"自如"? [EB/OL].(2020-12-11) [2023-09-10].https://baijiahao.baidu.com/s?id=1685750387208429554&wfr=spider&for=pc.

② 劳动观察.大涨321.7%,上海公租房累计享受保障家庭达到约70万户[EB/OL].(2020-11-23)[2023-09-10]. https://www.51ldb.com/shsldb/cj/content/0175f4baf556c001237687f8f563fc62.html.

③ 广州本地宝.【今日问答】申请广州公租房有什么条件? [EB/OL].(2023-02-08)[2023-09-10].https://mp.weixin.qq.com/s/naXz9kNb_t1li4ixDqrMJg.

控主力投入一、二级房市，而最应获得主力管控的三级房市却存在明显的缺位。

事实上，对于人口、收入、区域发展结构复杂的中国而言，发展租房市场才是解决居住问题的根本之道。有人说，中国发展前40年的难题是如何进城，后几十年的难题是如何在城市留下。上海市租房人口约1000万，占到常住人口的40%，本市户籍人口约10%、非沪籍常住人口约85%有租赁居住需求。[①] 北京市常住人口中约1/3需要租房居住，若按照"七普"北京市户均人口2.31人计算，当下约需租赁住房315万套（间）。[②] 对于年轻人来说，在买房成本不断提高和观念不断转变的共同作用下，租房在一定程度上会成为他们的最优选择。贝壳研究院发布的《2021年新青年居住消费报告》显示，租房仍是新青年的主流选择。[③] 选择持续租房的原因，一方面是买房成本高，很多年轻人只能望房兴叹，另一方面则是买房后难以适应上班地点变动（工作调动、跳槽）和家庭结构的变化（结婚、育儿）。而面对不断扩大的租房市场，缺少有形之手管控的资本会让租房市场四面楚歌。在资本的作用下，租赁关系本身被强行演变成金融产品，且与P2P非法集资模式在利诱性和违法性上具有高度相似性，因此，若将租房市场完全交由企业主导，会重蹈住房金融化的覆辙。更何况保障性住房关乎社会民生，单凭市场之力

---

① 人民资讯.上海租房人口约1000万，占到常住人口的40%[EB/OL].(2021-05-18) [2023-09-10].https://baijiahao.baidu.com/s?id=1700064062074334346&wfr=spider&for=pc.
② 人民资讯.北京每年至少新增15万品质租住需求，长租市场潜力可观[EB/OL].(2021-12-23) [2023-09-10].https://baijiahao.baidu.com/s?id=1719925901691887685&wfr=spider&for=pc.
③ 上游新闻.2021新青年居住消费报告发布：近半数新青年不愿长期租房，独居成"潮流"[EB/OL].(2021-05-03) [2023-09-10].https://baijiahao.baidu.com/s?id=1698720294601929456&wfr=spider&for=pc.

是无法解决的。从某种意义上说，保障性住房承担了兜底民生的功能，具有很大的社会责任，这就决定了它离不开政府的保驾护航，不可能是纯市场的行为。

说到底，无论是在租房乱象亟待解决的情况下，抑或是在保障性住房应符合大众需求的时代背景下，中国当下都到了房市的拐点。未来，针对房地产过热的炒作乱象，应当变硬性调控为软性调控。政府无须劳心劳力管控新房价格，而应当把其交给市场，同时通过税收进行调节即可，例如开征房地产税。正如政府并不会限制工资上涨，而是通过个人所得税去缩小贫富差距，房地产市场也是同样的逻辑。征收房地产税既是健全地方税收体系的重要一环，有助于地方政府摆脱土地财政的魔咒，又是调节财富二次分配的重要手段。

针对租房市场，一方面，要通过完善住房租赁相关体系和制度政策，让租户和企业的权益均有所保障。首先，以德国规范、健全的租房市场为例，其核心在于通过《住房租赁法》《住房补助金法》及《住房经纪法》的共同作用，保障租户的合理租金和住房安全等。其次，主要发达经济体租赁市场繁荣稳定的核心原因之一在于租赁市场"有利可图"。因此，立足我国目前租房市场超低租金收益率和高税率的社会现实，加快制订相关领域的财税金融政策，才能形成良性的市场发展机制。

另一方面，要合理激发市场力量，利用复式方式扩大公租房的供给。其一，在增量方面，通过多渠道开发来增加租赁住房供应。比如，深圳在《深圳市住房发展2021年度实施计划》中明确提出，发挥国有企业和村集体股份公司在城中村住房规模化租赁改造中的积极作用。[①] 其二，在存量方面，通过一定的补偿手段鼓励居民与政府合作。例如通过降低房地产税等补偿性措施，征收居民空置房进行公租房改建，既能化解房屋空置问题，又能激活存量市场，加大租房市场供给，从而促进楼市的健康发展。

如此一来，随着租房市场不断完善，租购同权也将加快落地。目前已经有城市开始进行这方面的探索、尝试，例如武汉首开居住权不动产登记证明，旨在满足"房子不归我，我住也合法"的需求，落实居住权。

[①] 新浪财经.城中村"蝶变"：广东发文推动租赁住房品质提升新浪财经 [EB/OL].(2022-10-29) [2023-09-10].https://baijiahao.baidu.com/s?id=1747984972554802744&wfr=spider&for=pc.

第七章

站上投资逻辑新起点

价值投资在中国失效，概因投资者对其存在误解甚至滥用，但这并不意味着中国不适合价值投资，相反，中国是世界上价值投资的最大洼地。

资本进入折叠时代

在持续几年高歌猛进之后，VC（Venture Capital，风险投资）/PE（Private Equity，私募股权投资）市场迎来了一次急刹车。清科数据显示，2022年上半年共发生投资案例数量4167个，同比下降31.9%；披露投资金额为3149.29亿元，同比下降54.9%。其中，在地缘政治因素影响下，2022年上半年外币投资案例数量和金额分别为405个和681.33亿元，同比分别下降60.6%和78.1%。[①] 创投

[①] 2022年上半年投资节奏减缓，IT、半导体、医疗健康仍是热门领域[EB/OL].（2022-08-02）[2023-09-10]. https://mp.weixin.qq.com/s/Sdg_sSx_lk5EtwZluFWY_g.

圈流传着这样一句话："每当冬天来临,就会有张颖同志内部发言流出,王冉同志发文跟上,包凡同志总结陈词……其他同志默默转发。""岁寒三友"果然不负众望,先是易凯资本的王冉的朋友圈发言流出,提示寒冬悄然而至,各位系好安全带;再有经纬的张颖发文暗示人生起伏将要转换,关照好身心健康;最后,华兴的包凡总结陈词:"未来10年还有三个确定性,风物长宜放眼量。"尽管立意不同,但大佬的齐聚显然让投资人身上缥缈的寒意真切了许多——目前保持基本正常的投资机构占比20%～30%,步伐明显放缓的投资机构占比50%～60%,剩下的10%～20%彻底"躺平"。

私募股权牛熊转换间,既有政策端收紧,吹响产业纠偏的号角——2021年来自监管的"反垄断""反无序扩张""双减"等政策此起彼伏,资本和创业企业的粗放增长模式受到制约,又面临产业端的切换——互联网红利已近尾声,而下一个黄金赛道如硬科技等投资新风向很难短期爆发,尽管零星有过几个风口,比如区块链、电子烟、社区团购,但很快归于沉寂,更面临地缘政治搅局——海外LP(Limited Partner,有限合伙人)对投资新兴市场的热情降低,尤其是中美关系的不确定性使美、欧、澳对出资国内GP(General Partner,普通合伙人)的积极性受到压制,甚至一些美元LP处于回避状态,还因整个行业前期野蛮生长的后遗症开始显现,疯狂的高估值让一、二级市场倒挂愈演愈烈,大批公司IPO(Initial Public Offering,首次公开募股)或发行困难,或上市即破发。2022年前三个季度300只新股上市,已有144只新股破发,占比近半,截至2022年9月30日,最惨的9家当年上市企业破发幅度已超过

50%。[①] 以致身后的 PE/VC 退出受阻不说，有的甚至亏到了 B 轮。

事实上，所谓"资本寒冬"并非现在才有，2018 年资管新规出台后，银行资金的募资渠道被阻断，PE/VC 遭遇募资难。只不过，本轮"资本寒冬"让人瑟瑟发抖之处在于，随着政策的加码，市场红利的消退，互联网、教育等赛道挥手作别黄金时代，加之百年一遇大变局的风险震荡，价值投资似乎进入迷途。同为资本大佬，黑石、凯雷等正忙着抄底，2022 年 5 月前有安弘资本宣布完成 250 亿美元的募资，后有 KKR[②] 募集首个亚洲信贷机遇基金，旨在大刀阔斧地"买买买"，而软银、高瓴却日渐虚弱。尤其是被誉为价值投资典范的高瓴，在美股市场上流年不利，前十大重仓中仅 1 只收益为正；屋漏偏逢连夜雨，A 股市场上，格力、用友网络的股价亏损已接近 130 亿元和 3.7 亿元（截至 2022 年 6 月 8 日数据）。资本市场可以说是"专治各种不服"，一个接一个地把 VC/PE 价值投资信仰给粉碎了。所谓"在别人恐惧的时候，我贪婪"，但当下投资人不知道是该贪婪，还是该恐惧了。

究其根本，资本已然进入折叠时代。

第一，机构折叠，LP 的 GP 化、GP 的 FA（财务顾问）化，成了无奈的生存之道。LP 和 GP 的边界变得更加模糊，越来越多 LP 开展直投业务；被挤压的 GP 不得不"另谋出路"，纷纷下场做起了原本 FA 的生意，赚点现金流。LP 对 GP 降维打击，GP 对 FA 降维

[①] 时代投研.一云投资：前 9 月 A 股 IPO 全球第一，300 家上市（美股 32 家），7 成超募 5 成破发 [EB/OL].（2022-10-14）[2023-09-10]. https://business.sohu.com/a/592709518_120987811.

[②] KKR 集团（Kohlberg Kravis Roberts & Co.L.P., 简称 KKR），中文译名为"科尔伯格·克拉维斯·罗伯茨"，是老牌的杠杆收购天王，金融史上最成功的产业投资机构之一，全球历史最悠久也是经验最为丰富的私募股权投资机构之一。

打击，整个投资链分工折叠，竞争内卷。

第二，赛道折叠，旱的旱死、涝的涝死。过去 10 年，除了 2014 年的极端行情，其他每年涨幅前十的行业中都有"大消费"覆盖的领域。可惜眼下已然到了"消费大逃亡"的冷淡期，IT 桔子数据显示，2022 年第一季度，新消费领域的投资事件数环比和同比均下降 32%；与此同时，AI、能源等赛道一骑绝尘，一年融资一两轮不算多，一年估值涨个四五倍也稀松平常，甚至不乏细分赛道到了泡沫伴生的状态。毕竟，消费行业讲不出什么新故事，"让全中国人每天吃一碗牛肉面，每人吃一个起司蛋糕，现实吗？"看看人家元宇宙、web3.0，个个都是拳打互联网，脚踢百度、阿里巴巴、腾讯，所有行业重新做上一遍。

第三，角色折叠，从资本围猎到围猎资本。过去是资本围猎项目，现在是有的项目开始反向尽调投资机构了。没有产业资源，没有投过相关知名项目，项目不考虑拿这些机构的钱。产业资本的两路夹击进一步加剧了资本折叠的烈度：一路是互联网企业以百度、阿里巴巴、腾讯、京东领头；另一路是企业 CVC，以小米长江产业基金、华为哈勃投资为代表，订单、资金几乎可以全给，VC/PE 反倒成了投资圈的"弱势群体"。概而言之，当科技经济浪潮来袭，任一单向的科技突破都难以概括经济总貌，也就再也没有一个能裹挟所有投资人势能的共识的大风口，更多的是在彼此不同的赛道上暂时有人达成一致，投资标的变得散（细分赛道分散）、低（估值天花板低）、多（投资标的数量增加），"内卷战"由此打响。

但历史规律证明，市场在悲观预期的底部往往孕育新生。正如 Airbnb（爱彼迎）和 Uber（优步）都诞生于萧条的 2008 年，眼下，机会早已藏匿在折叠的缝隙里，只不过曾经依仗信息差赚钱的投资人们不能延续以往的惯性向前走，经典方法论（Pre-IPO套利、头部标的模式创新套利）在折叠竞争中已然失效，底层逻辑也换了模样——如果说，过去20年资本圈践行的是一套依赖传统市场经济价值的创造理论，那么美国的金融可谓击鼓传花、吞噬一切；当中国的蓬勃发展成为西方理论难以解释的"例外"时，当叠加大国竞争、地缘政治、气候治理等日渐成为外部主导因素时，这套被奉为圭臬的传统理论部分失效，需要迭代出一套囊括国家经济、市场经济、社会经济的综合性资本组合理论，这也是在实质上考验各机构投资策略的"长期主义"战略的成色究竟几何。

毕竟，长期投资本来就是穿越周期的事情，长期主义不是简单的行为层面的"坚持"或"连续"，而是对目标的坚持与连续；投资策略的长期主义也绝非咬定一套策略死磕，而是关乎洞察力和精巧计算，让当下的投资行动服务终局目标（实现全局的期望回报最大化），结合实际来及时调摆，"像个高尔夫球手，打无记忆的球"。当资本底层逻辑生变，自然要在投资行为与方案上"见风使舵"。只可惜，人的大脑天生不为长期思考做准备，长期主义在一定程度上是"反人性"的，当未来遥不可及、近期利益就在眼前、中间地带模糊不清，"一鸟在手，好过百鸟在林"才是大脑最直接的反映。

就此意义而言，资本折叠不仅意味着机构要"熬过去"，更是一场"大考"。本土PE和VC机构数量已达到美国的3倍，并且聚集在早期成长及Pre-IPO策略，随着资本圈逐渐走入行业整体性饱和与成熟，它也将在极度内卷中进入存量优化、优胜劣汰的新发展阶段。在此过程中，无论是控制风险、保证投资的基本面过硬，还是储备足够弹药，以时间换空间支撑到下一个周期的起点，都只能算基本操作；唯有对底层逻辑复盘反思，克服惯性乃至"人性"，才能更从容地顺应市场变化，实现自我迭代和进化，在资本折叠中抓住突围的机遇。正如美国投资机构在两轮资本凛冬里所做的：20世纪80年代末垃圾债事件后，主动从高杠杆套利策略切换至以重运营为主、靠提升盈利及估值赚钱的机构逆势增长；而到了2000年互联网泡沫破裂后，从传统并购投资策略向多元化的产业布局、投资策略转变的凯雷、KKR、黑石等，则坐稳了头部PE的宝座。

2022年6月资本圈热议的一则趣闻是"最后的午餐"——巴菲特个人的第21次也是最后一次慈善午餐拍卖，于6月17日一锤定音。历届巴菲特午餐一路陪伴着中国创投市场从无到有的风风雨雨，巴菲特本人也历来被视为投资人的"精神领袖"。巧合的是，当2022年的巴菲特午餐成为最后一次"朝圣"的机会，曾经叱咤股市的"股神"成了耄耋老人，中国乃至全球也迎来了一波资本寒冬，好似金融投资圈的好日子也跟着迟暮下去了。但没有一个冬天不可逾越，没有一个春天不会来临，资本圈起起伏伏，都是大浪淘沙的故事。查理·芒格说，"宏观是我们必须接受的，微观才是我们有所作为的"，资本市场的秩序正在重组，等到只图"搏一搏，单车变摩托"的投机客、能力不足的机构心灰意冷地离开，又是一番"广阔天地大有作为"。

价值投资不在中国？

多年来，价值投资在中国总有一大批拥趸。然而，近来中国投资者的价值投资信仰正在被颠覆。2022年前三季度，长期投资者集中持股的标的回调幅度较大，宁德时代最大跌幅为49%，隆基绿能最大跌幅为45%，招商银行最大跌幅为44%，五粮液最大跌幅为43%，美的集团最大跌幅为37%，贵州茅台最大跌幅为28%。[1] 对很多短期投资者说，价值投资不适合A股，甚至引用美国对冲基金绿光资本创始人大卫·爱因霍恩的话来佐证——"价值投资的时代可能已经成为过去，市场结构发生了严重的变化，绝大多数价值投资者都已经破产"，"随着投资者转向被动投资，许多策略都是基于量化分析或者算法等，价值投资已经消失"。

不只于此，若把时间拉长至10年，价值投资仿佛在中国翻了车——十年一觉醒来，上证指数依然在3000点上下徘徊，绝对是价值投资者的"坟墓"。一时间"A股没有价值投资""价值投资不适合中国"等言论甚嚣尘上，其影响之巨、之深，不禁让人发问：价值投资在中国失灵了？价值投资不在中国？

美国是价值投资理论的奠定者，历经多次版本迭代后形成了较为完整的价值投资体系。20世纪30年代，价值投资鼻祖格雷厄姆提出"安全边际"的原创理念，提倡用远低于内在价值的价格买入不受人待见的公司，等待市场对其估值修复时再卖出，并将其形象地定义为"捡烟蒂"。同时，菲利普·费雪开创性地提出了"成长股"这一概念和理论，偏重研究企业的成长性，强调找到现在被市场忽视，但未来几年内每股盈余将有大幅度增长的少数优质股票。由此，费雪被誉为"成长型价值投资之父"。

此后，自称是"85%格雷厄姆（价值）+15%费雪（成长）"的巴菲特，对价值投资进行了创新与变革，开创了"价值成长型

---

[1] 盛衰有道.价值投资适合中国吗？[EB/OL].（2022-10-16）[2023-09-10]. https://baijiahao.baidu.com/s?id=1746846769092531924&wfr=spider&for=pc.

投资",不追求破净标准,而是寻求"用合理的价格购买优秀的公司",并在如何定义优秀的公司上引入"护城河"和"内在价值"等概念。他长期重仓低估值和稳增长的金融类、消费类蓝筹股,如美国银行、沃尔玛等,获利颇丰,也因没及时介入科技股而错失科技大牛市,直至2008年后才陆续买入IBM、苹果等科技公司。眼下声名鹊起的"女版巴菲特"凯瑟琳·伍德则用风险投资的打法炒股票——专注于"破坏性创新",风格侧重极致成长,长期重仓科技股。2020年,方舟投资(ARK Invest)旗下的7只ETF(交易型开放式指数基金)产品中,有5只平均回报率超过140%,重仓基因编辑与医疗保健的基因革命ETF(ARKG)更是暴涨185%,无数投资者用钱为它投票。

尽管版本在迭代,但价值投资的核心哲学未变,都是发现那些市价低于内在价值的股票,趁低购入,然后等到市价高于内在价值时再逢高抛出。百年来,价值投资经历过数次生存危机都挺了过来,用一次次实践证明其理论的强大穿透力,给予价值投资者惊人的财富回报。如巴菲特在1957—2019年的63年间,年化回报率高达21.3%,累计回报达193140倍[1];施洛斯从业47年间,累计回报为1240倍,年化回报率达16%,经受住了18次经济衰退的考验,长期跑赢标普500指数[2]。只不过价值投资往往会经历漫长的休耕期,强调的是长期持有的耐心,以及对时间和复利效应的信仰,"与人性悖逆,与市场背行,与价值陷阱死磕,在九死之中觅一生",可见其中之艰难。

---

[1] 诺亚财富.第三话:巴菲特的长期收益是可复制的吗?丨目标投资九问十话[EB/OL].(2021-03-01)[2023-09-10]. https://zhuanlan.zhihu.com/p/353773973.
[2] 新浪财经.面对基金牛市 "价值一哥"曹名长被低估了吗?[EB/OL].(2021-03-02).[2023-09-10]http://finance.sina.com.cn/money/fund/jjrw/2021-03-02/doc-ikftssap9633997.shtml.

那如今价值投资到了中国，却为何失效了？主要原因是中国投资者对价值投资存在较大的误解甚至滥用，具体表现如下。

其一，投资者对价值投资理念有着深深的偏见和误读。要么错误地认为价值投资就是价值投机，不关注投资企业本身，反而紧盯股价波动，成了追涨杀跌的趋势投机者；要么认为低市盈率、低市净率就是价值投资，于是紧紧抱住那些遭受市场遗弃的垃圾股；还有的把价值投资等同于长期持有，出现"死了都不卖"的景象；更大的误读是把价值投资教条化，照搬照抄，无视理论的适应性。殊不知美国市场与中国土壤不同——美股市场化程度高，A股政府权重大，美股是机构市，A股是散户市，美股牛长熊短、涨多跌少，A股牛短熊长、暴涨暴跌等，不一而足。

其二，从信念到概念，价值投资俨然成了快消品。相较巴菲特让价值投资成为信仰，放眼还在成长中的A股，概念炒作来钱快，不管企业业绩多糟糕，只要赶上某个热点炒作一番，股价就能涨。于是，无数投资者热衷于追概念、炒热点、听小道消息，原本该有的价值投资变成功利投资。从基金经理直播售卖披着价值外衣的概念股到股民在"股神"召唤下跟风投资，价值投资如同快消品般畅销，人们稀里糊涂地买，却不知赚的是谁的钱，以及为何亏钱。

其三，难以摆脱的"二八定律"。正如牛顿所言，"我能算出天体运行的轨迹，但算不出人性的疯狂"。牛市行情下卖房、加杠杆全部投入，患得患失、贪婪与恐惧不断变幻等人性的弱点在投资中体现得淋漓尽致。投资永远检验认知与人性，而大多数人都不适合也无法承受价值投资对人性的考验，注定"一赚二平七亏"，真正通过价值投资赚到钱的人少之又少。

以此看，正是由于中国投资者错误地解读了价值投资，叠加追涨杀跌的人性弱点，一部分投资者沿着错误的道路走到黑，以为自己是所谓价值投资的牺牲者，直呼价值投资在中国魔力尽失。但这并不意味着中国不适合价值投资，相反，中国是价值投资的最大洼地。

首先，尚未成熟的中国股市价值投资机会多。美股历经200多年的发展已相当成熟，A股刚刚"三十而立"，其巨大的波动性及充满极端、乐观、恐惧情绪的特点，正好为价值投资者提供了很多以低于内在价值的价格买进、以大幅高于内在价值的价格卖出的机会。

其次，中国资本市场虽问题繁多，但凡是问题皆是改革的主场，新一轮改革将在"蹄疾步稳"中持续释放注册制、科创板、沪伦通等诸多制度红利。一旦踩准改革节奏，无疑将抓住巨大的投资价值。如中概股回归被称为一波"无脑赚钱"机会，掀起打新热。

更何况投资长远与国运紧密相连，中国的国运已经决定了其正在成长为最具投资价值的国家。百年变局和世纪疫情叠加，世界进入动荡变革期，中国崛起既是自变量也是因变量。一方面，新冠疫情是面照妖镜，西方"市场经济＋民主自由"的"政治正确"丑相尽显，而中国不仅迅速控制住国内疫情，还出口口罩、援助疫苗助力全球抗疫。正因为在应对疫情上采取了不同策略和由此导致的冰火两重天的局面，中国加速成为"世界经济安全岛"，为世界经济复苏向好注入强大动能。另一方面，中国既是世界制造业中心，拥有最完整的工业体系，也是世界第一大货物贸易国和第一大外汇储备国，还有着全球最大消费市场，从《区域全面经济伙伴关系协定》（RCEP）到《中欧双边投资协定》（BIT），引领世界经贸发展。可见，在这个"东升西降"的时代，中国崛起并走上世界舞台是大势所趋，价值投资在中国的有效性将赶超美国等成熟市场。正如来自美国万亿资产管理投资机构富兰克林邓普顿集团发言人所言："现在机会在中国，但凡投资都难以回避中国。"

综上，中国将成为未来世界价值投资的主场。只不过中国的土壤太特殊，时代在进化，中国的价值投资将不同于西方的价值投资，而将回归第一性原理，从本质上理解投资、理解价值投资，并以未来引领今天的视角，与中国本土相呼应。"价值创造无关高下，康庄大道尽是通途"，鉴于对企业价值的衡量标准和角度各有不同，届时，在中国版本的价值投资中，既会有弱化可见价值、注重创新能力的估值思维——如"风投女王"徐新，在投资仍然亏损的京东等企业时，并不拘泥于公司账面收益等传统价值投资标准，而是看重创新带来的企业价值提升；也会有前瞻性思维，聚焦全球行业颠覆性变革下的价值投资，成为推动中国 AI、医疗生命科技等未来型产业变革和创造新价值的强大催化剂，让中国不再重演互联网遗憾；更会有从发现价值到创造价值的价值投资，即从纯粹的财务投资者转向价值创造者，参与被投企业的治理并不断赋能价值。总之，尽管价值投资版本变化多样，但其底层逻辑始终以长期主义围绕企业价值。

投资斜率还是投资波动？

A 股一向大开大合，投资风格多变。市场难免有些让人恍惚，有人观望，有人撤退，有人增仓……拨开迷雾，A 股震荡、风格裂变的原因有以下两点。

第一，退潮进行时，市场预期流动性不再宽裕。资产价格是一种货币现象，20世纪80年代的日本牛市神话、90年代的美国科网股狂热、21世纪初的资源型国家股市，皆以宽松的货币政策为基础。在全球加息潮的背景下，中国货币政策"以我为主"，当"潮水"退去，方知谁在裸泳，各板块涨跌方见真章。

第二，"抱团"导致市场风格轮动，增加市场脆弱性。机构和大资金日渐"散户化"，机构开始"抱团"跟随，大资金也频繁流入流出。其行为模式没有明显的风格和行业偏好。一方面，风格轮动，如2020年市场偏好消费股，2021年第二季度后则转向科技制造，动摇了白酒"抱团"的"群众基础"，大量消费类公募基金开始配置锂电、半导体。另一方面，股市前景方向不明，且资金集中投机头部板块，使得A股形成了极不稳定的"两极割裂"——龙头股"众人拾柴火焰高"，估值被抬到虚高，赛道中末端企业则无人问津。在这种情况下，一旦出现诱发因素，市场便会产生剧烈波动。

更进一步分析，"动荡时代最大的危险不是动荡本身，而是延续过去的逻辑"，在百年未有之大变局之下，国际关系、产业链布局、金融货币体系等均面临重构，根据过往价值体系建立起来的估值和投资逻辑自然生变。问题是，在股市投资风格裂变的同时，大盘却在几轮兜兜转转后又回到了熟悉的地方。2007年4月10日，上证指数历史上第一次突破3400点，随后，一轮波澜壮阔的直冲6000点的大牛市汹涌而来。彼时的基民、股民怎么也不会想到，在14年后，上证指数竟然还会回到3400点。

事实上，从2007年1月至今，A股最高不过6124点（历史最高点），尤其是在2015年"短牛"后，始终平稳走在"满3000减

300""满3000送300"的另类"打折促销"之路上，没有有效突破过3700点。在投资风格变化与大盘不变之间，市场又回到了一个基本命题：到底是投资斜率还是投资波动？

早在2015年笔者就已预判，中国股市在"假牛"之后将在底部长期横盘，3000～4000点变成难以跨越的雷区。区别于日本的股市，A股底部横盘有其发展的特殊性与阶段性。

第一，供给过剩，超乎绝大部分投资者和投资机构的覆盖能力。一方面，资本市场成立以来，A股加速扩容。第一个10年（1990—1999年），上市公司总共有822家；第二个10年（2000—2009年），新增上市公司812家；第三个10年（2010—2019年），新增上市公司2093家；2020年至2021年9月30日，新增上市公司772家。截至2022年底，上市公司总数破5000家，新股融资额创新高。另一方面，入市资金却未能同步提升，导致股票供应过度充裕，难以撑起全面牛市。

第二，一级市场与二级市场的平衡重在一级市场，上市企业与股民之间重在上市企业。一方面，其基本功能演变为企业法人和资本经营方融资，利益天然向企业（国企）和一级市场倾斜，忽视私人投资者；另一方面，政府权力影响A股市场资源配置，必然降低市场运行效率，中小投资者利益难以得到保证。

第三，清理特殊行业的市场化边界，相关股市也受到影响。随着针对境外上市企业的数据安全、对互联网寡头的反垄断监管、整顿涉及大量三方用工关系的平台劳务、教育培训行业"双减"等一系列政策举措相继出台，相关行业公司的主业经营面临不确定性，市场也相应调整其盈利模式和估值体系。更进一步而言，对特殊行业市场化边界及范围的整顿，并不是改革方向变了或走了回头路，而是升级与细化，折射出中国踏上了不同于西方金融逻辑的复式金融道路（政府与市场形成合力）的尝试。

美国经典市场经济下的金融，异化为一个自娱自乐、虹吸社会资源的黑洞。股市上的表现是以少数股东的利益为核心，不再通过实体经济发展产生对社会有帕累托改进的利润来推动上市公司股价发展，反倒依赖货币放水、回购股份等金融手段来抬升股价，这从2021年初散户抱着抗疫救济金冲游戏驿站事件便可窥一二。美股长牛盛世下已滋生阴影，巴菲特指标（美股市值/GDP）达200%，高于2000年初互联网泡沫时期和1929年大萧条前夕的峰值，或将成为最终埋葬繁荣的罪魁祸首。

更何况中国在经济面已脱离华盛顿共识下走出了一条产业发展路径，作为"经济血液"的金融自然也要拓出一条新路。当下中国资本市场"三十而立"，再加上全球经济金融仍面临较大的不确定性，内外部环境复杂严峻，无论是回应中国经济的需求，还是破解西方市场的弊端，都离不开金融市场底层逻辑的重塑——让金融真正为实体经济服务，以大多数人民的利益为导向。

综上，A股当下的表现有其历史必然性，符合阶段性发展的需要，同时也说明中国股市投资的根本逻辑不是冲浪、博波动，而是结构性、长期性、多元化投资斜率。即便市场上有"美股碾压A股"的言论，但从结构性来看，沪深300指数与美股相比，完全不落下风。东方财富旗下的Choice数据显示，2005—2020年，沪深300的年化收益率达10.87%，超过同期标普500的7.33%。[1]A股市场中亦不乏具有真实价值和盈利能力的公司。从2015年市场的最

---

[1] 天天基金网.A股常年3000点，我们真的能赚到钱吗？[EB/OL].（2021-08-07）[2023-09-10].https://mp.weixin.qq.com/s/4shg2dV8rwC-UQgg0PsOFg.

高点开始，上证指数没有再出现类似2015和2007那样的大牛市。但在这段时间里，同样出现了表现优异的个股。在经济增速整体下行，A股震荡的背景下，这些个股不仅没有下跌，反而实现了翻倍的涨幅，有的甚至达到5倍、10倍。[①] 然而，知易行难。一方面，A股框架尚处于转变之中，难免存在资讯和交流不对称的情况，让市场措手不及。另一方面，投资之难，难在如何坚持理性和常识。对于股民而言，股市往往不体现思想，只体现概念。股民不仅善于"脑补"——赚了之后觉得自己是天选之子，亏了便幻想出一个不可战胜的庄家，只怪庄家的镰刀太锋利；还容易上头——"一边在坟场走夜路，一边给自己壮胆"，几乎所有人都不敢轻易戳破泡沫，反而不断地麻醉自我，为股市泡沫找各种理由。

《巴菲特致股东的信》就指出：在泡沫中，原本持有怀疑态度的投资者会屈从于市场表现出来的"证据"。于是很多时候，入市炒的是情绪。"看了基本面，收盘去吃面；讲究基本面，输在起跑线；遵从基本面，天天只吃面；忘记基本面，拥抱大阳线。"炒股如此，炒基亦如此，之前被称为"世界上最好的坤坤和春春"的基金经理张坤、刘彦春，没多久就跌下神坛。只可惜在所有的记忆中，金融记忆最为短暂，每当一种新的投资风格袭来，市场便会进入新一轮狂热。这也意味着股市"一赚二平七亏"的魔咒难以破解，70%的人难逃"韭菜"的宿命。

---

① 经济学家张奥平.2015年牛市山顶上走出的85只翻倍股全解析[EB/OL].(2020-12-03)[2023-09-10].https://baijiahao.baidu.com/s?id=1685021679644172979&wfr=spider&for=pc.

股市如何摆脱"戏份足、利润薄"？

从2023年2月1日全面实行股票发行注册制改革，到2月17日中国证监会及交易所等发布全面实行股票发行注册制制度规则，半个月时间，全面注册制的制度安排迅速定型。政策飞速出台落地的背景，是2022年股市行情下行的趋势：历经了二轮大盘指数3000点"保卫战"的2022年股市，被"温柔刀"刀刀割肉，全年下跌约15%。整整一年，政策频出，概念横飞，资金快进快出，其结果是全年行情离散度很大，斜率很小，股民人均亏损达到7.9万元。① 政策的落地无疑给A股打上了一针强心剂。大量金融资本涌入市场，IPO势头高歌猛进。Wind数据显示，截至2023年2月17日，IPO进程中的企业，607家在注册制下IPO，占总量的68.36%。② 就连全面注册制下的首个交易日——2023年2月20日，A股上涨股票达到3992只，上证指数、深证成指涨幅均超过2%。③ 在政策的推动下，A股市场将走向何方？

其实，中国股市数年走出"牛熊同体"的步调，解读股市的关键也不在点位，而在结构。3000点于公众而言是信心的"锚点"，但股市的运行良好与否更取决于结构平衡。具体而言，中国股市表

---

① 国际金融报.人均亏损近8万！他们在A股"亏麻了"，这些反思或许你有用……[EB/OL].(2023-01-21) [2023-09-10].https://baijiahao.baidu.com/s?id=1755596073769796147&wfr=spider&for=pc.
② 贝壳财经.数读丨超八百家企业待上市 注册制实施如何促进IPO生态演变？ [EB/OL].(2023-02-23) [2023-09-10].https://baijiahao.baidu.com/s?id=1758551897428045215&wfr=spider&for=pc.
③ 大河财立方.全面注册制首日：近4000只个股飘红，15家企业主板IPO获受理[EB/OL].（2023-02-20）[2023-09-10].https://new.qq.com/rain/a/20230220A09NG000.

现往往由三大平衡决定：政策效应、IPO 供需、一级市场与二级市场协调。但从目前来看，三大平衡存在结构失衡的风险。

一方面，多头利好的政策推动行情向上走。不仅仅是全面注册制这样针对股市制度的改革落地，针对经济运行的基本面，也不断出现利好因素增强资本信心。例如，截至 2022 年 11 月底，地产融资端"三支箭"齐发，推动房地产板块大幅走高，据 Wind 数据，2022 年 11 月份 A 股和港股市场累计有 19 只地产股和物业股走出翻倍行情，同时与房地产关联的建筑材料和建筑装饰板块涨幅同样靠前。[1] 2023 年疫情防控的放开或将利好旅游、餐饮、娱乐、航空等行业，针对欧美高科技"卡脖子"的反击也将利好高端制造、新能源、电力装备、储能、集成电路等行业，可以说 2023 年股市并不缺乏可讲的"故事"。

但另一方面，IPO 的迅速扩容打破供需平衡，压迫市场行情向下。2022 年，论数量，时代数据统计，一共有 428 家公司登陆 A 股市场，论规模，Wind 数据显示，A 股 IPO 首发融资额为 5868.86 亿元。[2] 然而，市场似乎并不认可如此多的 IPO 项目，甚至不愿买单导致新股破发。截至 2022 年最后一个交易日，全年已实现上市的 428 只新股中，有 223 只新股已破发，甚至上市首日破发数量达到 143 家，占比为 33.4%。[3]

---

[1] 每日经济新闻.地产板块继续"水涨船高"，11月共有19只地产股和物业股走出翻倍行情[EB/OL].(2022-12-05)[2023-09-10].https://baijiahao.baidu.com/s?id=1751385000392628378&wfr=spider&for=pc.

[2] 时代财经.2022年A股IPO问鼎全球，募资额5869亿再创新高[EB/OL].（2023-01-31）[2023-09-10].https://m.163.com/dy/article/HSEJPI820530KP1K.html.

[3] 界面新闻.2022年IPO大盘点：428家公司上市，募资5870亿元创新高，三成新股首日破发[EB/OL].（2023-01-01）[2023-09-10].https://baijiahao.baidu.com/s?id=1753798843619750292&wfr=spider&for=pc.

更有甚者，A 股市场一、二级市场地位悬殊，市场失衡，拉宽市场震荡区间。历来 A 股市场重一级市场，轻二级市场。一级市场高估值源源不断，服务于大股东利益。二级市场长期横盘，无所突破，股民难得分一杯"热羹"。与此形成对比的，是 2022 年 A 股合计现金分红达到 1.62 万亿元，接近 3400 家公司实施派现[①]，如此创纪录的高额分红，股民赚钱的却寥寥无几，不免抱怨钱都被大股东圈走。

当下，政策端在将股市行情向上拉，供需端却在将行情向下压，这并非股市唯一的悖论。更大的悖论在于，眼前要拉高行情，依然习惯性地依赖政策的扶持，但股市长久的健康发展取决于市场化程度。这一矛盾的背后是中国市场经济尚处于初级阶段的现实。一方面，市场成为资金配置的主流尚需一定的时间。A 股市场设立的初衷是帮国企脱贫解困，从最初的为央企国企融资包装，到股改为其保值增值，都是由此出发。如今，民企经营遇到困难，又变成国企为其接盘上市。尽管股市是市场经济要素配置最经典、最高级的代表，其市场权重虽然会大一点，但终究是有限的。另一方面，股市受到的规则、制约仍然不少。例如，全面注册制将公开发行股票的审核权力下放至沪深交易所，但与此相伴的，是 165 部新法规的落地，其中证监会发布的制度规则 57 部，证券交易所、全国股转公司、中国结算等发布的配套制度规则 108 部。内容涵盖发行条件、注册程序、保荐承销、重大资产重组、监管执法、投资者保护等各个方面。从某种意义上说，交易市场的"烟火气"被过于冗杂的法规所蒙住。

---

① 读创.A 股现金分红超 1.6 万亿元，创历史纪录 [EB/OL].（2023-01-25）[2023-09-10]. https://baijiahao.baidu.com/s?id=1755975603954645284&wfr=spider&for=pc.

由此来看，当下股市面临着新变化老行情、新船票老航船的尴尬局面，尽管一波波政策、利好给足了戏份与题材，但在市场化不足的情况下，市场活力也难以被激发出来。然而，当下居民参与股市、投资股市，渐渐成为影响国民经济运行的重要变量。

一是由于当下居民银行存款太多，资本市场资金太少，经济增长缺乏"子弹"。消费、投资与外贸被誉为拉动经济增长的三驾马车，如今是：消费冷淡，2022年储户存款增加17.84万亿元，这与2021年全年的水平相比，增加了7.94万亿元。[①] 甚至最爱花钱的年轻人为了"增加应急储备"，储蓄倾向也在连年攀升。外贸断崖，中国2023年春季外贸订单总体下降了40%，其中传统产品下降50%以上。贸易数据显示，2022年10—12月，以美元计价，我国出口贸易额"三连跌"，分别同比下降0.3%、8.7%、9.9%。[②] 倘若股市惨淡，公司融资成本将攀升，投资新项目、新产能便愈加艰难，国家经济的大账也就算不下去了。

二是因为寄希望于外资救场并不现实。且不论全球经济下行的环境中，欧美资本也在"寒冬"之中，美联储抬高利率后融资成本大幅上升。2022年第四季度，全美风投公司筹集了206亿美元的新资金，较上年同期下降65%，是2013年以来第四季度的最低数额。更何况，哪怕中国的基本面"风景独好"吸引外资入场，对方往往都是一副"抄底"的态度：要么是投机的"热钱"，无法成为长期的中坚力量；要么是趁火打劫，正如1997年，韩国被IMF债务威胁

---

① 齐鲁壹点.视点丨不必为年轻人偏爱"无痛攒钱"而担心[EB/OL].（2023-02-28）[2023-09-10].https://baijiahao.baidu.com/s?id=1759029843140856728&wfr=spider&for=pc.
② 史家评ing."断崖式下跌"的外贸出口，还得靠房地产来救？[EB/OL].（2023-03-01）[2023-09-10].https://www.163.com/dy/article/HUO552OV05561796.html.

下，国际资本将彼时韩国支柱产业"分而食之"。股市的成长越来越落脚在"内需"上。

由此，当下股市"戏份足、利润薄"的窘境已然成为制约国民经济一大因子：如果股民尝不到"甜头"，基于市场原则，股市只会滑向冷清惨淡；又或者，股民的钱被 IPO 圈走"割韭菜"，消费市场也会遇冷。显然，无论是基于现实的压力，还是出于发展的需求，都意味着主导股市行情的结构必须调整，从政策市转为制度市、市场市。

如今，注册制从"试点"走向"全面"，实际也进一步强调，中国股市正逐步确立不同于"华尔街道路"的金融服务实体模式。从 2017 年第五次全国金融工作会议开始，中国股市开始纠偏了盲目学习华尔街的倾向，并果断转向了"金融向实体经济服务"，确立了中国股市的新道路。A 股市场或将通过推动直接融资量的稳步提升和质的持续优化，促进资本、科技与实体经济的高水平循环。

在此基础上，还需推动股市"让市场在资源配置上起决定性作用"从形式到内容的演化，处理好政策效应、IPO 供需、一级市场与二级市场协调三大平衡点。例如，让市场充分竞争，优胜劣汰，保持供需平衡。我国 2022 年强制退市 42 家公司，相比整个股市几千家公司，这个比例太低。全球更成熟的资本市场，例如美国，近 40 年退市占比达到 54%。过去一些地方政府的行政权力阻隔了被打上"ST"的上市公司退市的节奏，而真正的市场化需要立足于充分竞争之上。再比如，全面兑现相对公正的股票全流通，体现"三公原则"。

对于上市公司而言，解禁限售股在短期内会打破供需平衡，造成股价波动，因此不少公司对此心存顾虑。但长期来看，长线投资型的投资者将得到更多资产配置的机会，有利于发掘股票的市场价值。最重要的是，通过长期制度的安排，给市场长期的、不可逆的预期。当下全面注册制尽管在165部制度规则下，仍被质疑带有政策规制的色彩，但毋庸置疑，其落地是政府对股市规治"制度化"的历史一步。尤其是注册制将核准制下的发行条件尽可能转化为信息披露要求，在一定程度上拓展了市场活力涌现的空间，对监管、股民以及上市公司是"三赢"的局面。

未来更多的长期制度或将落地，例如，当下A股分红制度对中小股民不够友好，A股的分红除息，每股净资产扣除一次，股票价格再扣除一次，也就是"一次分红，两次扣除"。投资者拿到了现金，股票静态市值同等减少，两者相抵，还要额外缴税。未来A股分红或将减少扣除，使得股民真正从分红中享受到资产增值的红利。

归根到底，当下全面注册制的落地走出关键一步，这既是中国股市30年后由形式到内容的新机缘，也意味着长期性的制度安排刚刚起步，仍需不断优化与完善。从这点上看，摆脱"戏份足、利润薄"无法一蹴而就，股市改革依旧"**任重而道远**"！

第八章

产业转型与升级

无论是产业链从"候鸟迁徙"转向"板块漂移",还是各行各业的数字化转型,都揭示出中国产业转型升级的时代主题。

资本新加坡、产业东南亚

新时代的"下南洋"正在进行时,只不过这次除了移民还有产业。近年来因亲商政策以及各种税收优惠,新加坡吸引全球富豪前来投资,超高净值人口持续不断增加。超高净值人口 2022 年增长 6.9% 至 4498 人,预测 2027 年,将增加至 5300 人,比 2022 年多出 17.7%。[①] 根据英国汇丰银行控股公司的一份报告,到 2030 年,新加坡将超过澳大利亚,成为亚太地区百万富豪占成年人口比例最

---

① 搜狐网. 闪耀世界舞台! 新加坡越来越受国际人士青睐 [EB/OL].(2023-09-08)[2023-09-10]. https://www.sohu.com/a/718718358_120394108.

高的国家。① 除了资本，产业也在向东南亚转移。由于劳动力成本低等经济发展优势的显现，越南、印度吸引了大量产业投资者的关注，以富士康为代表的不少制造企业，都将生产线"押宝"在东南亚。2022年全年，越南吸引外商直接投资总额更是达到约277亿美元，而面对汹涌的企业流入，越南自然也加大了力度"开门迎客"，截至2022年底，已在全国设立403个工业园区、18个沿海经济区和26个边境口岸经济区。适逢全球产业经济格局巨变，"资本新加坡、产业东南亚"蔚然成风。

正所谓"人发祯祥运，天开富贵花"，不论是资本涌入新加坡，还是东南亚在此轮全球产业经济变革中"吃尽"红利，关键都在于占得天时、地利、人和。

先看天时，近年来中美进入竞争态势，国际贸易格局发生边际变化，为东南亚产业快速发展创造了机缘。过去，中国与美国在产业上高低搭配，彼此经贸沟通不断，常年互为最大贸易伙伴。在中美"双人舞"的格局下，东南亚扮演的更多是在舞台远处伴舞的"小透明"。而随着美国借贸易战对中国产业施加多重打压，东南亚从中窥得机遇，尤其是越南被国际舆论捧为"下一个中国"。

再看地利。得了天时，关键还要看能不能抓得住，在这一点上，东南亚地理优势更为显著。东南亚地区背靠中国、西接印度、南勾澳大利亚，同时与美国贸易关系紧密，俨然成为世界的"海洋十字路口"。地理优势必然让东南亚搭上国际资本流转的顺风车。如新加坡，目前就是世界上签署自由贸易协定较多的国家之一，截至2022年末，新加坡已签订了14个双边自由贸易协定和11个区

---

① 参考消息网.汇丰银行报告预计：新加坡将成亚太百万富豪之都[EB/OL].（2022-08-19）[2023-09-10]. https://baijiahao.baidu.com/s?id=1741756461656221979&wfr=spider&for=pc.

域自由贸易协定。而其他东南亚国家对美贸易也呈现显著增长趋势，如越南 2022 年对美国的出口额就达 1093.9 亿美元，较 2021 年增长 13.6%。

最后是人和。一方面，东南亚地区相对较低的企业经营成本使得企业竞相前往设厂。在企业税收上，作为亚洲金融中心，新加坡没有海外税和资本增值税，公司利得税目前最高只有 17%，且海外收益不征税。而在人力成本上，东南亚地区较低的薪酬水平也对制造业具有极强的吸引力，据统计，目前越南、孟加拉国、柬埔寨劳动人口的月薪在 2000～2500 元人民币，劳动力成本是中国的 1/5。

另一方面，在投资者最为关注的人员与要素的自由流转上，东南亚地区具有较大优势。当前，越来越多的高净值投资者需要在众多不同的司法体系和经济体系下开展业务，在这一点上，新加坡对外汇交易和资本流动没有严格管制，资金可自由流入和流出，来去相对自由，因此成为全球资本的"天堂"。来自伦敦一家投资咨询机构的研究显示，受国际局势影响，2022 年大约有 2800 名资产净值达 100 万美元或以上的富翁迁移到新加坡，比疫情前 2019 年的 1500 人多出 87%。[1] 为此，新加坡大幅提高投资移民门槛，从 250 万新元增至最少 1000 万新元。

更进一步分析，这也是资本、产业逐利本质所产生的必然，要么是寻找成本"洼地"，要么是流向价值"高地"。随着中国产业经济的不断发展，新一轮全球产业转移兴起，积极寻找价值高地，向成本洼地迁徙。而东南亚地区许诺的"低成本""高回报"则促成资本与企业的"孔雀东南飞"。问题是，这种转移背后所隐藏的实则

---

[1] 马欢. 无数热钱涌入的新加坡，经济为何"熄火"？[EB/OL].(2023-04-26) [2023-09-10].https://baijiahao.baidu.com/s?id=1764225201317420053&wfr=spider&for=pc.

是产业、资本所内置的瓶颈：其一，转移企业往往是劳动密集、高污染的初级产业，利润单薄，对于成本极端敏感。一旦产业迎来变革，就难逃被淘汰的命运。其二，产业与资本的迁徙高度依赖于市场经济资本要素自由流动，一旦该运作模式被阻断，其成果也可能被付之一炬。

殊不知，在百年变局之下，产业、资本所内置的瓶颈可能急速转变为扼住咽喉的"陷阱"。当企业或资本过分追求所谓的"低成本"要素时，可能无法注意到背后隐藏的高风险。

第一，东南亚产业基础薄弱，使得企业需承担大量隐性成本。生产效率方面，尽管人力成本相对低廉，但是生产效率却不尽如人意。根据长江经济研究院的测算，按可比口径，越南和柬埔寨劳动生产率分别只有中国的80%和60%，这就使得中高端制造业仍需向中国布局。产业链安全方面，东南亚薄弱的产业链使得企业生产往往受限于找不到上游原物料供应，最终依然只能从中国进口。有企业家做过估计，企业需要80种原物料，但在当地只能勉强凑齐20种，剩下的60种则随时面临着国际贸易局势变化所产生的风险敞口。[①] 基础设施水平方面，由于基础设施项目普遍投入大、工期长、回报慢，除新加坡等少数发达地区外，东南亚国家普遍存在"欠账"，而其中对产业影响最大的则是电力和交通方面。因此，在当前东南亚地区普遍基础设施不足的情况下，难以满足产业经济长期高速增长的需要。

第二，企业无国界，但企业家有国界；当地缘博弈烈度上升，西方愈加挑动国家间的博弈与竞争。俄乌冲突以来，美欧就开始了

---

① 白明. 白明：中国制造业产业链向东南亚转移的六个问题 [EB/OL].(2022-07-19) [2023-09-10].https://idei.nju.edu.cn/_s505/e4/ad/c26392a582829/page.psp.

对俄海外资产的血洗。"私有财产神圣不能侵犯"的默认规则被打破，美国没收俄罗斯富豪的美国别墅、游艇；就连"永久中立"的瑞士也冻结了俄罗斯高达2000亿瑞郎的资产。就此意义而言，在地缘政治博弈面前，再也没有所谓的"低风险区"。何况，东南亚国家缺乏彻底的社会改革，在其社会制度上尚存在一些不利于资本流通的因素。如在泰国，就明文规定海外投资企业必须由泰国公民持有绝大部分股份，这就引发了不少企业向本地势力"拜码头"、赠送干股的现象。此外，历史上印尼、越南等区域也发生过民族仇杀、移民财产充公的案例。

更关键的是，以上种种看似是产业格局变化之下的"顺势而为"，实则反映出资本与企业面临中国产业升级、经济深化改革这个大趋势的"避实就虚"。正如雷军曾言，"不要用战术上的勤奋，来掩盖战略上的懒惰"，许多企业在资本经营思路上面临瓶颈，一旦习惯于依赖低技术、低成本、剪刀差的惯性与惰性，其面对时代的变化时，就只能不断地进行横向的迁移与切换。

单纯不断寻找成本洼地的"横向运动"在未来的腾挪空间将越来越小，资本与产业想要寻得生路，则必然要从当下的横向迁徙转向纵横运动——纵向，即沿着产业链从初级向中高级跃进。随着中国经济发展水平的提高，叠加中美进入竞争关系，中国产业对于人员、资源、资本优化配置的需求也相应提高，过去依靠"堆人力""堆资本"的发展模式已经难以生存。因而，中国产业必须从追逐低成本转向追求高价值，只有通过向产业链内的高价值部分纵向移动，才能保证产业整体的生命力。横向，即推动区域三链的链接与合作，尤其是在东亚板块形成紧密区域化协同产业网络。

东南亚则通过资源错配，与中国深化基于优势互补的产能合作。在过去10年中,中国已经主动进行产业升级,从"进口中间产品、组装最终产品"的产业链下游上升到"出口中间产品"的产业链中游。在此过程中,以劳动密集型为主的制造业出现了大规模的南移现象,带动了区域内其他国家的产业结构性优化,加强了区域间的产业勾连。典型如部分中国城市与越南的合作,这些城市通过在越南建设产业园区并组织企业迁移的模式,在将一些不符合区域发展规划的产能放在越南的同时,还能获得园区租金与贸易伙伴。

此外,向东北亚看,实际上也可以将日本和韩国纳入中国产业升级的大链条。一方面,中日在创新层面各有擅长。中国企业在一些技术生命周期短、市场变化快、商业模式更容易被颠覆的领域中具有强大的创新能力,而日本企业则更擅长提高产品的生产率或者探索产品的性能以及精度的创新。另一方面,韩国企业在半导体、汽车、造船等领域具有特色优势,能够为中国相关产业链提供较好的强链和补链作用。总体而言,在中日韩共同作用下,东亚地区在产业链和价值链上游形成水平分工的创新联动关系。

当然,纵横运动的关键在于持续推动产业升级,三链合作的深度与广度很大程度上取决于中国的产业升级程度。唯有在产业升级带动下不断提升供应链韧性、产业链控制力、价值链话语权,才能将产业转型升级兑现为巨大的经济影响力。

产业链从"候鸟迁徙"到"板块漂移"？

近来，东南亚经济异军突起，对我国产业链的替代效应逐步显现。实际上，2018年以来，在关税壁垒和美国施压下，我国部分制造业就以"候鸟迁徙"的方式转向东南亚。虽然彼时东南亚存在大量廉价的劳动力和土地要素成本，但缺乏基础设施、无法实现制造业自主发展——不仅依赖我国上游产业链才能完成生产组装，还需依赖我国庞大消费市场来带动产业，因此我国并未失去产业链优势。

如果说上一轮产业链转移仅是"低端外迁、整体可控"的产业溢出效应，东南亚承接国大多属于被动接受，那么当下产业链转移东南亚则可能存在"板块漂移"的风险。

一方面，逆全球化造成的不确定性正加速国际资本"挥师南下"。逆全球化时代，为确保产业链环节的安全与稳定，外资不得不制订替补方案，依托东南亚国家的比较优势重新布局。例如苹果三大代工厂鸿海、和硕、纬创均已经在越南投资建厂，日本丰田汽车也把投资目光转向东南亚，我国部分本土企业也准备将新能源产业链向东南亚转移。

另一方面，东南亚产业价值迎来重估，经济民族主义顺势崛起。当下正处于第五轮国际产业转移，此前四轮国际产业转移均属于在产业自然发展的规律下，国际组织与跨国企业根据各国生产要素的差异化，而自发形成的产业迁移。而本轮转移除了基于产业发展规律之外，还受到了地缘政治变化、国际突发事件的外溢性冲击,其均在一定程度上加速了产业链从中国向东南亚国家转移的进程,使东南亚国家成为主要受益方。以越南等为代表的劳动力要素和市场规模,以及以新加坡为代表的资本和技术,使得东南亚经济焕发出新的生命力与竞争力。与此同时,东南亚经济民族主义也发挥着推波助澜的作用:越南正欲取代中国成为"世界代工厂",挤压我国出口的国际市场空间,而新加坡正不断吸纳来自中国的资本、人才和技术。可见,此轮产业链转移可能会让我国面临更为系统性的挑战,其背后是产业要素的加速流失,进而削弱我国产业链的全球地位。

尽管我国已在政策层面加大宏观调节和逆周期对冲力度,但在经济转型期产业链升级爬坡尚未完成,而国内产业链和资本在被东南亚国家快速"偷塔"的不利局面下仍显得"进退失据"。鉴于此,破局产业链"二次转移"需在宏观调控的基础上进一步构建"三大策略"——设立"母工厂"把控关键技术、构建跨国跨境劳务合作机制、布局国内产业梯度转移。

其一,在本土设立全球"母工厂",避免本土产业"空心化"。"母工厂"作为跨国企业的"中枢",可有效实现对产业链关键工艺和环节、关键技术、核心部件、高级人才以及研发主导权的把控。例如:"追滨工厂"作为日汽在日本国内的"母工厂",在业界率先实现了高自动化乘用车组装,设有研发设计中心、车辆试验场和专用码头,可以满足全球日产工程师的各种测试需求;美国通用电气"母工厂"在 2016 年收购 Metem 公司,为燃气轮机提供精密冷却孔制造技术,进而强化其对全球燃气轮机产业链的单点控制能力;东莞松山湖基地作为华为全球最大的研发生产基地和新晋"母工厂",使国内重要产业链及关键环节较大限度地减少流失国外之虞。

其二，通过跨国跨境劳务合作，同步引入"人口红利"和中高端人才，把产业链留在国内。由于初级制造、加工贸易等产业对劳动力成本敏感，我国边境地区可结合当地自然资源，布局农产品深加工、电子元器件生产、进境产品落地加工等劳动密集型产业，利用邻国丰厚的"人口红利"和中高端人才的引入实现本地特色化产业链发展，同时积极构建跨境劳务合作协调机制，协同推进跨境劳务合作与政务管理。目前我国在边境地区实施跨境劳务合作方面已有成效，例如与越南开展跨境劳务合作，实现了劳动力与人才引进来、特色产业链留下来的良好局面。

其三，将产业转移梯度与我国区域发展梯度相匹配，完成产业从高梯度地区向低梯度地区转移。其实，中国已着手布局由东向西、由沿海向内地的梯度化发展格局，尤其在西部大开发等战略背景下，未来我国高梯度地区将通过创新预防产业结构老化，低梯度地区从初级产业逐步开发升级，二者的势能落差保持动态适中，以转移承接中低端技术或产业溢出。鉴于国内承接地面临与东南亚国家的竞争，未来需在资源能源、用地用工、产业生态等方面打造相对竞争优势，提高国内低梯度地区的产业承接能力，避免产业链过度外迁。同时也将通过市场牵引和政策推动，在不同发展程度的区域间、流域的上中下游间建立区域联动机制，引导资金、技术、产业有序转移。

进一步而言，我国也将在一定程度上借鉴美国能长期保持产业链强势竞争地位的实践经验，强化"产业链控制力"。一方面是对产业标准和规则的源头锁控。美国跨国企业在研发、知识产权、标准、战略方面一直走在世界前列，而且四者通过联动机制变成行业规则，形成技术壁垒，通过标准规则从源头主导和控制技术进步的方向和节奏，进而控制产业链的发展。例如美国高通早在 2007 年就通过自研和收购在 4G 领域布局了 6000 多个专利，并使得这些专利都实现了产权化和标准化，以致全球日常所使用的智能手机，都要向高通缴纳最少 2.275% 的专利费，假如一台智能手机售价为 5000 元，则需向高通缴纳的专利授权费近 115 元。

另一方面是对产业软件和平台数据的掌控。美国跨国企业在工业软件领域具有非常强的控制力，通过软件深深嵌入制造业设计、生产、装配到服务各个环节，带来天然的数据优势，以数据贯穿实现对产业链的控制。例如在工业软件领域，在以 EDA 电子自动化设计软件为代表的高端领域，Synopsys（新思科技）、Cadence（铿腾电子）和 Mentor Graphics（明导国际）均位于美国，占据美国国内 95% 的市场份额、全球市场 60% 以上的份额；再如仿真分析领域，美国 ANSYS、Mathworks、Altair 三家公司就占据全球市场 50% 的份额。鉴于此，我国亦可通过标准规则先行、平台软件驱动在中高端产业链领域保持精准的产业链控制力。一是实施国际标准竞争策略，聚焦高铁、电网、通信等我国优势、特色产业，强化重点龙头企业参与并主导相关行业国际标准制定，使国际标准更多反映我国技术要求，以标准、规则确保我国重点领域企业在全球产业链中的竞争优势和控制力。二是加强基于互联网的新兴基础能力和平台建设，强化核心工业软件、工业互联网、工业云等"新四基"能力构建，促进产业链的配套与延伸，培育一批诸如国电南瑞、宝信软件、中望软件、广联达、中控技术等工业软件企业以及软硬结合的"两栖型"企业。

只不过，与美国单向强调控制的模式不同，在产业链的布局与把控上，我国还将注重基于利益共同体原则下的国际合作。一是在控制产业链"二次转移"至东南亚的同时,我国也将利用东南亚国家在开放政策、人口红利等方面的相对优势,在国际产业链重组的趋势下,审时度势放开一部分中低端产业,以促进我国与东盟国家的良性互动。二是强化与中亚、中东、北非等地区的合作,尤其是与能源新兴国家,如赤道几内亚、喀麦隆、加蓬和安哥拉等建立能源产业关系,以此化解产业链单向流入东南亚的风险。三是在产业结构上与欧美发达国家形成优势互补,以我国优势产业,如机械、化工、装备制造和消费品制造等开辟欧美市场,同时积极引入欧美技术密集度高的电子、通信、医疗、半导体等成长型产业。从趋势上来看,不论是构建"三大策略"对冲产业链外迁、强化"产业链控制力"维持强势竞争地位,还是基于利益共同体的国际合作,最终目标都是通过"复式化"的内外整合与布局化解全球化逆流背景下带来的系统性风险,以推动"三链"(产业链、供应链、价值链)整合跨台阶、强化我国产业链国际竞争力和主导权。

产业颠覆时代,多是"第三者插足"?

越来越多的产业、企业开始走上跨界经营之路,其背后,看似是"第三者突然插足",实则与新旧业务之间有着千丝万缕的联系。

第一,"志趣相投":相同的市场基础。企业原有业务如果与跨界业务有类似的消费群体、营销渠道和营销手段,那么新业务的开展不仅能够事半功倍,还能大大提高成功的概率。典型如阿里巴巴，其是最早一批将销售搬到线上，并首创"狂欢节补贴"玩法的企业。在有了网购忠实用户的优势后，顺势推出支付宝这样的第三方支付平台，并拓展到互联网金融领域。这样用户想用钱的时候可以购物，不想用钱的时候还能理财，通过支付覆盖更多的生活场景。阿里巴巴及时捕捉到了用户增长的需求，从网购跨界三方支付，提高了用户黏性。

第二，"有谋略、有远见"：新路线上有业务关联度。存在关联度的新旧业务，不仅具备技术上的积淀和信息上的优势，也可以发挥企业内部化交易的效应。比亚迪早在 2008 年就着手从汽车制造业"插足"芯片领域，当时的国内舆论都表示"看不懂"。从零部件生产跨界 IGBT 芯片，比亚迪通过技术上的飞跃，成功打破英飞凌、三菱等国际巨头的汽车芯片垄断，在贸易封锁的背景下走出了一条自主创新的道路。由于拥有 IGBT 这一大"核芯"，加之纯电动电池领域的领先优势，比亚迪成为纯电动车领域技术最全面的企业。

第三，破除认知边界，玩出"新花样"。比如提到雅马哈，玩乐器的人第一时间想到的是雅马哈的乐器，玩摩托车的人第一时间想到的是雅马哈的摩托。1887 年成立的雅马哈从最初修理钢琴发展为制造乐器，因此其木工制造质量也处于国内领先水平，当时的日本政府向它定制了木质螺旋桨，由于测试螺旋桨需要发动机，雅马哈开始跨界发动机领域，随后做起了摩托车。就这样雅马哈不断跨界，却样样出精，但凡它涉及的领域都能占据一席之地。

看似是"第三者插足"，实则是时代颠覆和行业洗牌下的大势所趋。一方面，经济时代的迭代变化：从"信息经济"到"科技经济"。信息科技在各行各业的渗透，科技文明的日渐成熟，使得世界不再由以往的单一经济主导，而是多种产业在高新科技的推动下共同发展,越来越多的传统经济门类跻身新兴市场的角逐和较量。而科技经济讲究的就是跨界、混搭,跨度越大,跨界合作成果越大,催生新事物的生命力和竞争力越强。马斯克堪称"跨界狂人",作为特斯拉的创始人,尽管他在新能源车领域已经取得了史无前例的成功,但他没有止步于此,而是将目光投向了太空火箭、清洁能源等影响人类未来发展的一系列科技领域,还凭借星链技术的优势进军手机行业。马斯克深谙科技才是破译未来世界的密码,并身体力行地投身于科技时代的颠覆之中。

另一方面,行业发展已经没有了"标准答案":从"对标"到"破界""创新"。20 世纪 90 年代,不少中国企业在向国际咨询公司取经时都会提到一些学习对象:科技企业学习摩托罗拉、诺基亚,快消企业学习宝洁、联合利华,家电企业学习西门子、三星、索尼等等。那时,对标国际一流企业是许多中国企业要求咨询公司替他们做的工作。这个过程大概持续了 20 年。但今天中国已成为世界第二大经济体,后发红利殆尽,模仿走到了尽头。就像王兴所言"不要总盯着后视镜开车"。行业发展到了一个必须不断向各个方向、各个维度自主探索的阶段,不仅要纵向深挖、横向外延,行业之间的互融也必不可少。

面对时代的洗牌,行业和企业的跨界方式、目的迥异,但归结起来看,一是以资本跨界来谋利润。逐利是资本的本性,一旦行业有利可图,资本便如春潮般涌入。恒大集团以民生地产为基础产业,这些年在多元化投资经营的道路上披荆斩棘。恒大 2012 年跨界瓶装水,创办了恒大冰泉,并且计划销售额一年达到 100 亿元,3 年达到 300 亿元;2014 年进军粮油产业,投资千亿元欲打造农副产品品牌;2019 年更是押注了新能源赛道,跨界造车。其跨界幅度之大令人叹为观止。恒大集团每次跨界的初衷都无外乎是利益的驱动，最终被"资本泡沫"拉入泥潭。二是企业经营者从机遇思维转向战略思维，放长线、谋长远、打造科技生态。企业进行管理跨界更多是出于技术发展和战略规划的长远考虑。阿里巴巴经营多项业务，也从关联公司的业务和服务中取得经营商业生态系统上的支持。从交易平台到支付平台，再到信用平台、金融平台，当大数据时代来临，阿里巴巴早年的落子盘活、一气呵成，一个庞大的阿里巴巴帝国版图呼之欲出。阿里巴巴利用大数据分配资源、打通圈层，通过金融、SNS（社会化网络服务）、搜索等多种手段调节市场，最终实现科技生态的平衡。

在行业颠覆的时代背景下，跨界转型是企业的必经之路，企业希望开辟自己的第二赛道，实现"双轮驱动"。然而面对未知领域的探索，企业摸索前行的同时不免心生迷茫。跨界转型失败的声音频频传出，仿佛一不小心就会落入万劫不复的深渊。麦肯锡在全球范围调研了800多家传统企业后发现：已有70%的企业启动了数字化，但是其中的71%仍然停留在试点阶段，85%的企业停留的时间超过一年，迟迟不能实现规模化推广。麦肯锡历史统计数据显示，一般企业做数字化转型的失败率高达80%。[1] 也就是说，大多数行业企业不仅对全面转型"束手无策"，试点的进展也十分缓慢。

跨界转型是时代的难题，从跨界失败的案例看，一方面，不相关业务的多元化被普遍认为和企业的竞争力呈负相关。王石反思万科发展的教训，最大一条就是"手里一有钱，头脑就发热"。任何一家大企业，在由小变大的过程中，必然有一项核心业务，比如

---

[1] 搜狐网.近八成的失败率？麦肯锡都说数字化转型难，难在这三大"坑"[EB/OL]. (2022-08-01) [2023-09-10].http://news.sohu.com/a/572732179_121289440.

阿里巴巴有电商，腾讯有社交游戏。而反观有些企业却在盲目多元化的过程中丢失了核心竞争力。以苏宁为例，这些年苏宁要线上线下协同，业务多元化，除了加码电商外，还去发展房地产、苏宁小店、金融、物流这些都要持续输血的项目，导致现金流恶化，牵一发而动全身。其实苏宁也看出了问题所在，但由于抛弃过去的道路，已深陷多条战线无法抽身。因此，企业多元化的前提是确保手中握有一张王牌。

另一方面，虽然跨界创新本身就带有破坏性，但对于破坏产生的"外部不经济"现象，企业往往选择视而不见。如今到了大规模跨界颠覆的时代，必然会产生大规模创新式的破坏，因此既要"破"，又要"立"，需要政府和企业把握合理的尺度。企业在过去的发展中只考虑了自身的内部成本，而其对公众产生的外部经济效应都是由政府埋单。这显然是不合理的。资源环境难以界定产权，如果找不到既能减轻外在影响，又不增加私人支出的办法，那么在激烈的市场竞争下，"劣币驱逐良币"的现象就依然存在。因此，政府与企业都应扭转思想，加强彼此之间的沟通。更值得反思的是，如果试图依靠自己的国企身份、巨头地位频频"插足"市场化竞争，对于需要自给自足、自负盈亏的小微企业就有失公允，不利于市场化自由竞争。无论邮政咖啡、易捷咖啡经营成功与否，背后混业经营机制的合理性都需要反复斟酌。

哈佛大学教授克莱顿是这样诠释产业颠覆的："就算我们把每件事情都做对了，仍有可能错失城池。"[1] 言外之意是，科技创新、

---

[1] 新浪网."颠覆性创新"之父：就算我们把每件事情都做对了，也有可能错失城池[EB/OL].(2020-08-01) [2023-09-10].https://tech.sina.com.cn/roll/2020-08-01/doc-iivhvpwx8690669.shtml.

产业颠覆已不再是发展的补充与点缀,而是企业生存的必需品。与此背道而驰的是,一些受人推崇的企业的往昔的成绩却成了其创新的障碍,虽然处于良好的管理之中,但因为没有把握好颠覆的良机,最终丧失行业地位,令人扼腕叹息。就像挤掉诺基亚功能机业务的并不是同时代的摩托罗拉,而是代表未来趋势的智能手机。

市场瞬息万变,环境危机四伏,企业在积极谋求转型发展的同时,归根结底是要遵循第一性原则,建构和夯实核心竞争力,因为"变"的是"形","不变"的是"神"。华为的成功在于其每一次拓展新业务都建立在扎实的主营业务基础之上:在通信领域做到了第一再拓展手机等业务;在物联网领域有了很深的技术沉淀后才推出了主打物联网的"鸿蒙系统"。如果企业在跨界发展中不能吃透行业发展的本质,在盲目转型的过程中丢失了自己的核心竞争力,那么转型注定是一场危险的试验。

数字化转型:转型的多,成功的少

不可否认,数字化已经渗透到了社会的方方面面。数据成为新的生产资源和财富来源,也带来了全新的商业和思维模式。如果说工业化的魅力是将人们从重复的体力劳动中解放出来,那么数字化的魅力则是掀起了资源的无边界浪潮。在数字经济时代,数据取代了土地和部分劳动力,成为新的核心生产要素。由于数据资源存在大量新组合的可能,跨界颠覆创新也随之而生。同时,数据的强流动又会降低企业外部协调成本，形成外包、众包、开放式创新等各种合作模式，让企业边界的变动更加柔性和灵活。

数字化浪潮下，企业的数字化转型是提高生产效率、重塑商业模式的重要手段。数字化信息可共享，可重复使用，复制成本低，因此可以帮助企业形成自动化数据链，推动生产制造各环节高效协同，降低智能制造系统的复杂性和不确定性，提高组织效率。以通用汽车为例，该企业通过建设数据平台识别故障工具，并借助 3D 打印机现场打印出替代品，使工具替换的成本降低到原来的 1%，且生产线无须停工，极大地提高了运营效率。

更进一步而言，随着消费者主权持续崛起，需求从碎片级进入粉尘级。为了能够及时捕捉并快速响应客户的动态化需求，数字技术成为帮助企业提升敏捷性和洞察力的重要工具。互联网平台从根本上改变了以生产为主导的传统商业模式，让信息不对称的状况得到极大改观，用户需求也越来越苛刻和个性化。企业重心从"企业生产什么"转移到"客户需要什么"，企业必须保持敏捷机制，才能最大限度地满足客户不断变化的需求。饮料品牌 Paper Boat 就是利用数字化技术，将超个性化作为实现市场增长的关键因素。该企业在 WhatsApp 上开展消费者调查，并利用工厂的物联网（IoT）传感器，将配方的改进时长压缩到 2～3 分钟。以 Paper Boat 的限量款季节性饮料 Panakam 为例，这款饮料每年只售卖 3 天，充分把握市场的短暂时机。

尽管数字化转型对企业至关重要，然而大多数企业仍是盲人摸象，就连百度、阿里巴巴、腾讯"翻车"也不罕见，企业的数字化转型可谓问题重重。

其一，在一个更为敏捷的商业社会面前，大部分公司的业务部门与技术部门在数字化转型中显得貌合神离。在大多数企业中，信息技术部门往往作为企业核心业务部门的附属部门而存在，信息化建设也往往围绕着业务部门提出的需求开展，这就造成了业务部门的需求成为信息化建设的天花板，压抑了数字技术的创新作用。以阿里巴巴的数据中台为例，从建中台到拆中台，不是中台不行，而是场景变了，技术部门从业务部门的协同者变成了跟随者，甚至使企业陷入路径依赖。实际上，正如阿里巴巴集团张勇曾言："中台并不适用于每家公司的每个阶段。在独立业务拓展期、突破期，一定用独立团、独立师、独立旅建制来做，否则就会变成瓶颈。"

其二，传统企业在推动数字化转型的过程中往往将手段变成目的，难以把握自身需求和痛点。在数字化转型的浪潮中，很多企业可以说是为转型而转型，缺乏清晰目标，也难以把握企业转型中的痛点。负责帮助贵州茅台集团实现数字化转型的负责人说："因为目标不清晰，所以项目做了很久。"在实际调研的过程中，还发现茅台仓储的工人抗拒信息化，只接受以手写单据的形式记录货品。这是因为管理仓库的人每个月有一定比例的报损额，可以把酒报损后再拿去卖，而如果用电脑扫描进 ERP 系统的话，仓库管理员就没法这么操作了。也就是说，企业数字化转型的失败，大部分时候是管理问题，跟技术无关。更何况数据只是工具，若企业被数据牵着走，形成所谓的计划经济，不仅无法领跑创新，甚至会被数据绑架。有人认为以大数据为基础的计划经济，未来占比会越来越大。然而，现实却未必如此简单。一方面，用户会利用机器人混淆自己的行为模式甚至物理定位，以降低商家所获取的数据质量，保护自身隐私。另一方面，当市场有足够多的企业掌握用户需求以后，会自发地形成产能过剩，导致恶性价格战。这样一来，所谓的完全正确的信息和计划都不复存在了。数据只是工具，企业的数字化转型最终还是要服务于企业的战略目的。如果仅仅盯着数据和指标来运营，最后在数据的高度驱动下，企业就会成为数据的奴隶。

归根结底，与自上而下的传统战略转型不同，企业数字化转型不仅需要自上而下的通盘计划，更需要以业务为驱动的自下而上的计划，让数字技术承担基础设施的作用，并在此基础上进一步推进业务、流程和组织的转型。过去，企业的转型通常是由高层决策驱动，而数字化转型则相反，不仅需要从大处着眼，更要立足于实际业务，进而带动生产关系的变革。这也就意味着企业数字化转型的本质是提升企业竞争力和业务创新的敏捷性，所以只有让数字技术成为企业底层逻辑和基础设施的一部分，才能"以业务挂帅，实现组织融合"。例如，基于未来数据驱动、科技赋能的蓝图，欧莱雅选择了一项独一无二的战略：美的普及化。这是一种能够捕捉、理解并尊重差异性的全球化战略。十余年来，欧莱雅的数字化体系，从洞察、研发，到用户沟通、购买等，是一个完整的链路闭环，并不是为了数字化而数字化。由于持续在数字化上进行广度和深度的布局，欧莱雅也构建了应对不确定性市场的更强的内核力量。

企业数字化转型的成功，既离不开企业对内部自身业务的理解，又离不开对外部市场的深刻洞察。不同国家的企业文化和社会环境，从理念到实践都相差甚远。相比之下，中国的产业链条更长，企业生态环境更为复杂，因此不仅 ERP，就连在国外风生水起的 SaaS（软件即服务），在中国也显得水土不服。若企业只是生搬硬套，则其转型也将有形无魂，流于表面。

元宇宙：数实融合的主战场

2022年，元宇宙可谓冰火两重天。一边是伴随元宇宙游戏的火爆，游戏产品成为元宇宙领域最大的"现金牛"。而另一边，元宇宙在其他领域的应用似乎仍是"雷声大雨点小"，未有实质性进展。在技术端，元宇宙空间受到"技术大山"的压制，无法填补用户期待，仍处于初级阶段。在产品侧，元宇宙并未出现超声量的爆款产品。元宇宙仿佛被困在了游戏里一般，除了游戏以外一无所获。

为什么只有游戏在元宇宙里闪闪发光？究其原因，游戏的本质就是虚拟，而它天生的娱乐属性、用户互动、充值交易等丰富场景，成为元宇宙的最佳试验场。平台型游戏如罗布乐思（Roblox），其创建了一个完整的经济体，玩家可以进行数字内容创作并赚取代币，而专门用于VR的摄像头设施和互动平台等增加了沉浸式体验。网赚型游戏如元宇宙游戏Axie Infinity，通过NFT＋某种玩法，把游戏内某种元素如宠物、装备、装饰等做成NFT，玩家可以通过养成并交易来赚取收益。虚拟社交型游戏如Decentraland，把场景、商品、身份、社交等搬到数字世界，并允许NFT交易。也难怪就连微软CEO都在接受采访时表示"元宇宙本质上就是游戏"。如此看来，元宇宙似乎为游戏而生。

但是，正是元宇宙与游戏在虚拟上的这种契合，反而使元宇宙局限在了游戏里。一方面，虚拟的泡沫越来越多。自从元宇宙的概念进入社会，种种天价交易额刷新认知，不仅有顶级游戏开发商

Epic Games 单笔融资 135 亿元，还有虚拟世界平台 Decentraland 上一块地卖到 91.3 万美元的天价成交纪录，更有耐克 NFT 累计销售额近 2 亿美元。另一方面，虚拟与实体的距离越来越大。随着传统网络红利到达顶峰并开始消退，元宇宙这一新概念免不了在引发投资狂潮后沦为商业噱头的命运。当元宇宙陷入"资本的游戏"，便会更青睐于游戏这一高收益渠道，从而更加难以触及实体经济，而沉浸在虚拟经济的狂欢之中。这背后反映的就是元宇宙中虚拟和实体之间的矛盾，即实体被虚拟所掩埋。虽然元宇宙与游戏之间的虚拟通道已经打通，使得元宇宙获得资本的偏爱，但是虚拟的过分拉动使元宇宙与实体之间的通道被阻塞，又迫使元宇宙只能继续抓住游戏这一救命稻草，并陷入恶性循环。这一矛盾正在显现并产生后果，如：资本撤去，元宇宙虚拟地产估值暴跌、NFT 泡沫被戳破、顶级加密货币交易所之一的 FTX 申请破产等；企业潦倒，Meta 公司（原名 Facebook）2022 年第三季度净利润为 43.95 亿美元，同比下降 52%，已连续 4 个季度下降，马克·扎克伯格在 2022 年底用万人大裁员和几千亿美元为自己的元宇宙买了单；用户离场，"一个空荡荡的世界是一个悲伤的世界"，这是 Meta 内部文件总结的一句话，反映了其旗下元宇宙旗舰产品地平线世界 Horizon Worlds 的惨淡现状。

"不识庐山真面目，只缘身在此山中"，以现阶段的技术实力和元宇宙目前的产品形态来看，元宇宙好像只能局限在游戏里；但跳出当下的框架、以发展的视野来看，元宇宙先发于游戏，但绝不意味着将永远困在游戏里。在"元宇宙商业之父"马修·鲍尔看来，游戏背后的虚拟世界引擎是元宇宙的建立基础；通过游戏这个接口，人们在现实生活中窥得了元宇宙的雏形。但元宇宙的真正成型之时，不仅要造出"一个具有强社交、无边界、高沉浸、去中心化、多元化等特点的虚拟世界",更要打通从技术到体验、从内容到平台、从游戏到生产之间的各种次元壁。一如乔布斯在发布第一代iPhone时曾表示,"我不会相信我们的任何预测,因为现实远远超出了我们的预期"。不确定性是元宇宙最现实、最关键的状态,也正是因为不确定性,才带来了更多的可能性与成长空间。

更进一步分析,当下游戏正在不断模糊虚拟与实体的鸿沟,成为未来数实融合[①]社会的重要基础设施。不仅正在改变港口和工厂的运转方式,如深圳妈湾智慧港通过超写实、高逼真的数字孪生,建立起更加实时、准确、高效的智慧港口;还助力关联产业发展,如电商、直播等,让实体经济获得数字化转型机遇;甚至改变交往、消费、学习、休闲、娱乐等方式,使生活和游戏的界限更加模糊。或许在未来的某一日,现实与虚拟世界完全融合,打破娱乐、社交、教育、办公等领域既有的物理规则,为我们的生活方式、生产方式、交换方式带来跃迁式升级,届时我们称之为"元宇宙"还是"游戏",就会变得不那么重要。

毋庸置疑,希望在变革中孕育,新技术、新模式将带来硬件与软件之间结合与成长的爆炸式反应,驱动元宇宙这一概念全面铺开,渗透到数实融合的主战场。一方面,实体的有限性决定了其必然向着虚拟延伸。随着人类社会的不断发展,实体已经不能满足人类的需求,数字经济蓬勃发展,从实体到虚拟的转移是大趋势。虚拟空间不仅没有现实的各种限制,还会随着算力等技术的突破而无限延伸,可以为发展提供无限可能。

---

① 数实融合,科技术语,指的是AI新型基础设施建设需求增长,数字技术和实体经济深度融合。

另一方面，虚拟的发展历程决定其需要以实体为载体。虚拟经济是实体经济发展到一定阶段的产物，其进一步的发展也必然要以实体经济为基础。若虚拟脱离实体，便会犹如断了线的风筝，最终消失在天空之中，这便意味着元宇宙泡沫的破裂。元宇宙作为一个连接物理世界与虚拟世界的技术体系，在虚拟与实体的融合过程中充当着不可或缺的角色。在元宇宙的桥梁作用下，虚实数据可以同步，不仅能通过这些数据对物理空间进行控制，还能在虚拟空间对物理世界进行超越物理条件的优化，甚至通过虚拟空间将全球的工厂、实验室和相关个体联系起来，从而完成远程协作。

由此，元宇宙的数实融合将深刻改变我们现在所熟悉的社会。在消费领域，虚拟人IP带货覆盖率将越来越高，通过VR设备一样可以从全方位体验产品，虚拟世界的自己也会追求各种时尚单品，而且消费者自己也可以成为生产参与者。在娱乐领域，听演唱会和看球赛不一定要去现场，如动感地带世界杯音乐盛典和卡塔尔世界杯中的元宇宙比特空间，百度智能云曦灵支持推出国内首档数字人虚拟竞演综艺等将成为趋势。在制造业领域，工业元宇宙可以使用虚拟现实和增强现实来融合物理世界和数字世界，从而改变企业设计、制造和对象交互的方式，如林肯电气控股有限公司就在采用虚拟现实技术减少工人培训时间。因此，元宇宙始于游戏，但终将会发展为更深层次的世界，是实现数实融合的重要场所。

依据著名的"Gartner"曲线[1]，任何一个产业发展过程都有起

---

[1] Gartner曲线，即新兴技术成熟度曲线，通过图形化来描述和呈现前沿技术发展阶段，曲线的纵轴是人们对技术的期望，横轴表示技术的成熟度。Gartner曲线由五个部分组成，分别对应了新技术发展的五个阶段：技术刚刚流行的萌芽期、随着关注度提升的热门关注期、热度下降的低谷期、爬升期、成熟期。

伏，在快爬到希望之巅时，也许下一秒就会跌入低谷，元宇宙无疑也不例外。未来，元宇宙还要经历一段与其他产业融合应用落地的数实融合探索阶段，即"场景革命"。随着元宇宙与人类生活越来越紧密，建立在人与人、信息、商品/服务的连接基础上的商业形态将发生新一轮的颠覆式创新。在应用赋能方面，元宇宙场景与工业互联网、医疗、教育等的结合都将更加深入，其中上海就率先打造了中山医院、瑞金医院"医疗＋元宇宙场景"。这也意味着，元宇宙的数实融合阶段将促进百行千业全面转型升级。

因此，对于企业来说，虽然像腾讯、微软、英特尔等巨头已经成为元宇宙赛道的领先者，但在这波元宇宙浪潮中，中小企业在应用元宇宙中依然有着较大的发展空间，可以通过理解元宇宙产业链，及早确定自己在这一产业链中可能的位置，包括硬件、技术、运营等，并朝着这一方向前进，来获得在元宇宙中分一杯羹的机会。对于实体企业，紧跟数字经济和元宇宙发展，抓住实体转型的机遇，方能乘胜追击；对于数字企业，借助元宇宙脱虚入实，将科技服务于实体，才能将成果落到实地。

第九章

新一轮生态经济转型

全球各国相继提出净零排放的碳中和目标，势必将加速全球产业结构变革，碳中和引领的时代变局悄然到来。是否符合碳中和的目标，将成为衡量各行各业是否具有发展前景的新标准。

躲不过碳中和的六大行业

各行各业的碳中和转型早已不是"可选项"，而是如箭在弦的"必选项"，必将对企业利润结构、行业产业的发展带来深远影响。与此同时，钢铁、电力、建材、有色金属、石化和民航这六大行业因其高耗能的特点，首先面临着被纳入国家统一碳市场，接受第一轮被格式化的命运。换言之，如何应对碳中和带来的挑战，成为这六大行业生存发展的核心。

第一，钢铁行业与源头减量：碳减排驱动着供给侧结构性改革。中国碳核算数据库（CEADs）有效数据显示，2022年，中国碳排放量累计110亿吨，约占全球碳排放量的28.87%。其中，工业排放量为42亿吨，占全国排放量的38.18%，仅次于电力行业排放的51亿吨，占比46.37%。[①]我国钢铁行业碳排放量占全国碳排放总量的15%左右，是制造业31个门类中碳排放量最大的行业。然而，目前我国钢铁行业仍以碳排放强度高的长流程为主，粗钢产能约占90%。在碳中和承诺以及去产能的双重压力下，压降粗钢产量、降低长流程制钢占比是目前行业减排最有效的手段。如：钢铁重镇河北省，限产政策已经常态化；山西省也规定，设区市的城市规划区、县城规划区不再布局包括产能置换项目在内的钢铁（不含短流程炼钢）项目。对于钢铁行业而言，可采取的措施包括严禁新增钢铁产能，坚决压缩钢铁产量，完善相关政策措施和推进钢铁行业兼并重组等。

从技术层面来看，革新生产工艺，提升电炉钢比例，以及直接使用废钢作为炼钢炼铁的原料，也是在短时间内降低钢铁行业碳排放的有效手段。据相关数据统计，采用废钢直接炼钢炼铁，可减少86%的废气、76%的废水和97%的废渣的排放，属于清洁生产。从国际经验来看，随着工业化进程推进，废钢资源逐步积聚，直接使用废钢作为原料发展电炉短流程炼钢是必然趋势，也是节能减排、实现碳达峰和碳中和目标的需要。从2019年8月起，我国已从废钢进口国转变为废钢零进口国家。假定未来几年我国粗钢产量和钢材消费量不发生大幅改变，到2025年，我国废钢产生量将超过4亿吨。如果粗钢产量不变，则能满足国内45%～50%的钢铁

[①] 澎湃网. "双碳"目标下的矿业绿色发展新答卷 [EB/OL].(2023-04-23) [2023-09-10]. https://m.thepaper.cn/baijiahao_22815907. 根据测算，电力行业排放占比应是46.36%，原文数据略有出入。——编者注

生产需要。换句话说，利用好国内的废钢资源，可以大幅降低钢铁生产过程中对铁矿石的依赖。

第二，电力行业与能源替代：推动新能源的长期发展。与钢铁、石化等行业不同，即使厉行节约，人们的生产生活对电力的需求也不可能发生断崖式下跌。因此，电力行业若想实现碳中和目标，就必须在寻找可替代能源上下功夫。据国家统计局数据，2022年全年，我国全社会发电量为88487.1亿千瓦时，其中火电、水电、核电、风电及太阳能发电量占比分别为69.8%、14.3%、5%、8.2%、2.7%，可见火电依然占据主导地位。且我国火力发电量中，接近90%来源于煤炭，可见电力行业离完成能源结构转型、达成碳中和目标还有很大差距，但这同时也意味着巨大的发展空间。

第三，建材行业与节能提效：低碳社会的基础设施。《2022中国建筑能耗与碳排放研究报告》显示，2020年全国建筑全过程碳排放总量为50.8亿吨，占全国碳排放比重的50.9%。[1]毫无疑问，建材业是典型的资源能源承载型行业，中国又是世界最大的建筑材料生产和消费国，建材行业按时完成碳中和目标，无疑对中国顺利完成2060年碳中和的总体目标具有重要意义。同时，建材行业上下游产业链延伸范围广，涉及的水泥、装饰装修等行业也都是排碳大户，因此，建筑行业的清洁低碳转型是一场系统性变革，小到一个灯泡、一台电梯、一台空调的使用，大到整个建筑的管控，都需要精细化管理。打通产业链上下游，实现全产业链的节能增效，也就成为建材业实现转型发展的关键所在。

---

[1] 第一财经网.全过程碳排放总量占比过半，"高碳锁定"的建筑业亟待破局[EB/OL].(2023-05-25) [2023-09-10].https://baijiahao.baidu.com/s?id=1766874941196308840&wfr=spider&for=pc.

可喜的是，建筑行业在节能降耗方面已经取得了很大成效。但在节能增效上还有进一步发展的空间，需要继续推广节能技术。此外，与发达国家相比，我国绿色建筑发展起步晚、发展快，到2019年，全国累计建设绿色建筑面积超过50亿平方米，在2019年当年城镇新建建筑中，绿色建筑占比为65%。[1] 截至2022年上半年，中国新建绿色建筑占比已超90%。[2] 未来可以继续推动既有居住建筑节能改造，提升公共建筑能效水平。

第四，有色金属行业与生产流程重组：建设绿色低碳循环经济。对有色金属行业来说，减少中间产品流转是达成碳中和目标的有效方式，未来，上游企业生产流程化或将成为趋势。如在矿山、港口或者风能与水能资源充裕的地区建冶炼企业，在冶炼企业附近建金属材料加工企业等。目前，一些电解铝生产企业开始更多地生产铝棒等其他铝材，锌冶炼企业增加锌合金生产比例，大型铜冶炼企业纷纷扩张铜材生产线，等等，这些举措都是为了降低生产过程中的能源损耗及物流能耗。此外，对再生资源的回收利用也可以有效减少初次生产过程中的碳排放，例如在铝的生产过程中，采用再生铝方式产生的能耗与碳排放要比电解铝少得多。

第五，石化行业与工艺改造：工业生产过程脱碳势在必行。对于石化行业来说，除了能源使用（即化石燃料燃烧），工业生产过程排放的二氧化碳量也不可小觑。但与"能源碳"相比，"过程碳"的去除困难更大。毕竟，石化行业是拥有悠久历史的老牌重工业行

---

[1] 中国消费者报. 低碳绿色生态建筑成势[EB/OL].（2021-06-07）[2023-09-10]. https://www.ccn.com.cn/Content/2021/06-07/1415520534.html.
[2] 潇湘晨报.截至2022年上半年,中国新建绿色建筑占比已超90%[EB/OL].（2022-07-26）[2023-09-10]. https://baijiahao.baidu.com/s?id=1739376120730799504&wfr=spider&for=pc.

业，其生产工艺已经相当成熟，对生产过程中任何一部分的改变都会使其他部分不得不一起跟着改变，难度较大；且现有生产设施的使用寿命也很长，在定期维护的前提下通常超过 50 年，改变现有工艺意味着昂贵的重建或改造代价；石油作为重要的大宗商品，在全球贸易中占据举足轻重的地位，受国际市场影响大，所以做出的决策不仅需要考虑国内情况，还要考虑国际形势的变化。在国家"双碳"目标和企业可持续发展的内在需求驱动下，作为我国特大型能源化工企业的中石化、中石油、中海油"三桶油"，正在逐步从传统能源向清洁能源转型。"三桶油"在新能源业务拓展上各具特色，且侧重点各不相同。中石油在陆上新能源开发、风光气电融合发展、电动出行领域颇有建树。中石化凭借其在制氢来源、气液储运和氢能终端上的优势，打通了上下游贯穿的"氢能全产业链"，努力打造"中国第一大氢能公司"。中海油则因具备丰富的海上工程资源和生产作业经验，大力发展海上风电。石油巨头在新能源领域的动作还在加速。据石油 Link 的统计数据，中国石油、中国石化、中国海油以及第四大国营油企中国中化已相继成立了超 40 家新能源公司。[1] 未来，石化行业的工艺改造进程仍将继续。

第六，民航业与碳捕集：打造零排放"兜底"技术。与前述五大生产类行业不同，民航作为服务业中的碳排大户，自身不具备对燃料进行技术革新的能力。同时，航空业对安全的追求永远是处于第一位的，在短期内贸然将航空燃油更换为其他安全性还未经大规模科学实验验证的燃料并不现实。因此，对民航业来说，要想按时完成碳达峰、碳中和目标，就必须与新技术携手，将暂时还不能完全

---

[1] Penn. "三桶油"刮起新能源风暴：重磅政策鼓励，万亿市场驱动 [EB/OL].(2023-03-28)[2023-09-10].https://xincailiao.ofweek.com/news/2023-03/ART-180424-8420-30592074.html.

降为零的碳排放捕集、封存起来。

在这方面，二氧化碳捕集、利用与封存（CCUS）技术将是一个值得选择的新方向。CCUS是一种将二氧化碳从排放源中分离后直接加以利用或封存，以实现二氧化碳减排的技术。IEA研究表明，基于2070年实现净零排放的目标，到2050年，需要应用各种碳减排技术将空气中的温室气体浓度限制在450ppm以内，其中CCUS的贡献为9%左右，即利用CCS（碳捕集与封存）技术捕集的二氧化碳总量将增至约56.35亿吨。其中，利用量为3.69亿吨，封存量为52.66亿吨。到2070年，化石燃料能效提升与终端用能电气化、太阳能/风能/生物质能/氢能等能源替代和CCUS是主要碳减排路径，累计减排贡献的占比分别可达40%、38%和15%。中国CCUS地质封存潜力为1.21万亿～4.13万亿吨，预计2050年、2060年减排6亿～14亿吨和10亿～18亿吨，可以满足实现碳中和目标的需求。[1]CCUS技术为像民航这样短期内难以实现净零排放的行业提供了新思路和新选择。从未来趋势来看，势必会有更多行业、企业选择拥抱这一新技术来达到碳中和目标。

总之，在碳中和浪潮中，六大行业必须尽快对自身的生产方式做出调整，这已是时代的必然要求。除了各自不同的策略，也有一些相同的措施是这六大高耗能产业在面对碳中和洗牌时都可以采用的。

第一，植树造林。企业通过植树增加碳汇的典型代表是支付宝的蚂蚁森林。根据相关的数据统计，蚂蚁森林的参与网民数量已经超过了5.5亿人次，而且种了超过2.23亿棵真树，总的种植面积已

---

[1] 杨永智，刘皖露，陈天戈. 关于ccus你知道多少？[EB/OL].(2023-03-29)[2023-09-10]. http://center.cnpc.com.cn/sysb/system/2023/03/22/030096425.shtml.

经达到了 306 万亩，相当于 2.5 个新加坡的大小，更是实现了累计碳减排量超过 1200 万吨。[①] 互联网企业既然已经走在前面，未来传统行业也很有必要跟进。

第二，积极参与绿色金融交易。根据路孚特的统计，2022 年，全球碳市场共交易 125 亿吨碳配额，这是全球碳市场交易额连续第六年增长。2022 年，中国碳市场交易额总计为 5.04 亿欧元，全国碳市场的加权平均价格为 55.3 元/吨，较上年高出近 30%。[②] 未来，那些具有清洁能源生产能力的行业和企业将通过碳交易市场获得更大的经济效益。

第三，加强科技创新，大力发展减排技术。碳中和带来的新一轮能源革命将世界各国拉到了同一起跑线，未来，拥有了关键减排技术的国家堪比今天掌握芯片核心技术的国家。而在碳中和浪潮中"首当其冲"的六大行业都事关国民经济命脉，它们在减排领域的科研能力、创新能力将在很大程度上决定我国能否按时完成碳达峰、碳中和目标。

---

① 百度网．5.5 亿人参与，种了 2.23 亿棵树，马云花 5 年打造的蚂蚁森林如何了？[EB/OL]．(2021-08-05)[2023-09-10]. https://baijiahao.baidu.com/s?id=1707260966879998655&wfr=spider&for=pc.
② 王诗涵．连续六年增长，全球碳市场总交易额去年超 6 万亿元[EB/OL].(2023-02-10)[2023-09-10].https://baijiahao.baidu.com/s?id=1757434863749008419&wfr=spider&for=pc.

企业碳中和——真假"绿色"？

当下，推动碳中和、践行ESG[①]理念已在全球范围内形成共识。就在企业纷纷定下"碳中和""零碳""净零"等各种目标的背后，减碳降碳的实质进展却不尽如人意。

第一，行动速度跟不上宣传速度，所谓的碳中和承诺不过是一本有名无实的"绿皮书"。全球气候咨询公司South Pole的调研数据显示，尽管在2022年设定减碳目标的受访企业比例已从2020年的11%上升至72%，但仍有近1/4的受访企业不愿意公开其设定的具体计划。联合国秘书长安东尼奥·古特雷斯也曾指出，一些企业的气候声明"漏洞大得甚至连柴油卡车都能直接开过去"。[②]

第二，避重就轻，偷换概念，不谈"核心减排"，反而试图以植树造林等碳抵消方式蒙混过关。老牌石油公司壳牌在其公布的净零减排计划中，就包含了大量的碳抵消计划，如"种植西班牙国土大小的森林"。讽刺的是，由于森林种植面积和土地面积有限，全球可开发和利用的碳补偿"额度"其实很有限。仅壳牌一家，其宣布的5000万公顷面积的森林种植计划，可能已经用掉了全球可用额度的1/10。而且，不是所有的种树行为都能通向碳中和。如果把错误的树木种在错误的地方，结果只会适得其反。

第三，碳中和的泛化、形式主义化不可避免地滋生了投机空

---

① ESG，即环境（environmental）、社会（social）和治理（governance）单词首字母的缩写。ESG指标分别从环境、社会以及公司治理角度，来衡量企业发展的可持续性。
② 阿尔法工场.从联想集团"净零"突围之路，看龙头企业应有之作为.[EB/OL].(2023-02-20) [2023-09-10].https://new.qq.com/rain/a/20230220A01L4S00.

间，借环保之名，行牟利之实。随着双碳理念深入人心，投资者、消费者在决策中都偏向更加环境友好、可持续的品牌。在此背景之下，"漂绿"就成了企业不用做出太多实际行动，却依旧能够迎合投资者和消费者的一条捷径。市场上不乏一些"翻车"案例，如韩国美妆品牌悦诗风吟曾推出过一款产品，在印着"你好，我是纸瓶子"（Hello，I'm a Paper Bottle）的外包装背后，实则是一个用纸包裹的塑料瓶，极具误导性的文案显然是一种"假环保"和"虚假宣传"。无独有偶，2022年10月，快时尚品牌H&M和迪卡侬也因对部分产品标注"生态设计"和"环保意识"标签，被荷兰市场监管机构以"环保误导性宣传"为由进行调查。

就此来看，仿佛绿色理念越是深入人心，越容易滋生"漂绿"陷阱，以致企业的低碳化、绿色化真假并存。究其根本，在低碳实践中，企业往往面临以下悖论。

其一，企业经济性与环保公益性之间的矛盾。正如比尔·盖茨的著作《气候经济与人类未来》中所说，相比于化石燃料解决方案，大多数"零碳"解决方案成本投入更大。在过去的几年里，美国国内航空燃油的平均售价为每加仑2.22美元，在可获得的情况下用于飞机的先进生物燃料的平均售价为每加仑5.35美元，那么"零碳"燃料的绿色溢价就是这两个价格之间的差额，即每加仑3.13美元，溢价幅度超过140%。这就是"绿色溢价"，而这些额外的绿色成本会阻碍企业的"脱碳"行动。

其二，企业经营的短期利益诉求与环保变化的长期渐进性之间的矛盾。社会学家安东尼·吉登斯曾提出过一个悖论：现代工业所制造的温室气体的排放所带来的气候变暖对于未来有着潜在的灾难性后果，但是绝大多数人没有拿出什么实际行动来改变他们的日常习惯。[1]这一悖论对于企业而言也同样适用，企业等市场组织是污染问题的最大来源之一，但出于盈利导向，许多企业又不愿真正付诸实践来参与环保行动。在绿色消费浪潮到来时，企业又乐于通过"漂绿"将自身包装为绿色消费的代名词，这一营销行为同时也掩盖了背后的非环保逻辑，加重了"吉登斯悖论"。

其三，难以量化的低碳行为和可量化的ESG指标之间的矛盾。环保行为往往难以直接量化，而ESG却是赤裸裸的评量指标，当一个不同背景和语境下的理想变得标准化和系统化，从而成为游戏规则时，企业和投资机构都会利用这个系统来获得高分，投入大量资源来开展形象工程，这无异于考试成绩好的学生不一定是最好的学生，关键是要掌握考试的技巧。这样做不仅对环保没有实际贡献，还会误导公众。评级机构的ESG榜单也是乱象频出。比如，MSCI[2]做了高达27个ESG相关指数，可以用"菜市场"来形容，这些评级排行的作用是否能够真正体现企业的实际行动、体现ESG带来的社会可持续性发展，都要打一个问号。

归根结底，从本质特征看，碳减排是一种典型又特殊的公共物品供给，这就决定了低碳化、绿色化的背后离不开政府逻辑，政府也一直是推动碳中和的主导力量。根据英国能源与气候信息组织的统计，目前全球已有137个国家承诺到21世纪中叶实现碳中和，其中124个国家设定到2050年实现碳中和的目标。[3]但从另一面来

---

[1]　网易网.从西方到本土：企业"漂绿"行为的语境、实践与边界[EB/OL].(2020-10-06)[2023-09-10]. https://www.163.com/dy/article/FO809A7K0525P4JM.html.
[2]　MSCI英文全称为Morgan Stanley Capital International，是美国著名的指数编制公司，摩根士丹利资本国际公司(MSCI)，又译明晟。
[3]　张中祥.国际竞争力、煤电退出和碳边境调节——碳中和目标下的三个关键议题[J].探索与争鸣，2021(9).

看，碳中和虽说是政府主导叙事，但想要实现这样的目标则离不开经济活动的最重要的主体——企业的参与和贡献。据美国气候责任研究所的最新数据分析，1965—2017年以来，全球20家化石燃料公司不断开采石油、天然气及煤炭，制造了全世界35%的二氧化碳及沼气，相当于4800亿吨的碳排放量。[①] 可以说，企业才是实现碳中和的主力。

如今，无论是ESG的蓬勃发展还是碳交易市场的持续发力，似乎都表明碳中和正在从政策逻辑走向市场逻辑。但问题是，环保与市场经济的天然相斥性决定了纯粹的市场化手段成为类似饮鸩止渴的"乌托邦神话"。正如理想化的庇古税理论，对环境污染者课以补偿性的税收，增加其私人边际成本以使其与社会边际成本相当。但市场经济资本积累的至上性决定了经济、社会、生态和谐的对应关系并不存在，社会成本、环境成本无法内化到一种"创造利润的经济环境"之中。加之市场经济的价格发现等功能，又极易让碳减排拐至"钱生钱"的金融岔路上。如今ESG领域的乱象即为典型，ESG评级机构在该领域贡献平平但赚得盆满钵满。晨星旗下的ESG评级机构Sustainalytics报告称，2022年前9个月，该公司服务收入为7680万美元，同比增长36%。而业务涵盖ESG在内的MSCI指数公司2021年收入达20.44亿美元，比上一年增长20.54%；净利润达7.26亿美元，同比增长20.63%。[②]

正如英国能源公司Ecotricity的创始人所述的那样，"漂绿"应该被视为公司正朝着正确方向前进的积极信号。事物发展本就是螺

---

① 搜狐网. 惊人数据：全球20家企业贡献了35%碳排放[EB/OL].(2019-10-13)[2023-09-10]. https://www.sohu.com/a/346631550_120352610.
② 林志佳. 警惕ESG概念变成一场"资本怪圈游戏"[EB/OL].(2023-01-28)[2023-09-10]. https://www.sohu.com/a/634944818_116132.

旋式上升的，无论真绿还是假绿，事实上都意味着政策导向、终端需求在倒逼企业向着低碳化、绿色化转型。在此过程中，要进一步从表面"绿"深化到内在"绿"。

首先，以技术创新推动生产变革、产业替代，让"绿色溢价"转化为"绿色收益"。企业不仅要使单点产品变"绿"，更要在产品链系统变"绿"。以苹果公司为例，有调研显示，其目前实现了100%的绿电，其中苹果公司直接投资新能源电站占42%，直购电占55%，分布式光伏占2%，绿证占1%。[①] 不止于此，2023年4月，苹果公司宣布，已有68家中国供应商承诺到2030年仅使用清洁能源为苹果生产产品，相比上年增长约24%。如此一来，在全球范围内已有超过250家供应商承诺加入苹果公司的供应商清洁能源计划。[②] 未来，当产品、企业、产业的绿色贡献转化为收益曲线，而碳排放则转化为成本曲线，届时企业自然将实现从"要我低碳"向"我要低碳"的逻辑转变。

其次，跳出政府或市场的一元化框架，建立起政府、企业、社会不同层次的参与结构，以多方协调配合形成正反馈循环。说到底，减碳是一场广泛而深刻的经济社会系统性绿色革命，从个人消费到企业生产，所有微观主体都将在产业布局和投资策略上合出相应的方案。一言以蔽之：企业既可以向行业开放自身的人工智能、能源互联网等技术和解决方案，助力交通、制造、建筑等各个行业节能减排；也可以发挥影响力，帮助供应商和价值链伙伴改变运营

---

① 蔡雄山，温博欣，乔婷婷.互联网企业碳中和：怎么看？怎么办？[EB/OL].(2021-03-25) [2023-09-10].https://www.sohu.com/a/457334837_455313.
② 环球网.68家中国供应商承诺到2030年仅使用清洁能源为苹果生产产品[EB/OL]. (2023-04-17) [2023-09-10].https://baijiahao.baidu.com/s?id=1762494716696089764&wfr=spider&for=pc.

方式，走向碳中和；还能通过产品的触达能力，帮助用户和消费者提高碳中和意识，建立碳普惠平台、个人碳账户等，推动碳中和。让生产、消费、产业链的各个环节相互配合，进而从根本上推动企业从打"环保牌"到实现"环保商业"。届时，低碳化、绿色化将赋予企业更全面的社会属性，让企业在追求市场经济利益的过程中将所造成的"外部性"尽可能"内部化"为自身成本和社会职责，并在此过程中重新定义企业的社会价值，这也是企业可持续发展的应有之义。

互联网"双碳"路线图

剧增的用电量与碳排放，正成为互联网行业高速发展的隐形杠杆。你知道发一封邮件的耗能是多少吗？根据英国能源公司 OVO Energy 的数据（2019 年），如果每个英国人每天少发送一封不必要的电子邮件（仅包含短短一句"谢谢"或"周末愉快"之类的寒暄邮件），则全国每年可减少 16433 吨的碳排放量，相当于 81152 次从伦敦飞往马德里的航班所产生的碳排放量。[①]

这仅仅是互联网碳足迹的冰山一角，数据量的高速增长又拉动了作为互联网"心脏"的全球数据中心行业的蓬勃发展，其碳排放量更是惊人。碳管理软件提供商碳阻迹测算，数据中心占互联

---

① 闫德利.互联网的碳足迹、碳中和[EB/OL].(2021-04-08)[2023-09-10].https://www.sohu.com/a/459660242_455313.

网科技公司碳排放总量的90%以上。[1] 环保组织绿色和平与华北电力大学联合发布的一份报告显示，2018年全国的数据中心用掉了1608.89亿千瓦时电量，超过了上海市2018年全社会用电量。[2]

一边是呈指数级增长的数据量、碳排放，一边是全球变暖对地球生态系统构成威胁，沉睡千年的病毒苏醒等各种"潘多拉魔盒"不断被打开。于是，互联网行业针对碳中和、碳达峰问题做出改变，也迫在眉睫。美国十大互联网公司中，谷歌、苹果和脸书已实现100%使用可再生能源；另有6家已做出承诺——亚马逊、微软、Salesforce和PayPal（数据中心业务）均承诺在2025年之前实现100%可再生能源的使用。

自2020年9月中国提出"双碳"目标后，中国科技企业也开始布局气候行动。毕竟，中国互联网科技产业具有极强的低碳转型潜力，应该成为实现中国碳达峰、碳中和目标的排头兵，数据中心、云计算领域的脱碳发展也是中国实现碳中和的重要一环。正因如此，腾讯、阿里、京东等多家头部互联网公司宣布了自身碳中和目标，并纷纷发布ESG报告，对温室气体排放进行披露。细究背后的原因，有以下几点。

第一，对互联网企业来说，其不断增长的能耗与碳排放量被外界广泛关注。2022年，我国数字经济规模达50.2万亿元，总量稳居世界第二，占GDP比重提升至41.5%，数字经济成为稳增长、促

---

[1] 天眼新闻.字节跳动践行节能减排，数据中心能效居行业前列[EB/OL].(2021-03-29)[2023-09-10].https://baijiahao.baidu.com/s?id=1695545571011737623&wfr=spider&for=pc.
[2] IT之家.一年1608亿度！国内数据中心去年用电量超上海全市[EB/OL].（2019-09-16）[2023-09-10].https://baijiahao.baidu.com/s?id=1644816062263383531&wfr=spider&for=pc.

转型的重要引擎。① 伴随中国碳中和战略的实施，头部互联网企业作为耗能大户，碳排放情况将被纳入考核范围，并承担消纳、采购可再生能源电力的义务。从现实层面看，拥抱碳中和、碳达峰是保持企业长期竞争力的战略远见。

第二，从节约成本的角度看，数字化与低碳化是企业发展的一体两面，低碳往往需要借助数字化手段实现，而高质量的数字化亦可以帮助企业降本增效、节能降耗，从而间接实现减碳效果。"搭车"碳中和、碳达峰，无疑是顺势之为。相关单位统计，中国数据中心的电费竟占了数据中心运维总成本的60%～70%，而空调所用的电费占其中的40%。② 电力成本正成为互联网科技企业（尤其是拥有大量数据中心的企业）的一大包袱。与此同时，伴随风电、光伏全面"平价上网"，平价的绿电让互联网企业采用100%可再生能源成为可能。

第三，全球气候变暖叠加消费升级，绿色低碳循环发展产业体系是今后的大方向。在这些巨头的示范和倡导之下，碳中和、碳达峰也将成为互联网、数字经济领域的一个行业标准乃至重要的竞争维度。在此种情况下，要求碳排放达标，很可能会成为头部企业排挤新进入者的一种手段。马斯克就是卖"碳"生意第一人。2022年第四季度特斯拉碳积分交易收入为4.67亿美元，较上年同期的3.14亿美元增长49%。在2012—2021财年的10年时间内，碳积分

---

① 澎湃新闻.2022年我国数字经济规模达50.2万亿元 稳居世界第二[EB/OL].(2023-04-28)[2023-09-10].https://m.thepaper.cn/baijiahao_22906901.
② 闫林.电费竟然占了数据中心运维总成本的7成？[EB/OL].(2017-09-15)[2023-09-10].https://www.sohu.com/a/192082406_262549.

交易收入总共给特斯拉贡献了 53.4 亿美元的营业收入。①

既然如此赚钱，互联网企业自然就有了碳达峰、碳中和的动力。事实上，互联网行业碳达峰的苗头早就出现了。就中国而言，截至 2022 年底，中国可再生能源装机总量超过煤电装机总量，实现了能源发展的历史性跨越。随着中国可再生能源市场的发展，市场化绿电交易、分布式和集中式可再生能源电站投资、"绿色电力证书"认购等纷纷出现，企业采购可再生能源的方式越来越多样化。但这些终究只是点状突破，互联网行业要从碳达峰到碳中和，最终还得系统化勾勒出路线图。虽然锁定前沿科技不过是权宜之计，但也不失为互联网行业迈向碳中和的第一步。

第一种方法是向超大规模数据中心转型，通过更多的服务器共享系统（冷却和备份系统）来大幅减少用电量，并发展生物能源与碳捕获和储存技术（BECCS），开发和使用高能效制冷系统。例如，Facebook 于 2011 年开始自建超大规模数据中心，并在其中部署开放计算项目服务器（Open Compute Project）等碳减排技术，这种服务器可以在更高的温度下运行，并采用人工智能模型来优化实时能效，从而使大多数数据中心的 PUE（即数据中心消耗的所有能源与 IT 负载使用的能源之比）达到 1.1 或更低。百度也已将数据中心的平均 PUE 降低至 1.14，基础设施能耗相较行业平均水平低 76%。不过，对于尚无计划自建数据中心的互联网公司而言，常见举措是与外部的低碳数据中心运营商合作，更好地利用公共云服务。同时，这些公司可考虑租赁超大规模数据中心。例如，领先的数字基础设施提供商 Equinix 表示，他们提供基于 100% 可再生能源的数

---

① 异观财经. 连续降价，特斯拉不靠卖车赚钱，靠什么？[EB/OL].(2023-02-01) [2023-09-10]. https://baijiahao.baidu.com/s?id=1756601383474297149&wfr=spider&for=pc.

据中心租赁服务，助力客户实现零排放。此外，互联网巨头正逐渐加大绿电采购力度。2022年上半年，阿里巴巴清洁能源交易超8亿度，相比2021年全年实现超150%的增长。[1]腾讯在2022年度交易市场集中签订绿色电力交易合同共计5.04亿千瓦时。通过这次交易，腾讯数个大型数据中心的总体年度中长期协议交易量匹配年度用电量占比达到43.5%。[2]

第二种方法则是开发碳抵消产品，实现"纸面碳中和"。阿里巴巴建立了"88碳账户"体系，覆盖多个业务场景，带动超过2000万用户在日常生活中主动减碳。百度除了基于百度地图开发"绿动计划""新能源导航服务"等C端绿色产品、服务，还基于数智技术保障零碳园区的设计、运营，依托百度智能云推动交通行业减排。腾讯则成立专门的碳中和实验室，除依托技术为用户、产业和社会提供多元的碳普惠产品和服务外，还推出"碳中和"微信小程序、在游戏业务中开发环保赛道，积极引导公众践行绿色低碳的理念与目标。

第三种方法是通过为供应商制定具体的排放标准或目标来实现碳中和。例如，微软通过制定《供应商行为准则》来解决供应链的碳排放问题，该准则要求每个供应商对三个范围的排放量提交报告，同时还将内部碳税的征收范围扩大至范围三[3]的排放方，以便进一步跟踪监测。除了监测供应链的碳排放，企业还可以提供额

---

[1] 新京报.2022中国企业绿电采购排行榜发布，阿里蝉联科技行业第一[EB/OL].(2022-09-16) [2023-09-10]. https://baijiahao.baidu.com/s?id=1744115788540849352&wfr=spider&for=pc.
[2] 能源电力说.腾讯发布碳中和路线图[EB/OL].(2022-02-25) [2023-09-10]. https://baijiahao.baidu.com/s?id=1725686738901732574&wfr=spider&for=pc.
[3] 碳排放范围一、范围二、范围三分别是指直接排放、间接排放、其他间接排放。换句话说，范围一、范围二是企业运营层面的碳排放，范围三是产业链、价值链的碳排放。

外的资源和支持，引导供应商走上碳中和的道路。例如，为解决供应商在能源优化领域缺乏专业知识的问题，谷歌推出了一项技术试点项目，帮助中国供应商更好地跟踪和管理工厂能效。以谷歌供应商伟创力为例，在谷歌引入专家帮助诊断和指导实施能源管理方案后，伟创力自2017年以来年均节电600万千瓦时。

此外，一些国家还利用绿色债券打通产业上下游的"任督二脉"。低碳转型债券募集专项资金用于低碳转型领域，包括电力、建材、钢铁等行业具有低碳转型效益的项目。目前其票面利率平均水平在3%，普遍低于其他债券，对于企业而言，有明显的融资成本优势。2022年，中国境内外绿色债券新增发行规模约为9838.99亿元，发行数量为568只。其中：境内绿色债券新增发行规模为8746.58亿元，发行数量为521只；中资机构境外绿色债券新增发行规模约为1092.41亿元，发行数量为47只。[1]

最后，要实现碳中和，还得跟着城市化发展路径走。过去受市场需求驱动，全球领先的传统IDC（互联网数据中心）资源重点围绕经济发达、用户聚集、信息化应用水平较高的中心城市布局。亚马逊和IBM（国际商业机器公司）的数据中心大多位于洛杉矶、华盛顿、伦敦、东京、北京等经济发达的大城市。如今，互联网碳中和也势必与城市深化捆绑。比如，数字技术可以升级交通，优化运输模式，降低能耗。欧洲正依靠数字技术建立统一票务系统，扩大交通管理系统范围，强化船舶交通监控和信息系统。在城市交通上，正运用5G网络和无人机，推动交通运输系统的数字化和智能化。

---

[1] 大河财立方. 金融机构如何共赴"碳中和之约"？上海碳博会上这份白皮书给出了思路 [EB/OL].(2023-06-14) [2023-09-10]. https://baijiahao.baidu.com/s?id=1766665303902322876&wfr=spider&for=pc.

总之，互联网产业要实现碳达峰、碳中和，不只是互联网企业的事，而且是技术、产业链、城市等各个层面环环相扣，一步步共同促成的。

碳交易：市场、国家、科技三方博弈

气候危机叠加能源变革，让低碳经济全面进入历史舞台，也把围绕排放权、定价权、发展权的碳交易市场推向新的时代风口。自2003年全球第一个基于国际规则的碳交易市场——芝加哥气候交易所成立，世界各国纷纷开启碳交易之路，新加坡全球碳交易平台、卢森堡绿色交易所、香港可持续及绿色交易所、中国统一碳交易市场等如雨后春笋般涌现。2016年，随着《巴黎协定》的签订，国际民航组织率先提出国际航空碳抵消及减排机制（CORSIA），成为第一个全球性市场减排机制，也被视为建立"国际统一碳市场"的先行试验。2021年11月，第26届联合国气候大会对《巴黎协定》有关国际碳市场的机制安排达成共识，全新的国际碳减排交易合作机制——可持续发展机制（SDM）被正式引入。根据世界银行2022年5月发布的《2022年碳定价现状与趋势》报告，目前全球运行的直接碳定价机制共计68种，有36种碳税和32种碳排放交易体系，共涉及120亿吨二氧化碳，约占全球温室气体排放量的23%。[1]自

---

[1] 腾讯网．冯俏彬：碳定价机制——最新国际实践与我国选择[EB/OL].(2023-06-29)[2023-09-10]. https://new.qq.com/rain/a/20230629A064UM00?no-redirect=1.

此，碳交易开启效仿 WTO 之路，以市场经济为前提，试图形成一个所谓全球化的交易体系。

诚然，全球化让世界 200 多个国家和地区在市场经济的概念下走上同一平台，基于西方经济学的交易理论，在世界范围内兑现市场经济的要素资源优化配置。但全球化发展至今，市场经济已走向偏态，要素资源优化配置的前提已不存在，全球经济也出现深度失衡。在全球化背景下，发达国家跨国企业为了追逐利润纷纷从母国出走，在世界范围内追寻成本洼地、利润高地，致使本国产业走向偏态。而全球化固有的游戏规则又日益成为发展中国家产业链跃迁的最大阻碍，发达国家通过对产业链的控制，把发展中国家的产业锁定在中低端产业，使其难以提升国际分工地位，长此以往必然因无以让渡发展空间造成对立，从全球化走向碎片化。

全球碳交易的发展同样以虚设市场经济为前提，试图通过经典的交易经济逻辑重走全球化道路，但又不可避免地走向了偏态与割裂。西方发达国家普遍认为，面对新兴发展中国家的群体性崛起以及在全球化进程中自身相对收益的下降，经济利益要比生态效益更为重要。它们在构建国际碳交易规则时不仅侧重于经济发展与灵活履约，还将大气资源作为资本积累拓展的新场域，其衍生出的碳金融、碳货币、碳期货等将迫使发展中国家和欠发达国家加入这一新的国际资本竞技场。这一点与美国的市场经济状况相类似，金融化弥漫于各种要素市场，通过所谓市场经济"价格发现"进行投机炒作，最终极易引发市场失序、金融失衡。

与此不同的是，岛屿国家则将气候危机视为自己面临的生存性威胁，认为碳交易不能仅以增加市场份额、改变工业结构或提升先行者利润为目的，而应将其紧迫性回归到减缓温室气体排放本身。

发展中国家则更为矛盾，或将不断面临博弈、权衡与取舍。在全球经济贸易一体化的今天，西方发达国家初期的先污染后治理，以及之后的先本国污染后外包污染（将高污染产业迁移到发展中国家），成为全球范围内温室气体存量的主要产生原因；而对于发展中国家来说，严格的碳交易机制往往与它们消除贫困、发展教育、就业和增加收入等目标存在冲突，但它们又渴望改善生态，更希望通过碳交易机制来获取发达国家的技术和资金支持。

由此观之，正是这种"意大利面碗"效应，使得不同国家的碳交易机制难以协同，而基于市场博弈与利益诉求差异衍生出各种属地化、碎片化特征也正与最初构想的所谓"全球统一碳市场"渐行渐远。

诚如芝加哥气候交易所创始人、碳交易之父理查德·桑德尔所言，"基于国家发展差异，寄希望于构建全球统一碳市场并不现实，未来将形成碳交易的'多边市场'"。尤其在全球产业链重组的国际背景下，属地化与区域化属性还将进一步强化，多边市场很可能会替代统一市场，如欧洲市场、北美市场、东亚市场等，未来碳市场很可能不会出现一个全球总体计划，而是基于各国本地经济发展需求来设计。只不过，当全球市场经济走向偏态，"国家主义"随即走向台前，国家意志对经济和市场的干预可谓前所未有。碳交易在面临市场博弈之余，同样避不开其背后的"国家主义"围绕资源定价权、碳排放权以及经济发展权的争夺。

一方面，欧美发达国家已率先启动"棋盘政治"，试图通过国家干预形成所谓新的"国际规则"，将全球碳交易体系打造成另一个"布雷顿森林体系"。在国际民航减排市场机制（CORSIA）以及可持续发展机制（SDM）出台后，欧盟不断向"碳边界调整机制"

（CBAM）过渡，让自身的碳定价权不断向外围扩张；美国则一手主导国际货币基金组织和世贸组织设立所谓国际"碳定价下限"，一手组建"国际气候俱乐部"笼络盟友，如美国和欧盟拟议的《钢铝贸易碳基部门安排》。在国家意志驱动下，西方跨国公司率先体现出"宗主国"的意志，包括福特汽车、杜邦公司、霍尼韦尔等，为了扩大碳交易份额，纷纷在运营中增设"减排机制"。例如，霍尼韦尔和厄瓜多尔合作开展桉树碳汇项目。桉树是速生丰产树种，能够获得较高的碳信用，且减排审核速度快，但该树种对水分要求极高，大规模种植会导致当地地下水位下降、土壤板结。也就是说，美国企业通过将高耗能的产品转移到发展中国家生产，虽然能实现其本国的减排任务，扩大碳交易份额，却会使发展中国家碳排放量增加，引发绿色悖论。

另一方面，当全球能源危机来袭、国际碳价一路飙升之际，西方国家又在碳减排问题上纷纷动摇，能源政策逐步走向反面。首当其冲便是欧洲，能源危机叠加俄乌冲突给欧洲戴上了"紧箍咒"，迫使其改变能源结构。面对严峻的经济形势，欧洲各国不得不做出它们曾经最唾弃的决定——重启煤电，例如英国在关闭最后一座地下煤矿7年后，2022年12月对煤矿项目开启新的审批；"退煤先锋"德国宣布建立战略煤炭储备，重新启动早就退役的燃煤火电厂；意大利政府表示，如果发生能源绝对短缺，意大利现役火电厂将满负荷运转；欧盟委员会也承认逐步淘汰俄罗斯天然气意味着燃煤电厂可能比最初预期的使用时间更长，在短期内能源政策将提振煤炭等化石能源的需求。当一度广遭"嫌弃"的煤电卷土重来，与日俱增的碳排放额度压力势必再度激化国家博弈，进一步扭曲所谓的"国际碳交易规则"。若按此趋势发展，将不仅助长西方发达国家逃避减排义务的行径，如同"WTO 游戏规则"一样加剧国家间发展权的不对称，还将不断增加发展中国家的碳交易成本。如果不加以协调，西方国家即使做出再多减排承诺，也可以打着"可持续发展"的幌子，利用所谓"国际碳交易机制"来进行碳补偿诈骗，甚至完全不需要在国内进行经济去碳和实质减排就能履行《联合国气候变化框架公约》。这也是"国际碳交易机制"一度被学者称为"资本主义在为其难以为继的合法性寻找的新基础"的原因。①

因此，从长远来看，化解气候、能源、碳排放等问题亟待颠覆性、关键性科技的突破，市场博弈与国家博弈归根结底还是要落实到科技博弈。未来世界各国围绕"双碳"目标的科技博弈也将日趋激烈，头部国家或将率先行动，在技术上寻求突破、应用、推广，赋能碳市场。从技术博弈的层面来看，中美欧日等各方玩家都将在光伏、氢能等可再生能源领域形成"科技竞赛"，不过各方赛道方向虽然一致，但比较优势各有千秋。以光伏为例：德国亥姆霍兹柏林中心的晶硅-钙钛矿叠层电池效率率先创造了 29.8% 的新高；中国科学院大连化学物理研究所千吨级液态太阳燃料合成示范项目已成功运行；美国国家可再生能源实验室已采用碲化镉和钙钛矿等薄膜技术降低光伏碳强度。又比如氢能，日本对氢能技术存在垄断，全球 83% 的氢能源专利属于日企，日本政府还宣布拨款 3700 亿日元用于在未来 10 年研发氢能源技术；美国西北大学也开发出具有超高孔隙率和表面积的金属有机框架储氢材料，劳伦斯-利弗莫尔国家实验室、太平洋西北国家实验室开始启动验证地质构造中大规模储氢的可行性研究。

---

① Steffen Böhm and Siddhartha Dabhi, Upsetting the Offset: The Political Economy of Carbon Markets, London: May Fly Books, 2009:21.

从方向博弈的层面来看，中美俄作为核能"三巨头"，将率先布局第四代裂变堆研发应用以及聚变堆实验突破。俄罗斯已实现全球唯一浮动式核电站商业运行，建造的BN-800快中子堆首次使用铀-钚混合氧化物（MOX）燃料进行完全换料；美国国家点火装置成功实验获得1.3兆焦聚变产额新纪录，达到了"核聚变点火的门槛"；中国则是首个尝试该新型反应堆商业化的国家，代表世界首个四代核能技术的钍基熔盐堆在2021年于甘肃武威成功试运行。与此同时，中美在可控核聚变技术亦取得进展。如：中国自主研制出的非圆截面全超导托卡马克实验装置（EAST）超越了传统采用托卡马克装置研发可控核聚变技术；美国Zap Engergy公司研发出Z-Pinch系统，则摒弃了托卡马克装置中大量昂贵的磁铁、屏蔽材料。

相比较而言，欧洲国家将在CCS和CCUS的研发和应用上率先取得突围。作为赋能碳交易、实现"双碳"的兜底技术，欧洲对CCS和CCUS项目的支持力度很大，目前瑞士苏黎世联邦理工学院已开发包含直接空气碳捕集、太阳能热化学驱动二氧化碳还原等技术。英国CCUS已发展至六大产业集群，包括默西赛德郡、亨伯（两处）、蒂塞德郡、南威尔士和苏格兰的圣费格斯。与此同时，欧洲还通过地平线欧洲项目部和创新基金组织进行资金扶持。紧随欧洲，CCUS在亚太国家也可能形成战略布局。日本在已有CCUS合作项目的联合信贷机制基础上启动了亚洲CCUS网络，以扶持CCUS技术创新。中国科学院过程工程研究所已开发出离子液体二氧化碳捕集分离的吸收剂，捕集率大于90%，成本较传统工艺降低30%。

面对市场、国家、科技三方博弈的复杂格局，中国作为全球覆盖排放量规模最大的碳市场,或将顺应形势变化因势利导,基于多个维度构建更为复式化的"双碳"目标。未来我国碳交易体系将与国家宏观战略迅速走向耦合,尽可能组建以中国碳交易市场为主体的"联盟式合作"。一是充分发挥国内、国际双循环新发展格局的核心作用,与世界银行、全球环境基金、绿色气候基金等国际机构在低碳领域加强合作,建立多元融资体系和碳价监管体系;二是继续扩大碳市场规模,强化与其他国家和地区碳交易机制的合作,尤其是在"一带一路"倡议、RCEP[①](《区域全面经济伙伴关系协定》)框架下谋求与亚太国家的碳市场合作。例如,RCEP的贸易投资自由化程度高于WTO,且成员包括已与欧盟签署自由贸易协定的日本、澳大利亚、越南等国,这就使得发展中国家与发达国家或将在经济利益的驱动下,建立具有共同目标的碳市场规则。

与此同时,科技经济也将内置于"双碳"目标,倚仗科技的突破、应用和推广持续赋能国家能源话语权和碳市场主导权。尤其在新型可再生能源、第四代核裂变与可控核聚变、CCS/CCUS等核心科技取得突破的基础上,进一步发挥"大市场+大政府"功能,以高比例可再生能源推进能源结构转型,以"核电装备技术+基建能力"引导核电出海,根据国家各区域地理特征、石油化工项目与风光水发电源头聚合形成CCS/CCUS产业集群;同时运用区块链、人工智能、物联网等技术提升对各种能源的智能化、精细化管理,构建新的节能减排路径和能源循环体系。

---

① RCEP 是 Regional Comprehensive Economic Partnership 的缩写,即区域全面经济伙伴关系协定,是一个由东南亚国家联盟(ASEAN)与中国、日本、韩国、澳大利亚、新西兰以及印度共同发起的自由贸易区协定。

第十章

寻找第二增长曲线

过去，制度改革与要素禀赋造就了中国经济短期的爆发式增长和"快钱效应"。如今，中国经济步入经济结构调整阶段，到了从快钱到慢钱的转换期。对此，企业迫切需要以战略为主导，以前瞻性布局为基础，构建起衍生于主业的第二增长曲线。

从生产型企业到科研型企业

"我们正处于一个科技大爆发时代的开始，相对于20年后，我们现在仍是一片洪荒之地，是一个遍地黄金的年代，是一个最好的时代。"[①] 毋庸置疑，科研创新愈加重要，一个技术的突破或模式的创新便可促成一个产业的蓬勃，而在此过程中，企业的力量从未缺席——从第二次工业革命起，企业实验室就开始在研发的舞台上初现峥嵘。以通用电气（GE）工业实验室为例，它在创立后的24年

---

① 美国著名预言家凯文·凯利在2020年关于科技投资这一赛道的预言。

内，助力 GE 的销售额增长了 10 倍，尤其是白炽灯、无线电、X 射线等研究成果，为 GE 的长期发展蓄力。也几乎在同一时期，"企业向科学前沿进军潮"开始流行，创新之父熊彼特提出了著名的论断："创新不仅是指科学技术上的发明创造，也是指把发明的科学技术引入企业，形成新的生产能力。"企业家是科创的主体，创新是企业家精神的灵魂。

如果说彼时"企业向科学前沿进军"是一种偶发行为，那么当下，这股浪潮则成为大势所趋，企业将普遍从生产型向科研型迭代。首先，这是企业自身发展需求使然。突破性创新不但能够更好地满足现有顾客和潜在市场的需求，而且能创造出新的市场和技术体系，是企业持续发展的基础。其次，企业开展研发工作，能拥有更强的实用性和市场转化力。这有利于研发落地，毕竟相较科研机构研发，企业会直奔未来应用场景，聚焦于创新目标的实现。最后，企业专注科研创新，更是顺应了科技复式化大发展的趋势。

如果说工业革命以前，传统的科研呈现出单枪匹马和手工作坊式等特征，那么随着科学技术的进步，创新链则纵向延展、横向细化，呈现复式勾连的特征，群体和产业网络成为创新的温床。近百年来获得诺贝尔自然科学奖的 380 多项成果中有近半数是多学科交叉融合的，从中便可窥一二。

对于中国而言，提倡科研创新，仍是应对复式挑战、做出战略选择的必由之路。一方面，外部竞争愈加严峻。以"美国优先"为代表，一些发达国家改变贸易自由化、经济全球化的立场，谋求全球价值链、产业链、供应链的逆向回流，对我国相关领域的防范和遏制顺势加强。另一方面，企业普遍进入"无人区"[①]，结束了跟随

---

① "无人区"指无人领航、无既定规则、无人跟随的困境。

与复制，中国企业从未来无数的可能性中做选择，难免茫然无措。而为应对复式挑战，需要的不仅是"国家队"的支持，企业更要成为科研主体。事实上，早在2006年发布的《国家中长期科学和技术发展规划纲要（2006—2020年）》就明确提出，支持鼓励企业成为技术创新主体。[1]而中国企业也"达则兼济天下"，在仓廪充实后，一改"做原子弹，不如卖茶叶蛋"的旧思想，开始向科研领域倾注资源。尤其在创新创业活跃的深圳，90%的科研投入源于企业，90%的研发机构设在企业内，90%以上的重点科研项目、发明专利诞生于该地区的龙头企业。

更进一步分析，迭代不息、进化不止，科研型企业也面临版本升级。1.0版本企业不管前端研发，只负责应用研发及完成研发之后的量产。以福特为典型，为了量产，需要大资本高投入，但回报周期相对较短。2.0版本企业极端重视前端研发。以通用电气、美国电话电报公司（AT&T）等为代表，尤其是AT&T旗下的贝尔实验室，采用"大力出奇迹"式投入，将企业实验室做到极致。自1925年设立以来，贝尔实验室共获得29000多项专利，诞生过11位诺贝尔物理学奖获得者，分享了7次诺贝尔物理学奖，还诞生过1次诺贝尔化学奖。[2]谷歌年"烧"40亿美元的X实验室、华为的"2012实验室"都是贝尔实验室的门徒。3.0版本企业提升对效率的重视，趋向小而精。企业内部研发从"撒大网"聚焦到具体领域，以微软、英特尔、苹果为典型，其在创立之初，就承担了大公

---

[1] 国家中长期科学和技术发展规划纲要（2006-2020年）[D/OL].(2006-02-09) [2023-09-10]. https://www.gov.cn/jrzg/2006-02/09/content_183787_7.htm.
[2] 雪球网.美国高科技神话（6）：美国科技创新为何走向衰败？[EB/OL].(2021-04-07) [2023-09-10]. https://xueqiu.com/7036626451/176465987.

司的基础研究商业化外包服务，并在这一过程中逐步主导了信息技术行业。

而当下，我们正进入科研型企业的4.0复式版本。信息化时代，随着技术迭新，知识更迭周期不断缩短：从18世纪的90年缩短至20世纪初的30年，再到20世纪80—90年代，许多学科的知识更新周期缩短为5年，进入21世纪，这个数字已经是2~3年，"基础研究—应用基础研究—应用开发"的传统线性推进，早就难以适应当下科技创新的特征了。

基础研究和产品转化链条缩短，跨领域研究复式重叠频现，促使技术研发与企业战略深度融合。如华为押注AI赛道的算法、算力和数据，策略是"先开一枪"，"让子弹先飞一会儿"；看到线索，经小范围研究讨论再"打一炮"；撞上"城墙口"，便投入"范弗里特弹药量"发起强攻。另外，科研型企业的研发不仅专于内，也与外联结，内外借势，乘风而上。如腾讯与杨振宁、饶毅等科学家创立"科学探索奖"，参照国外基金会的运营模式支持青年基础科研工作者，即为例证。

毋庸置疑，无论是企业从生产型转向科研型，还是科研型企业自身的版本演进，细究之下，皆以企业功能、组织、机制、制度的复式升级为支撑。具体而言，体现在如下方面。

第一，企业功能进化，着力于以技术创造价值。正如在亚马逊成立前，就已经有了其他线上书店，但贝索斯用技术不断优化用户体验，用算法重构推荐逻辑，进而重新定义了出版和零售业；科研型公司的底色是技术，其功能是以技术解决实际问题，革传统行业的命，甚至在此过程中，自觉或不自觉地推动商业或社会的进步。贝尔实验室的基础研究成果至少带来了全球科技的6次重大技术创新（包括有线和无线电话、微波通信、晶体管和微电子、激光和光通信、数字通信和互联网、软件和光网络），因此，评定一家科研型企业的标尺不仅限于短期商业利益，也在于其对长期价值的创造。

第二，组织变化活跃，迭代持续。萨菲·巴赫尔认为，使企业保持持续创新发展的幕后推动力，不是文化，而是组织结构。尤其对于科研型企业而言，为跟上科技革新的步伐，组织必须具有敏捷性和适应性，组织变革的重要性与激烈程度不亚于业务层面的竞争。自2018年起，百度、阿里巴巴、腾讯等科技巨头便"磨刀霍霍"向组织，其中以阿里巴巴称最，以2015年张勇提出"大中台小前台"为起始节点，阿里巴巴7年来进行了超过20次组织架构调整，平均每年调3次。用张勇本人的话来说，这是"用生产关系的先进性来驱动先进生产力的释放，用组织的创新去驱动业务的创新"。而拼多多、字节跳动、趣头条等新秀也凭借阶段性的组织架构调整提升创新能力和组织效率，在巨头林立的江湖中撕开了一条生存缝隙。2020年9月，华为将鸿蒙操作系统的核心基础架构捐赠给开放原子开源基金会，此做法也是兼顾家国情怀与扩大"朋友圈"商业意图的组织创新。

第三，机制灵活化、复式化。从微观角度形成复式机制，适应不同科研阶段，进而采取不同模式。即：企业在基础研发阶段采用关联合作模式，尽可能多地与科研院所、研究机构等保持关联，辅以有限合作；在应用研发阶段采用自主与合作相结合的模式；在产品化研发阶段以"我"为主，形成自主研发；在市场拓展阶段采用嵌入模式，通过销售绩效关联等手段，把研发部门与销售部门捆绑，让研发感知市场的声音，走到市场的第一线。从宏观角度探寻可持续的市场机制，让科研形成自我循环、自我造血的商业闭环。"市场是个昂贵的公共品"，有大量的科研型企业熬过了研发的寒冬，却死在了无法量产的黎明前的黑暗里。问题的关键在于构建反哺科研投入的市场机制，让科研形成"投资—研究—回报"的商业闭环。以微软为典型，它通过在商业上的强大的造血能力支撑科研项目，落地之后的科研成果又能反哺自身，旗下亚洲研究院堪称"一个人吊打一所学校"，率先闯出了一条可参考之路。

当然，仅靠功能、组织、机制方面的升级，还很难为企业从生产型迭代科研型提供充足燃料。硅谷"创投教父"彼得·蒂尔曾感慨："我们想要一辆会飞的汽车，得到的却是 140 个字符。"而从"140 个字符"到"会飞的汽车"，不仅仅需要企业做内部调整，也要打造出一个支撑科研型企业发展的生态环境。

第四，以制度创新培育科研型企业发展的土壤。硅谷之所以成为世界"创新圣地"，关键是构建了一个以斯坦福大学为中心，一流科研人员与初创企业紧密合作又相互促进的生态系统。2012 年 10 月，斯坦福大学管理科学与工程助理教授查尔斯·伊斯利和公共与私营管理名誉教授威廉·米勒发布的一项研究显示，斯坦福大学历届校友共成立了近 4 万家企业，年均创造营收约 2.7 万亿美元，将这些企业创造的经济效益加总，或将成为全球第十大经济体。[①]而这套生态系统的背后，则是二战后美国在国家层面推进科研的大背景下提供的强大制度支撑。一方面，美国构建了支撑科研发展的资本动力体系。包括小企业投资公司计划（SBIC）、小企业创新研究计划（SBIR）、国防创新试验小组（DIUx）模式、主动搜集技术

[①] 新浪科技网. 斯坦福大学孵育 4 万家企业 年营收 2.7 万亿美元 [EB/OL].(2012-11-12)[2023-09-10].https://tech.sina.com.cn/i/2012-11-12/08147789842.shtml.

信息、寻找投资标的的风险投资部门 DeVenCI[①] 等在内，持续为科研输入杠杆化的资本动力与政策支撑，苹果、高通、脸书、特斯拉等无一不是受益者。另一方面，美国通过制度激励，促进科研成果转化。1980 年的《拜杜法案》使私人部门享有联邦资助科研成果的专利权成为可能，由此加快了技术创新成果产业化的步伐。谷歌公司最初的 PageRank[②] 算法，就来自国家科学基金会数字图书馆计划资助的项目。

综上，企业从生产型到科研型的进化和科研型企业的自我进化，将成为复式时代企业迭代变革的核心要义。而这不仅是企业在复式时代背景下的顺势而为，也在一定程度上承载了对几代人不懈追求的回应——从喊出"德先生"和"赛先生"开始，"科学强国"成了近现代几代人的奋斗目标，摘取高科技"皇冠上的明珠"成了这几代人的努力方向。百年间，"轻舟已过万重山"，中国跃升为世界工厂，并驶向转型深水区，传统产业的整合升级和新兴产业的快速发展交相辉映，为科研型企业的萌芽与成长培育土壤。

---

① DeVenCI 由 15 位非常成功的风险投资顾问（VCC）组成，这些顾问来自美国顶级的风险投资公司。美国国防部会定期与 DeVenCI 对接相关国防技术需求，VCC 则会利用其对数千家中小型企业的广泛知识（其中大多数不是传统的政府供应商），推荐许多有助于解决既定问题的技术方案和公司，创建具有潜在能力的公司列表。
② PageRank，网页排名，又称网页级别、Google 左侧排名或佩奇排名，是一种根据网页之间的超链接计算的技术。而作为网页排名的要素之一，以 Google 公司创办人拉里·佩奇（Larry Page）之姓来命名。

永恒的第二增长曲线

制度红利耗散,丛林法则凸显,中国经济在"快钱效应"迅速退潮之际,呈现出无奈的二八定律,亟须新、旧动能转换以挽救难以为继的增长曲线。当务之急是寻找"新的出路",就好比打油井。找到一口油井后,要马上开始寻找下一口,否则在资源开采完毕之后就会面临死亡。

所谓"新的出路",即需要中国经济在整体性步入"从快钱到慢钱,从短期到长期"的转轨阶段时,能够构建起"增长曲线",完成动能切换。正如现代管理哲学之父查尔斯·汉迪所言,在经济发展过程中所踏上的任何一条增长曲线都会在滑过抛物线的顶点后向下走,持续增长的秘密是在到达第一条曲线顶端之前,走上一条新的增长曲线,即转轨到"第二曲线"。

构建"第二曲线"之所以日趋紧迫,原因是宏观、中观及微观环境正发生根本性转变。从宏观层面来看,国家经济已切换至结构性调整阶段。中国经济正全面进入"转型期"、"新常态"和"双循环",发展结构呈现出与以往不同的趋势和内涵。此外,国际环境亦风云际会,全球化逆流、大国更迭博弈、世界治理重构等因素正使得全球政治经济格局发生深刻变革,从而进一步加速中国经济结构转型并倒逼新旧动能切换。

从中观层面来看,科技革命浪潮正对传统行业釜底抽薪,产生颠覆性变革。进入 21 世纪以来,出现了以人工智能、量子信息、移动通信、物联网、区块链等为代表的信息技术,以及以合成生物学、基因编辑、脑科学、再生医学等为代表的生物技术,这些技术的广泛应用正让传统行业不断被解构和重塑。而科技革命带来的新技术、新模式又彻底颠覆了原有的行业认知，各行各业在被迫接受格式化的同时，不得不谋求转型和变轨。

从微观层面来看，企业发展遭遇瓶颈，且处于耗散型结构状态，随时间推移将趋于沉寂或消亡。自改革开放以来，国内多数企业在制度红利、人口要素红利、政策扶持等因素的驱动下，普遍能以"短平快"的方式构建"第一曲线"，实现爆发式增长。但随着红利潮退去，营商环境日益复杂，商业赛道也愈加拥挤，按部就班、路径依赖的发展模式势必导致企业陷入停滞和衰败。全国工商联公布的官方数据显示，中国的民营企业寿命只有 3～4 年，即使是集团型的民营企业，寿命也只有 7～8 年。[①]

鉴于宏观、中观及微观环境的转变对中国经济的整体发展空间造成的巨大挤压，如何构建中国经济各个层面的第二增长曲线，便成为关键所在。就企业层面而言，企业发展已进入战略时代，唯有以前瞻性布局为主导构建研发战略，实现产品迭代，才能维系长期增长。例如，苹果公司在推出 Mac 电脑大获成功之后，就着手推出 iPod 并进入商业音乐领域；当 iPod 占领市场之际，苹果又开始设计完全不同的新产品 iPhone，继而又开发了 iPad。每一条新曲线都在上一条曲线达到巅峰之前就部署完毕，又恰到好处地针对不同市场领域实现二次增长。阿里巴巴的履带战略也承袭于此，先是 B2B（商对商）业务，再是淘宝、天猫，之后是支付宝、云计算和菜鸟网络，以一轮又一轮的前瞻性布局不断构建"第二曲线"。

[①] 上观新闻.民营企业如何走出"寿命不长"的怪圈？这个引领力量是关键[EB/OL].(2021-12-05) [2023-09-10].https://baijiahao.baidu.com/s?id=1718256338139626944&wfr=spider&for=pc.

就行业层面而言，行业发展需嫁接现代数字科技，以网络化、信息化与智能化深度融合为驱动力，为行业发展建立新的增长轨道。现代行业发展将从业务驱动转向信息驱动、数字驱动，唯有全面叠加、融合现代数字科技，才能实现效率迭代和二次爆发。例如：在金融行业领域，大数据应用能够充分利用金融市场形成的海量数据来挖掘用户需求、评价用户信用和管理融资风险；在医疗行业领域，从望、闻、问、切到可穿戴设备监测健康数据，再到人工智能预测蛋白质结构，随着新兴技术与医疗场景的逐步融合，新兴技术将会赋能医疗"底色"，加速智慧医疗建设的进程，医疗科技行业方兴未艾；在零售行业领域，信息技术应用也将有助于企业实时掌握市场动态并迅速做出应对，为制定更加精准有效的营销策略提供决策支持。

就国家层面而言，RCEP的正式签署，将成为继WTO之后中国经济发展的"第二曲线"。在2001年加入WTO之后的20年里，中国的GDP增长了12倍，成为世界第二大经济体、全球货物贸易第一大国，WTO可以说构建了中国经济真正意义上的"第一曲线"。但WTO并非一个完美的组织，无论是对于中国、美国还是其他成员国而言，其现有的贸易争端解决机制有很多矛盾都难以解决。而RCEP则由关系更为紧密的东盟十国再加上中国、日本、韩国、澳大利亚及新西兰五国组成，标志着世界上人口最多、经贸规模最大、最具发展潜力的自由贸易体正式起航，是东亚区域经济一体化新的里程碑。而且，RCEP内部本就可以形成一个由澳大利亚、新西兰和东盟等国家提供原材料，中国、日本和韩国进行加工形成商品，再出口到东盟等国家的经济循环体。未来，RCEP将是中国经济继续加深外循环的重要路径，且RCEP成员国将代替欧美，成为中国最大的贸易伙伴。

进一步而言，中国经济本身正从工业经济全面转轨为信息经济，尤其是在数字产业化、产业数字化、数字新基建这三个受益于国产替代、技术变革的核心领域。一是数字产业化：在大国博弈的背景下，党的二十大报告将安全问题单独成章重点论述，自主可控的重要性进一步凸显，国产替代进程有望加速。围绕国产替代布局数字经济的核心领域，包括信创、半导体、云计算、人工智能等。二是产业数字化：数字经济在催生了一系列新兴行业的同时，也为一些传统行业带来了生机，包括智能汽车、工业软件、能源IT、医疗IT等。三是数字新基建：2023年以来数字新基建政策落地与项目配套加速推进，在为疫后经济修复提供动能的同时，也为中长期实现高质量发展奠定了重要基础，包括政策落地与项目配套加速落地的核心领域，即智慧城市、智慧交通、乡村振兴、"一带一路"等。

构建"第二曲线"的基本路径虽日渐明朗，但能否高效契合各经济主体的未来发展，本质上还取决于"第二曲线"与"第一曲线"能否产生正反馈机制。换言之，"第二曲线"并非凭空而出，而是衍生自主业的增长替代。

首先，"第二曲线"的构建将以各经济体的主业为基础，展开横向及纵向延伸，并形成联动和相互促进作用。以特斯拉的"电动生态"为例，虽然特斯拉凭借Model系列成为全球市值第一的车企，但它显然没有躺在Model系列上吃老本，而是在主业的基础上，转向为所有汽车制造商提供自动驾驶软件授权、动力系统和电池产品，延伸至软件、能源行业，构建了全新的"电动生态"。再比如小米，过去凭借高端产品大众化，以高性价比的智能手机打造了

"第一曲线"。如今,"手机+AIoT(人工智能物联网)"的智能化平台让小米得以基于主业优势,顺利进入物联网生态应用,并构建"第二曲线"。

其次,构建"第二曲线"需充分发挥各经济体主业的核心竞争力,带动经济体全方位、整体性发展。以中国"基建出海"为例,RCEP中的东盟十国及全球其他发展中国家的基础设施普遍落后且缺口巨大,而中国作为"基建狂魔",则能恰如其分地输出国内过剩产能,有效带动自身和各国经济发展。中国不仅能将制造技术、服务、组织、管理方式等升级为国际标准,加强与世界各国的经济联系,也能以深化经济协作的方式化解政治分歧。除此之外,当众多国家想要对基础设施进行升级改造却苦于缺乏资金时,中国恰好有充足的资金、材料等资源优势可以提供帮助,而且通过亚投行、金砖国家新开发银行等多边金融机构进行投资,也有利于构建友好的对外贸易和交易结算机制,为人民币国际化奠定基础。

最后,"第二曲线"本身也将不断进化和迭代,随时拥抱变化,与时俱进,永远面向未来进行前瞻性布局。例如,华为原来做ToB业务,并在通信设备领域里做到世界第一,成就了"第一曲线"。但在"第一曲线"达到拐点之前,它便基于主业转轨"第二曲线"——消费者BG(事业群),即华为智能手机。华为的重心从ToB业务慢慢向ToC业务转轨,不仅基于主业优势迎合了移动互联网时代,也给华为带来了近50%的营收增长。但华为的脚步并未就此停息,而是毅然开启了新的"第二曲线"——5G和芯片制造。在可预见的未来,华为的"第二曲线"仍将继续迭代,培育新的增长动能。

不论个体、组织还是国家,都要在"第一曲线"消失之前找到

"第二曲线"，在"第二曲线"消失之前，再开启新的"第二曲线"。唯有如此，才能创造永恒的增长轨道和长期的发展前景。正如著名投资家霍华德·马克斯所言，只有那些敢于主动进行"范式转移"走上"第二曲线"的先行者，才能真正做到长盛不衰。

眼界决定商业格局

"跑路"有风险，跑前须谨慎，大佬"潇洒转身"的背后，不乏遗憾。他们或因误判行业发展趋势错失商机——2009年，曾经是北京房地产界"四大天王"之一的张宝全预判房地产"拐点"已到，主动退出传统房地产领域，却不料当年房价反而上涨；也有聪明反被聪明误的示例——据报道，仅在2020年上半年，李嘉诚在英国的投资就直接导致集团利润下降50%，其中豪掷27亿英镑收购的英国连锁酒吧和啤酒公司Greene King上半年亏损超19亿港元。

明明都是被捧在神坛上的行业巨擘，因何失手？究其原因，有如下几个方面。

第一，生意经里的利益盘算失误。"做生意永远不变的规律就是低的时候进货，高的时候出货。"以SOHO中国为例，2012年，SOHO从房地产开发商转型做了"包租公"。中达证券研报的数据显示，虽然2014年起SOHO中国的租金收入增长超3倍，但整体营收情况却从2010年最高时的182.15亿元断崖式下跌至2020年的

21.92 亿元。[①] 年报显示，SOHO 中国在 2020 年的融资成本约为 4.7%。租金回报率还赶不上银行贷款利息，对 SOHO 中国来说，出租已成了一桩不赚钱的买卖，因此清仓 SOHO 中国资产是一种商业止损选择。

第二，历史包袱带来的伤痕。就像以"万通六君子"为代表的第一代地产大佬们都是 20 世纪 90 年代初海南房地产泡沫的亲历者，"天涯、海角、烂尾楼"的海南"三景"早已刻在其商业骨血中，以至于他们对中国房地产市场始终保持危机感，缺乏长期信心。而这种惶恐与保守的商业视角容易造成企业家对形势误判，导致其错过发展机会。

第三，"先富"先"跑路"，不想带"后富"。十九届五中全会提出"全体人民共同富裕取得更为明显的实质性进展"的现代化远景目标，意味着共同富裕将成为"新阶段、新格局、新理念"的重要内容。但不少"先富"的人吃尽了时代红利，却忘了"先富带后富"的历史责任与初心，或出于个人精致利己主义的盘算，或源自资本逐利的本性，不惜将自己在中国的资源和声望榨干，跑到他国继续书写自己的商业"奇迹"。

最为关键的是，由于战略眼光局限，企业难以超越投机。究其本质就是：企业通过经营经验、财务数据及商业直觉预测市场、规避风险，通过资源整合捕捉机会、获取利润；企业之间比拼的就是对市场风险的预测，以及对机会的捕捉。只可惜过去 40 多年，时代赋予的制度红利和要素红利创造了无数空手套白狼的财富神话，在机会的驱动下，部分企业尝到了资本投机、"短平快"横扫一切

---

① 艾诚. 黑石收购 SOHO 中国 背后传递了哪些信号 [EB/OL].(2021-08-12) [2023-09-10]. https://maimai.cn/article/detail?fid=1651589799&efid=AyFnlmkjyWOgUewZ3ji37A.

的甜头，陷入重短期套利、轻长期价值成长的商业迷思，为搭上风口或红利，甚至不惜冒险入局、"火中取栗"。且不提投机主义在当下中国经济转型期容易遭遇扫荡——"这次快赚，下次快亏，忙活几年，回到原点"的情况不在少数，商业投机者被毫不留情地扫地出局；受限于策略局限，一些企业难免赢了眼前却输掉了长远，赢了局部却输掉了全局。

更进一步而言，这实则反映企业战略的缺失。一方面，错把手段当目的，言必称战略，把所有的措施都当成战略的行为，本质上不过是用战术上的勤奋掩盖战略上的懒惰，以简单的战术组合取代真正的战略，丧失了对整体战略的系统性理解。为战略调整而战略调整，大动干戈却吃力不讨好。另一方面，缺乏全局战略观，图谋战术层面一时的胜利，导致战略层面的全盘皆输。

毋庸置疑，企业的商业战略要置于政治与经济的坐标内，政治眼界决定了商业格局。其一，"经济是政治的基础，政治是经济的集中表现"框定了政治与经济的辩证统一关系。企业的商业行为无法脱离政治的影响力。事实上，中国核心企业的成长不是偶然，而是时代机遇、改革红利和企业家战略视野的结合。典型如1987年深圳出台的《深圳市人民政府关于鼓励科技人员兴办民间科技企业的暂行规定》（简称"18号文件"），该文件明晰了民营企业产权，是中国民营科技企业的"准生证"，也是深圳成为创新之城最初的制度基础。任正非便曾多次提到，没有"18号文件"，就没有华为。

其二，政治要素愈加成为企业经营过程中难以回避的问题。"资本无国界"，但企业、企业家有祖国。以中美贸易摩擦、反全球化思潮等为典型，在不断加剧的大国博弈中，在商实难单纯言商。一方面，企业在经营中难以回避"政治正确"问题。据公布，在制造业回流号召下，截至 2022 年 12 月，美国对中国制造业订单已经减少了 40%，即为典型事例。①另一方面，企业在寻求利润之前必须先进行"政治站队"。2021 年，"新疆棉事件"爆发，品牌企业的不同表态直接牵动其经营。阿迪达斯在大中华区的第二季度收益暴跌 16%；形成鲜明反差的则是同年上半年李宁的净利润同比大涨 187.2%，鸿星尔克等国货更是引发了"野性消费"。

其三，信息技术时代，企业的发展、经营与竞争又被赋予了新的政治意义。这从滴滴引发的数据安全问题审查中可窥一斑。新兴技术所具备的公共产品特质，使得企业利益与国家利益深度捆绑，进而在国家层面形成了政企互相依赖的基本结构；在国际层面，则表现为技术主权观念。当下，新一轮科技革命和产业变革汹涌而至，各国能否抢占先机，涉及未来经济主导权的争夺与全球政治格局的重塑。在此过程中，企业是重要的主体之一，很难置身事外，其经营早已超越纯粹的市场行为。

综上，战略决定企业能否超越商业投机、成就伟大事业，而战略的形成又取决于企业的战略视野能否跳出商业视野，从政治经济维度俯视。诸多商业大佬在中国市场失手，正是由于战略视野的局限。即便拓宽了商业眼界，往往又受限于政治眼界，毕竟在中国，政治跟经济的紧密联系有其特殊性。严格而论，中国没有与西方"economy"对应的词，"经济"自古以来是"经世济民"的缩写。在漫长的历史中，经济被认为是皇帝仁政的一部分，更像一个被管理的、为国家机器服务的工具。

即便是 1978 年从计划经济转向市场经济，国家开始了一整套

---

① 搜狐网.需求持续下滑，美国在中国的制造业订单下降了 40% [EB/OL].(2022-12-07) [2023-09-10].https://www.sohu.com/a/614590066_99994729.

思想、制度、经济结构与社会体系的迭代变革，仍难免留有政府包办兜底的惯性。这让中国天然导向"大政府＋大市场"的第三条路径，也让政府与市场的关系具有非典型性的特点，导致很多以传统市场经济逻辑看待中国市场的商业大佬产生了认知错位和实践偏差。

与部分企业大佬"清零行动"相对应的，则是外资加速布局中国，紧贴中国市场。2023年，随着中国优化疫情防控措施，"到中国去"登上了全球各大媒体版面，从旧厂厂址到新园区新产线，从下沉市场到高端消费市场，从细分市场论坛到全球经济会议，各类跨国企业的全球事务负责人或CEO纷纷"用脚投票"，来中国寻找商机。中国国际贸易促进委员会对160余家在华企业和外国协商会的调查结果显示，99.4%的受访企业看好中国2023年经济前景，98.7%的受访企业表示将继续维持或扩大在华投资，以抢得市场先机，分享中国发展红利。[①] 从投资标的来看，几乎囊括了制造、汽车、消费、金融、电子科技等众多热门领域。2023年1—2月，我国实际使用外资金额达2684.4亿元，同比增长6.1%。[②] 2023年3月，制造业采购经理指数（PMI）为51.9%，非制造业商务活动指数和综合PMI产出指数分别为58.2%和57.0%，三大指数连续3个月位于扩张区间。[③]

---

① 新华网.中国贸促会：超9成受访外资企业对2023年中国经济发展更有信[EB/OL].(2022-12-28) [2023-09-10].https://baijiahao.baidu.com/s?id=1753431515918295370&wfr=spider&for=pc.
② 光明网.商务部：1-2月全国吸收外资2684.4亿元人民币 同比增长6.1%[EB/OL].(2023-03-18) [2023-09-10]. https://baijiahao.baidu.com/s?id=1760691762865420269&wfr=spider&for=pc.
③ 光明网.3月份采购经理指数延续扩张走势 制造业PMI为51.9% [EB/OL].(2023-04-01) [2023-09-10]. https://baijiahao.baidu.com/s?id=1761929227151992783&wfr=spider&for=pc.

显而易见，即便当下国际环境不确定性加大、政策监管动作不断、看多看空要素打架，但中国的超大规模市场优势正在徐徐展开，广阔的市场前景、良好的营商环境、完善的供应链都是招商磁力的核心来源，更有技术加成效应给各行各业带来了翻天覆地的变化。对中国而言，外资的进入带来了更多的就业机会，还能推动产业转型升级。客观上来说，与美、日、德等发达国家相比，中国制造还有着很大的差距，在很多高端产业上，中国依然没有掌握核心竞争力，需要与外界有更多的交流与合作。一个近在眼前的例子是，2022年底，德国化工巨头巴斯夫集团、全球光学巨头蔡司集团、宝马、大众等一干欧洲制造巨头纷纷把产线迁入中国，为中国在高端制造领域的突围加了一把劲。

企业出海新国际化

近年来，从华为到TikTok，似乎企业的中国出身成了"原罪"，只要与中国有关，海外监管方总能找到限制和打压的借口。其困局的背后其实是当下世界正处于从全球化转向去全球化的转折期，这些企业（华为、TikTok等）夹在全球化新旧逻辑转换的中间地带，曾经收获了从未有过的国际化成功，但也遭遇了异常险恶的地缘政治困境。一方面，华为、TikTok等出海企业的成功是全球化时代资本、人才、技术和创新的典型结合。在全球化时代，华为抓住了时代红利，它踩着时代的节拍走，凭着硬核的技术与产品，依托"农村包围城市"的出海策略,从非洲到欧洲,最终做成全球最大的通信设备供应商、5G技术引领者。字节跳动亦如是,它立足中国优势创新,借力全球范围内的区域优势,重构全球市场。另一方面,伴随国际关系重回丛林法则,中美竞争的日益激烈和逆全球化的宏观态势使得国际市场逐渐筑起高墙,陷阱密布。与历史上多次保护主义盛行的时代并无不同,在经济下行和全球化发展瓶颈下,地缘政治竞争入侵全球互联网、半导体等新兴领域。而以美国为首的西方国家很大程度上左右着国际机制走向,大肆利用有利于自身的国际机制对跨国企业进行打击,排外和保护主义做法冠以不同的借口轮番上演。

过去多年,一家巨头企业想要在本土之外的市场站稳脚跟,面临的无非是跨文化管理、文化差异、水土不服等问题,如今华为、TikTok的遭遇已不是个例,企业的国际化不再单纯是资本和创新的比拼,而是多重风险的复杂交织。

第一,与大多美国科技企业一样,出海的中国企业也面临着美国普遍的反垄断、市场公平竞争的监管。美国政府一直主张制定更广泛、更激进的反垄断法以攻击大公司和市场力量的集中。2023年初,美国又一次发表科技监管"大字报",罗列了大型科技公司和平台的"十宗罪",释放出愈加强烈的监管信号。这些政策对于外国公司同样起到约束作用。而且,隐私保护和平台责任或许对于Meta和Google这种美国公司是一把双刃剑,但是对于外国公司绝对是一件有力的制约武器。从这个角度说,未来在美国的中国企业面临的政策合规风险也会急剧提升。

第二,拓展海外市场,不仅意味着更大的发展空间,也意味着更多的竞争对手、更多防不胜防的冷箭。TikTok在全球以不可思议的速度崛起，如今已成为美国社交媒体的公敌。统计显示，美国 TikTok 用户平均每天在刷视频上花费 95 分钟，而 Twitter 为 35 分钟，Facebook 为 31 分钟。[①] 传统社交巨头们深感危机，抄袭和"围剿"TikTok 成为它们的现实选择。正因如此，扎克伯格一度公然指责中国科技企业抄袭美国技术，还声称中国正在打造一个"基于自身视角且价值观（和美国）截然不同的互联网"，"中国科技企业正向其他国家输出这种价值观"，矛头直指 TikTok。

第三，由于国家竞争的白热化，出海企业还需要面对地缘政治、保护主义和额外的国家安全担忧造成的安全审查和封禁风险。宏大的历史进程与国家博弈注定了传统数据安全争议、国家安全风险等阻碍横亘在企业国际化的道路上。从此前对华光伏产业展开"双反"调查，到动用国家力量企图切断华为芯片供应链，从瞄准少数"明星企业"，扩展到启动针对中国互联网的"清洁网络"计划，数据安全、国家安全都成了阻挠中国企业的"武器"。此前，中国已经连续 10 多年位列美国"337"调查涉案国名单之首。[②]2022 年，上海证券交易所上市的民营企业闻泰科技全资拥有的荷兰子公司安世半导体收购英国最大晶圆工厂被英国政府在收购完成之后以国家安全为由否决，更是对中国企业"走出去"的一记警钟。

如果说商业领域的风险尚可以通过有效的市场策略加以规避，那么中国身份与海外偏见之间的矛盾似乎是个死结。稍有不慎，轻则影响业务出海、阻碍技术入华，重则支离破碎。在此背景下，如

---

① 人民网研究院. 2022 内容科技应用典型案例：Tiktok 成为全球主流视频平台 [EB/OL]. (2023-05-26) [2023-09-10] .https://baijiahao.baidu.com/s?id=1766925299439646413&wfr=spider&for=pc.
② 中国经济网. 中国连续 12 年居美国"337"调查涉案国之首 [EB/OL].(2014-09-16) [2023-09-10].http://finance.sina.com.cn/roll/20140916/074720303038.shtml.

何灵活应对"纸牌屋"游戏、从中突围，也将成为出海企业必须重视的新必修课。对于中国企业来说，方向不变，但策略要变。新国际化时代，企业需要的是一种复式战略。

一是知己知彼、因地制宜的市场战略。全球市场并不存在一套通用打法，充分尊重并重视本地市场的差异性，在本土化的基础上进行创新至关重要。尤其是，"在全球化过程中，如果没有同源文化作为润滑剂，可能会陷入强对抗的状态"。要避免商业冲突撞上文化冲突，就要改变过往抢占市场份额的思路，学会与当地的既有利益集团分利，尝试建立利益共同体。例如，在开拓海外市场的过程中，大疆就非常尊重本地的市场规律，强调良性竞争，避免过于激进，不做野蛮人。

二是认清形势、未雨绸缪的非市场战略。当年法国阿尔斯通、德国大众、日本丰田都曾因为国家间产业力量，尤其是科技力量的竞争而面临制裁或被收购的窘境。在地缘政治夹杂商业竞争的时代，未来所有在海外做大的中国企业最终都要面临类似超越市场和商业逻辑的"终极挑战"，中国企业必须不断提升对国际政治风向的敏锐度与预测力，针对不确定风险做出相应的战略预埋。这是不能等到企业做大做强后再去考虑的事情，而是一开始就要把它真正纳入企业战略层面。在德国，华为做了一个良好的示范，就是不断地聆听（当地政府的顾虑），同时提出有针对性的解决方案，通过反复的接触，让当地政府产生信任，这是一种逐渐建立信任的过程，而不是临时抱佛脚。

扬帆出海，是快速打怪升级的中国企业的必然选择。如何有智慧、有章法地"引进来、走出去"，做到"格局大，风险小"，关键在于利用好市场与非市场战略之间的协同效应，保证企业能够和政府、社会公众、新闻媒体等各类利益相关者之间保持情感相通、力量相合、取向相同。在此过程中,企业新国际化的战术打法与商业模式也将随之重构。

其一,以模块化实现"分中有合,合中有分"。正如小米在印度一样,在海外建立一套独立的生产供应体系,把自己打造成"made in india"或"made in ×××country";又如,Zoom把中国、全球业务拆分为2个独立的业务模式(美国卖自有产品,中国卖OEM[①]产品),各显神通,互不关联。

其二,建立双总部,两套研产销体系并行。虽有左右逢源之嫌,但从企业自身角度出发,不失为明哲保身之法。例如明码生物,将中国、美国业务拆分为股权上完全独立、董事会迥异、运营上互不隶属的两个公司,以免"鸡蛋放在一个篮子里",以最小化相应的业务风险。

其三,改头换面,用"金蝉脱壳"来以时间换空间。2010年,中国电子支付合规性监管逐渐浮出水面。彼时,支付宝由阿里巴巴集团持有,而雅虎、软银又持有70%以上的阿里巴巴股权,支付宝"外商投资"的身份世人皆知。在央行政策落地之前,2009年马云就使出一记漂亮的"金蝉脱壳",将股权均转至"浙江阿里巴巴"这个内资公司,摘下"外资投资公司"的帽子,换回了无价的牌照。中国企业在其他国家的发展同样也可借鉴此法。

其四,借力打力,利用合作进行竞争。尽量回避东道国的知名企业、敏感时期和敏感地区,联合其他国家的企业组成新的国际

---

① OEM是英文Original Equipment Manufacturer的缩写,也称为定点生产,俗称代工(生产),基本含义为品牌生产者不直接生产产品,而是利用自己掌握的关键的核心技术负责设计和开发新产品,控制销售渠道。

公司，不断建立更多的伙伴关系和战略联盟，迂回作战，避免直接介入。当年，日本企业在国际化扩张之时，就善用此道来突围。比如富士通公司在欧洲收购英国计算机公司（International Computers Limited，ICL），在美国与阿姆达（Amdahl）结成联盟获取了进入西方市场的通道。

其五，参与在地 ESG 议程，以践行社会责任来塑造公司形象，"不战而胜"。美国前总统尼克松曾在书中指出，"我们要不战而胜，就必须决心以不进行战争的方式使用我们的力量"。企业则可通过积极参与投资地区的公共事业建设、资助当地医院学校等公共设施等，来培养当地的支持力量，树立企业的良好形象。例如，TikTok 在运营过程中，鼓励当地"网红"创造富有本土特色的视频内容，因而 TikTok 在海外市场具有很高的用户满意度。在面临封禁、围剿之时，当地的 TikTok 创作者纷纷起诉美国政府。用户成为企业最坚实的后盾，亦是企业国际化的最大助力。

第十一章

企业第五次管理革命

经济模式的切换，行业的无边界革命，彻底颠覆了传统的游戏规则。变革的时代，不允许中国企业迟疑或躲藏，关键是运用战略在发展道路上弯道超车，把握住机会，掀开第五场企业管理革命——界面革命的面纱。

为什么企业家都爱读兵法？

在中国，随处可见各种企业文化培训班大讲《孙子兵法》在商场中的奇思妙用。中国企业家们要么将其中的心得体会用于企业战略布局，如周鸿祎把"谁是我们的敌人，谁是我们的朋友，这个问题是革命的首要问题"改成了"谁是我们的用户，谁是我们的竞争对手，这个问题是从事互联网的首要问题"；要么用于业务拓展，如万科创始人王石将部队中的"集中优势兵力打歼灭战"理念活学活用，让万科集中精力搞房地产；或是用在翻盘之际，如杉杉集团的郑永刚被尊称为"中国服装界的巴顿将军",他复员后凭借在军中磨炼出的果敢、刚毅的品格,让亏损1000多万元的甬港服装厂起死回生。另有调查显示,在中国企业家队伍中,有军人背景的占30%以上,在珠三角和长三角地区甚至高达60%以上。在中国的500强企业中,有军人背景的企业家就有约200人。中国的《孙子兵法》甚至被国外企业家运用,被誉为"经营之神"的松下幸之助认为《孙子兵法》是其公司成功的法宝,公司职员必须对孙子顶礼膜拜,对其兵法认真背诵,灵活应用。

事实上,二战后的《财富》杂志公布的"世界500强"企业中,接受过西点军校教育的董事长有1000多名,副董事长有2000多名,总裁和副总裁多达5000多名。西点军校为何能培养出如此多的企业家?单从自律性来看,西点军校把培养学员的自律贯彻到每一天的学习与训练中,并使之成为学员的终身习惯。而企业家也认为,自律是最低成本的管理。例如,多年来,苹果CEO蒂姆·库克每天早上4点都会起床去健身房锻炼。若从个人整体素质考量,经营一个公司与参加一场战役并无二致,险象环生、困难重重,没有超人的勇气和胆识,很难成为最终的幸存者。而在处置各种环境下的突发事件时保持冷静的头脑,解决战术问题,做出迅速决策等,都与企业家精神异曲同工。也难怪企业成了军人首选的"旋转门",因为对那些从危险困苦、惊涛骇浪中挺过来的军人来说,投身企业,不过是从一类战场转到了另一类战场——商场。

商场与战场具有内在一致性,军事与商业,它们的底层逻辑是相通的。兵战与商战在决策的预见性、谋划的宏观性、投入的风险性、实施的灵活性、管理的规则性等方面都是类似的。这些共同点都是兵战之"石"可以攻商战之"玉"的前提。例如,战略咨询顾问常用来帮助企业检阅宏观环境的 PEST（政治、经济、社会、技术）分析模型，其核心步骤在 2000 多年前的《孙子兵法》中就已提到。《孙子兵法》提出，战争胜负是由政治、经济、天时、地利、人事等因素所决定的，正好逐一对应 PEST 中的四大环境因素。

商场与战场虽然相似，但终有不同。

其一，战场上有战友情谊，企业间却往往是情义头上"一把刀"。战场上，战友间可以同生死、共患难，这种感情可以维持终生，甚至可以延续到后代；但是，商场中利益至上，很多基于血缘或准血缘关系的家族模式和实行兄弟结义的义气式治理，往往倾覆于内讧，"利厚财丰相拥而至，利尽财散各奔东西"。

其二，战场是零和，商场是竞合。真正的战场是敌我双方你死我活的较量，是零和博弈，为了达到取胜的目的，双方不惜用生命做赌注，力争置对方于死地，这是战场的终局。而在信息经济时代，企业的发展更多是竞合，对抗和合作这两种似乎完全不同的关系模式，也可能出现在同一对企业身上。比如，微软和思爱普（SAP）共同推动 Windows.net 来对抗甲骨文和苹果大力推动的 UNIX 系统，而 SAP 和甲骨文又在对抗微软公司对企业管理软件的蚕食方面分中有合、合中有分。

其三，战场通常喜迎谋士，而商场迷信"空降兵"却并不一定是好事。过去军队喜欢用外来谋士，刘备三顾茅庐请诸葛亮出山成就霸业，刘邦向韩王借张良，借出了一个汉家江山。但当企业迷信"空降兵"时，很可能出现类似职业经理人与家族企业拧不成一股绳的矛盾，公私边界的缺失让企业经营中的纷争更易被激化。

进一步而言，百年未有之大变局为企业带来巨大的不确定性，外部形势的多变打得企业家们措手不及，从而使个别企业家更加迷信兵法。但兵法本质上是术，想以固定不变的"术"（兵法）应瞬息万变的势，显然是搞错了方向。时代在进化，形势在变化，一些传统的秩序、理论、方法和经验难以奏效。比如迈克尔·波特提出的企业竞争战略、五力模型、价值链，这些曾经被应用到中国企业并大放异彩的西方理论，开始逐渐失色。

就外部环境来看，突发性的自然灾害等"黑天鹅"事件极有可能急剧缩减企业生命周期。暴雨、洪灾以及频繁的地震和雪灾等，都将引起连锁反应，导致企业在非正常生命周期内破产。

更何况当下单打独斗式的江湖闯荡早已不复存在，产业边界日益模糊，企业面临的挑战早已不单纯局限于本行业。一方面，在产业链连接愈加紧密的情况下，其中一环的断裂极可能引发产业链上下游彼此"脱钩"，严重冲击企业运营。另一方面，在企业与国家捆绑越发紧密的当下，国际政治上的任何一点风吹草动，对毫无准备的企业来说都可能是致命的。

毕竟当初那些能够横空出世的企业，也多是借势而起的。张一鸣因为看到了移动互联网时代的机会，于2012年创办了字节跳动并推出"今日头条"，在短短90天内订阅用户就突破了1000万人。而后他全力打造的短视频社交软件抖音，再一次抓住了5G时代的红利。显然，取势才是企业面对不确定性的关键。如今，"十四五"规划提出的一系列建议，明确指出要全面促进消费，适应中国消费升级的大趋势。而消费升级将会带来市场规模的增量，这对于企业来说是至关重要的入局窗口。

综上所述，随着全球市场竞争日趋残酷，"术"开始衰弱，在经济文明和经济形态大切换之际，企业已然进入"倒三七"谋篇布局阶段。换言之，企业有必要将70%的精力投向外部。毕竟，当传统企业家还在研习兵书之际，互联网大佬们已经觉得互联网思维不够用，开始偏爱生物学、化学、哲学类的书籍了。早在 2012 年，任正非就曾数次提到反熵增思维——由于宇宙中的复杂程度总是在增加，万物总是趋向低的能态转变。他清醒地意识到思维模式单一给企业带来的巨大威胁，因此强调封闭系统必然将耗尽能量，必须不断向外界学习，交换能量且不断滚动传播。任正非的多元化思维模式支撑华为一路高歌猛进。

企业还应保持变形与弹性的机制，顺应时势变化。企业的变形与弹性不是随波逐流，而是有收有放、收放自如的，目的是建立一种安身立命的灵活机制。例如，2003 年非典期间，呷哺呷哺抓住契机，推出一人一锅，创下单店日客流量 2000 位的就餐纪录。面部护理品牌梵文花的老板在新冠疫情导致企业停摆期间，想到大多数人在家没事做的时候也是面部护理的最佳时机，于是发动了 1.6 万名护理师拍摄小视频发到客户手机上，在线指导顾客在家做护理，因此制造了大量产品需求。

由此可见，企业只有把外部变化纳入战略体系，才能踏准形势的节奏，在百年未有之大变局中存活。当然，借势、造势并不意味着要忽略企业内部的 30%，企业内部要在管理机制上创新，一种方法是赋能组织。在 VUCA[①] 时代，赋能型组织将权力、资源、信息、利益下放，赋能团队自我驱动，自主、敏捷地应对环境的变化，以达到激活组织、提高组织环境适应能力的目的。另一种方法是扁平化驱动。大数据、智能化为个体自我赋能创造了前提和条件，未来的组织形式将是超级扁平化的，扁平化到内耗趋于零、层级趋于零

---

① VUCA 是易变性（volatility）、不确定性（uncertainty）、复杂性（complexity）、模糊性（ambiguity）的缩写，指变幻莫测的时代。

的程度。未来的公司都是小团队作战,团队与团队之间既相互独立又彼此协作,且都是针对具体项目而结成的临时团队。

挪威剧作家易卜生说:"真正的强者,善于从顺境中找到阴影,从逆境中找到光亮,时时校准自己前进的目标。"百年未有之大变局的不确定性是互相叠加同时又不断变化的,所有的教科书或兵法都不可能帮企业把所有的使用条件全部列出来。未来企业家们只有做到知行合一,而不只是依赖"术",才能在扑朔迷离的竞争中崛起。

战略是"长谋划""大决定"

2012年11月,一家名为摩立特的咨询公司(Monitor Group)向法院申请破产保护。这家成立于1983年的公司在全球设有近30家分公司,业界排名曾位居前5名,并在消费者与市场战略、公司和业务部门的战略与创新方面享有一定的口碑。尽管如此,企业的破产也实属正常,毕竟即便大如通用汽车、柯达,也有申请破产保护的一天。但摩立特的倒闭还是引起了舆论的广泛关注,原因在于它的创始人是迈克尔·波特——一位享有世界声誉的战略大师,被尊称为"竞争战略之父"。摩立特的破产固然有其内部管理、商业模式等方面的问题,但这一事件的发生还是不免让人质疑:连最懂战略的企业都走向了失败,企业究竟要不要用战略?战略突破口又在哪里?

实际上,当下企业已经普遍陷入战略迷失。从原材料、物流、人力成本等源头的上涨到下游涨价潮，中小企业"越接单越亏损"，哀鸿遍野；反垄断风暴的来袭亦让大企业如履薄冰，是转型还是转向，企业难免在经营战略选择上无所适从。当下大多数的企业战略不是随着外部环境随波逐流，就是被内部条件束缚而故步自封，集中暴露了企业不堪一击的战略内核。一些企业"用战术上的勤奋掩盖战略上的懒惰"，陷入盲目追风口的误区——5G、区块链、人工智能、新能源汽车等技术风口层出不穷，"乱花渐欲迷人眼"之下似乎处处是机遇，于是大量企业蜂拥而上，半年甚至几个月内就调整一次战略。但现实往往是大量企业变成了"造风者"和"吹风者"的"韭菜"，还没来得及璀璨绽放就先成了炮灰。要么战略实施僵化，缺乏动态调整，陷入因循守旧的误区。

越成功的企业，越容易掉进自己的荣誉陷阱。无线通信是马可尼发明的，但他在1897年创办的马可尼公司从2001年开始陷入困境，2005年被爱立信收购；第一代手机（1G）即模拟移动电话（大哥大）是摩托罗拉发明的，但2G技术（数字手机）问世后，摩托罗拉并不是没有看出数字手机将来必将代替模拟手机，但它不愿意放弃已经开采出来的"金矿"，最终手机老大的地位被后起之秀取而代之。创始者最后成了失败者，也是颇具悲剧色彩的一件事。说到底，是因为这些创始者没有大胆地预见未来，或是有所预判却缺乏自我革命的勇气。

过去，企业发展有其固定规律。1962年，小阿尔弗雷德·钱德勒在研究美国企业史时，提出了企业发展的战略四阶段论：数量扩大战略、地区扩展战略、垂直一体化战略和多元化经营战略。这四个阶段环环相扣，带有强烈的、可以科学推演的递进关系。半个世纪以来，它被视为企业发展的普遍性规律。

但如今企业面临的显然已不是采取哪个战略模型的问题，而是时代系统切换的问题。在新的时代背景下，企业的发展逻辑已经发生了根本性的变革。从经济形态来看，互联网对各行各业的格式化随处可见，生物经济也开始出现，各种新技术、新材料的应用催生了一个"工业经济＋信息经济＋生物经济"叠加的复式时代。

如今，社会、技术、模式等方方面面的迭代速度都在不断加快，靠速度突围成了企业发展的不二法门。惠普公司的一份资料表明，一项新产品从创意到商品化的过程是 5 年，其间若研究与开发延误半年，利润将会减少 50%。主要原因是科技产品竞争十分激烈，新产品上市后，市场竞争会使价格每年下跌 30%～50%。如果说工业经济下的企业销售额遵循算术增长，那么进入信息经济和生物经济后，企业销售额则可能实现指数级增长。在这种速度至上的时代，企业被裹挟其中，无法再按部就班地发展。

经济文明和经济形态大切换之际，产业层面也到了跨界混搭与外行颠覆内行的时代，产业进入无边界的复式化发展道路。在某种程度上，工业时代的竞争类似"内卷化"的竞争，企业和对手们局限在一个行业、一个领域内厮杀，抢夺市场蛋糕，这自然就容易导致零和博弈。而如果把目光置于新的时代背景下，行业之间的界限逐渐消弭，市场变得开放、无边界，"消费者主导供应链""C2M 制造""社群经济"等新概念的出现，皆表明传统的竞争维度已经被颠覆。各行各业不再有任何绝对安全的"避风港"，企业必须重新思考和竞争对手的关系，以及和消费者的关系。在这样的情境下，企业不追求为我所有，而是为我所用。微信平台上的公众号所有权并不属于腾讯，但是公众号的阅读量会促进微信平台的繁荣；亚马逊 Kindle 不做内容出版业务，但是优秀出版商的电子书籍下载量会提升 Kindle 产品的号召力。一方的繁荣并不以另一方的萧条为代价，而是你中有我、互惠互利。

综上可见，当企业还试图在 SWOT（优势、劣势、机会、威胁）分析、PEST（政治、经济、社会、技术）分析等传统战略模型中找答案时，经济模式的切换和行业的无边界革命已经彻底颠覆了传统的游戏规则，企业发展的速度、广度和深度亦随之迭代变革。

在全新的商业生态中，企业的活法也具有两层含义：一是继续生存的方法，二是灵活转变战略的方案。然而，大多数企业在不确定的时代找不到适合自身的确定性。一步棋走错，就可能满盘皆输。要切实解决当下企业所面临的问题，就必须有一个区别于经典战略模型静态分析的动态战略框架。

首先，从一次性决策到持续性决策，战略是长谋划、大决定。"从未来看现在的企业有战略，从现在顺着往前走的企业没战略。"比如，一支球队的目标到底是赢得某场比赛，还是成为一支伟大的球队？假如是前者，那么它的策略就会变成找大牌球星，一旦球星走了，它的战绩就会迅速下滑；如果是后者，那么它就会特别注重人才的培养、管理的调整和文化的递延。进一步而言，当企业组织需要持续不断地输出战略决定时，战略就必须变成企业自身的核心能力，同时还要成为组织的内生动力。战略灵魂如同催化剂——催化组织机能，如同固化剂——固化组织功能，从而让企业内外创新，重整旗鼓，在行业洗牌中攻城略地。

其次，战略和执行不再割裂，战略是涵盖人和事、内和外、从上到下和从下到上的系统性决策。在德语中有一个词叫独裁经营者（unternehmer），指居于最高领导地位的那个人独自决策，其他人基本上都是执行预先规定任务的技术人员。这样的决策方式在 19 世纪的企业中可能是恰当的，因为以前的企业对协同的需求较低；今天则完全相反。战略不再是 CEO 一个人的事，领导人很多时候输出的只是一个战略意图，当它被传递到一线，遇到具体场景时，如何决策就成了一线员工的事情。从这个意义上，战略在第一天就被分解了，执行本身就蕴含着战略。战略更像一个有机演化的系统性过程，需要的是共同创造。

最后，重视战略的现实可操作性，既要取势，又要取实。战略不是一蹴而就的，每个阶段都要确定一个切入点，以长远指导短期，以短期推动长远。华为就擅长审时度势，从有限的自身资源出发，以"压强原则"[①]聚焦一个产品或一项业务，争取领先地位。外界有学者批评华为没有原创性发明，都是竞争对手先做出来，华为才奋起直追。对此华为从不避讳，公开承认公司自成立以来尚未有影响产业发展方向的原创性发明，主要的成绩是在西方公司的成果基础上进行一些功能、特性改进和集成能力提升，是后发制人。但后发制人战略也不是一无是处，至少省去了"洗市场盐碱地的费用"（任正非）。后发制人的华为，靠"压强原则"一个接一个地突破了万门数字程控交换机、全球移动通信设备、光网络设备等重大项目。

当今世界百年未有之大变局加速演进，中国或有机会成为人类史上从未出现过的复式超级大国。且不说，世界经济复苏和变革正处于关键时刻，在全球经济增长放缓的大背景下，中国经济持续复苏，成为推动全球经济增长的重要力量，中国"经济安全岛"的地

---

① 任正非曾用坦克和钉子的比喻说明"压强原则"。坦克重达几十吨，却可以在沙漠中行驶，原因是宽阔的履带分散了加在单位面积上的重量；钉子重量虽小，却可以穿透硬物，因为它将冲击力集中在小小的尖上。"压强原则"运用到企业领域，就是将有限的资源集中于一点，在配置强度上大大超过竞争对手，以求重点突破，然后迅速扩大战果，最终达到系统领先。

位不断加强；而且，不管是 14 亿人口规模还是全球最大的消费市场，中国这一超大规模经济体蕴含的独特优势和坚强韧性都决定一站在舞台中央就必将影响世界规则；更何况在 5G、物联网、AI 等技术浪潮面前，全世界的企业都站在一条新的起跑线上，这也就意味着变革的时代已经不允许中国企业迟疑或躲在某个角落，关键是要以"战略"弯道超车，把握这个机会窗口。

第五次管理革命——界面革命

从科学管理（1901—1940 年）到人本管理（1941—1970 年），再从精益管理（1971—2000 年）到价值共生（2001 年至今），喧嚣间企业不断掀起一次次的管理浪潮。眼下各种界面的模糊化、冲突化，显然也是企业管理革命的一个缩影，却掀开了第五场企业管理革命——界面革命的面纱。为什么偏偏第五场企业管理革命是界面革命？

事实上，这场革命绝非偶然，而是历史进程的必然。纵观管理学 100 多年的发展历史，第一次管理革命发生在 1901—1940 年，"科学管理之父"弗雷德里克·泰勒吹响了第一次管理革命的号角，主题是科学管理，以效率为中心，用科学化、标准化的管理方法代替经验管理。第二次管理革命发生在 1941—1970 年，主题是人本管理，管理学从关注效率转向关注人性，以"社会人"替代了"经济人"假设，将"人"上升到企业管理的核心，管理步入人本管理新时代。第三次管理革命发生在 1971—2000 年，主题是以顾客为中心的精益管理，管理将视角从组织内部转向组织外部，以流程再造和精益管理为基础，凸显顾客导向和团队价值。

进入 21 世纪，伴随互联网格式化各行各业，产业进入无边界浪潮，所有企业都无法单打独斗，连接本身成为一种核心竞争力。因此，第四次管理革命以"价值至上"为核心，以"共生"为价值创造的不二法门。这就要求管理者们重新审视过往百年以公司为中心的传统价值创造，转向以生态网络为中心的新价值创造体系，以组织链接与发生反应为核心，才能共生共荣。伴随行业边界的突破、模糊和融合，所有东西都杂糅在一起，企业界面也由一维转为多维，这就倒逼企业全方位权衡与各个界面的关系尺度，由此迎接第五次管理革命。科技企业不再享有一路绿灯的优待，也不得不在用户信任、数据隐私、实现功能和监管等棘手问题中做出取舍。

就中国而言，企业管理的界面革命早有苗头，只不过当下夹杂着新经济、新科技、新消费等，革命来得更猛烈、更直白一些。以快消品企业为例，如小米手机产品的设计、江小白文案的推广，消费者几乎参与了产品研发、营销的各个环节，研发与营销的边界正在消失。而且与过去工业经济时代各管一段的"串联"模式完全不同，小米的生态链用产品经理的方式做创投，用创投的方式做生态，拉高手、"打群架"，业绩和估值上升得很快，各类界面也在科技创新的突破中不断被打破、重构。

在承认市场竞争的政策环境中，量大面广的民营企业成为国民经济的重要支柱，但在超摩尔速率迭代的新科技、愈演愈烈的国际政治摩擦，以及突如其来的跨界"打劫"等行业内外部因素冲击下，企业都需要对自我身份进行再确认。

企业至少需要明确两个问题：第一个，企业到底是生产型企业还是科技型企业？最典型的莫过于华为，在过去两年时间里，华为面临欧美经济体在芯片和半导体产业领域的围堵，导致失去稳定的芯片供应。虽然华为海思具备高端芯片工艺设计能力，却缺乏拥有高端芯片生产能力的代工厂。最后华为不得不出售荣耀手机业务，断臂求生，原因之一也有减少芯片消耗的考量。在华为逐步缩减手机业务，回归基础通信和终端业务的时候，很多网友觉得华为应该转型做芯片生产，成为芯片公司，甚至成为一个主营手机业务的公司。那华为到底是什么公司，未来是做芯片还是继续卖手机？事实上，任正非早就对华为做出了定位，华为不是芯片公司，也非手机公司，而是一个数字平台，是连接个人与企业的数字终端；它既是生产型企业，同样也是科技型企业。

第二个，企业是赚钱重要还是承担社会责任重要？改革开放40多年，"先富带后富"造就了一个财富阶层，美国《新闻周刊》曾在一则报道中称，"在今天的中国，百万富翁正以每分钟一个的速度诞生"。但是对先富能否带动后富，民间一直存有争议。某地产大佬享受完红利后，清仓中国资产，跑美国买楼，大量套现的行为就备受争议。这些讨论无疑再度将企业赚钱与承担社会责任的界面问题突显出来。

中国企业管理革命只是全球企业变革的一个缩影，放大的却是全球企业的第五场管理革命——界面革命！以苹果公司为例，该公司承诺到2030年实现全部产品生产周期的碳中和，这意味着产业链要做配套，供应链上的企业达不到要求就会被淘汰。正因如此，如何处理好与苹果乃至全球各国碳中和政策之间的关系，就成了悬在苹果产业链、供应链上各家企业头顶的达摩克利斯之剑。

而且，当外部因素使企业与政府、行业、消费者等之间的界面变得越来越模糊时，以往不断提出的竞争力、品牌因素、市场规律等，已无法培育和维持企业长远的发展能力。这就意味着企业急需5种"人"来"左右逢源"。

一是商人。从微观来看，商人的交易行为带动了资本的流动，而资本其实是社会生产力的一种体现；从宏观来看，这就是经济的发展，商人的背后是商业精神、商业规则和公平竞争。

二是工人。企业需要一个安定的生产环境，就必须有一个安定的人机料[①]。

三是匠人。在当今社会，人们大多心浮气躁，追求"短平快"带来的即时利益，而忽略了产品的品质灵魂。但是，企业更需要工匠精神，精益求精、精雕细琢才能在长期的竞争中获得成功。而工匠精神中的精益求精，切中的恰恰是中国制造的要害。

四是文人。尤其是在体验经济时代，消费升级，"Z世代"崛起，科技企业更需要人文艺术家天马行空的想象力。

五是无人。无人作业已是大趋势。如今，越来越多的企业开始尝试建设"无人车间""无人工厂"。著名管理学教授华伦·贝尼斯讲过一个笑话："未来的工厂里只有一个人、一条狗。人要喂养狗，狗要看住人，不让他碰机器。""无人化"就像一场风暴，将引发从生活方式到工作就业再到经济转型的巨大变化。

总而言之，时代在前进，这就意味着无论是科斯定律（认为当人组合各种要素之后能够保证效率更高、成本更低，企业边界就存在了）对企业组织边界的定义，还是企业管理的原有界面，如今都需要重新审视。

---

① "人"指制造产品的人员，"机"指制造产品所用的设备，"料"指制造产品所使用的原材料。

企业家未来的星辰大海

"大浪淘沙""英雄迟暮"是不可避免的规律,到达一定年龄,商业大佬们卸下重任几乎成为必选项。然而,大佬们的退休选择却不尽相同。一边是传统企业大佬退不下来。当下,"40 后""50 后"老企业家们还在战斗。如福耀玻璃曹德旺(77 岁)[①],本打算在 2018 年 9 月退休,但因中美贸易摩擦,退休之事一拖再拖;又如格力董明珠,早在 2018 年 5 月 31 日,其董事长、总裁任期就已到期,当时年满 64 岁的董明珠已经过了退休年龄,但直至如今,格力仍然面临"没有二号人物"的窘境;再如海尔张瑞敏(74 岁),虽然曾表示自己可以马上退休,但"因为领导人的更换,企业就不行了"的担心,继续奋战;同样,宗庆后(78 岁)也有着"娃哈哈减去宗庆后等于零"的担忧,难怪他坦言"想退居二线,但退休是不可能的"。

另一边是与之形成鲜明对比的、互联网行业大佬的一片"退潮"。2021 年 3 月 17 日晚,身为"80 后"的黄峥宣布辞任拼多多董事长,翌日凌晨,其股价一度下跌近 13%,最终收盘时下跌 7.1%。这是继马云、刘强东等之后,又一位中国互联网巨头创始人急流勇退。中国互联网大佬如此,美国科技巨头创始人也不例外。早在 2021 年 2 月,贝索斯便宣布第三季度后将不再担任亚马逊 CEO。苹果、微软、谷歌都是如此,唯一坚守着的只剩下了 Facebook 创始人马克·扎克伯格。那么,大佬们退与不退的背后,究竟蕴含着

[①] 本节几位企业家的年龄统计时间为 2023 年。

怎样的深意？

　　传统企业家退不下来，互联网企业家说退就退，退与不退之差，主要在于以下两个方面。

　　一方面，相较传统企业，时代与行业的差异使得互联网企业更易快速发展成熟，相应地，互联网大佬也更容易功成身退。工业时代，企业往往需要上百年的时间来积淀商业帝国与成就；而到了信息时代，互联网企业发展逐渐呈现出指数级增长趋势，快速超越传统企业成为可能。如阿里云，虽成立于 2009 年，但短短 10 年就超过了谷歌和 IBM 的云业务，在全球云计算 IaaS 市场排名中，阿里云亚太市场排名第一，全球排名第三，仅次于亚马逊和微软；根据阿里巴巴集团 2023 年年报，云业务收入为 1019.5 亿元，连续第二年实现盈利。

　　另一方面，传统企业靠的是技术传递，追求的是规模效应，对接班人的技术依赖性更强。部分传统企业大佬要么白手起家，一步步将企业带大；要么经历了以 10 年计的技术积累，从工人到工程师，一步步就任高位，经验丰富。因此，接班人除了要有理论上的深厚知识，还需在大量实践中积累经验。如依赖手工艺的部分企业，因环节多、回款慢、毛利低，加之大多数年轻人要么耐心不足，要么不感兴趣，因而面临无人接班的尴尬局面，以至于部分企业如祥利集团不得不建立自己的教学机构，专注培养新一代的传统工艺接班人。而互联网企业的核心则是资源、信息的连接及整合，解决的是效率和时间问题，更注重接班人的商业管理思维。互联网企业通过数据、信息的持续存储与分享等行为，让尽可能多的企业互相连接，实现企业间业务机会的最大化。如星巴克与阿里巴巴生态系统的不同关键业务部门进行合作，其中，与饿了么的合作使星巴克在中国30个城市的2000家门店都支持配送服务，2023年初，与饿了么合作到期后，星巴克上线美团，开启多平台运营时代。

然而，即使部分互联网大佬选择了退休，他们的退休状况也是既有共同点又有差异。国内企业家的退休与以贝索斯为代表的国外企业家的退休，其相同点在于：一方面，部分大佬转向或继续践行公益或慈善事业。最具代表性的是比尔·盖茨在退休后，把580亿美元个人财产捐给比尔和梅琳达·盖茨基金会，用于研究艾滋病和疟疾的疫苗，并为世界贫穷国家提供援助。又如退休后的中国互联网大佬们，马云、黄峥、刘强东均一度化身"中国首善"，位列胡润慈善榜榜首。另一方面，部分大佬则心愿未了，加速圆梦。例如，贝索斯从小就是一个科幻小说迷，美国《连线》杂志援引其高中时女友的说法，他曾在高中致辞中描绘前往外太空开拓生存空间的愿景。贝索斯卸任亚马逊CEO后，其太空野心却未曾消退，自此全身心投入"蓝色起源计划"等事业，进一步为实现儿时的梦想而努力。又如，黄峥1亿美元的捐赠，锁定的是一批前沿科技项目，包括"超大规模实时图推理机研究""肿瘤免疫新抗原设计与应用""细胞培养人造鱼肉研究"等。

只不过对中国企业家来说，除了慈善与圆梦，更多的是"退而不休"或"退居二线"，难以真正实现卸任自由，这种退休也有借机培养、锻炼接班人或精英团队之意。柳传志虽早早物色好了接班人杨元庆，并在2004年彻底卸任董事长的职务，然而在2008年金融风暴后，联想面临重大危机，65岁的柳传志只得重新掌控全局，帮联想渡过难关。2018年，"5G投票风波"中，柳传志再次站出来，"救火队长"之名获得"实锤"。这既与企业大佬本身造就的难以超越的巅峰有关，也与其自身影响力、人脉等密不可分。同样地，在美国封杀中兴后，76岁的中兴创始人侯为贵也亲自出山，前往美国"救火"，经过各方博弈，中兴终于解禁。

不管是慈善、圆梦抑或"退居幕后"，大佬们以退为进，看似退出江湖，实则致力于创造新江湖。尽管退或不退各有千秋，但细查之下仍可看出，相比工业时代，如今的企业家开始逐渐有了对未来的技术自觉，进一步寻求未来的星辰大海。从太空经济到生物经济等涉及前沿科技的领域，大佬们关注的领域看似与退休前的主业关联度不大，实则抓住了未来发展方向，提前布局以开辟新天地、创造新江湖、挖掘新赛道。而企业家本身具备的财富与能力，也让他们更容易成功、成事。

实际上，在工业经济时代，技术进步和产业结构转型是被动地应市场需求而生，并不是人类主动去发掘的。因而，那些庞然大物般的传统企业往往专注于自身领域，却缺乏对新技术迅速崛起的危机意识，没有对整个技术发展进程的技术自觉。正所谓时势逼人却也造人，过去企业所依靠的规模与效率的增长模式逐渐到头，已然到了依赖科学和科技的再次进步去解决核心问题的关键时刻。更何况，当今世界百年未有之大变局加速演进且面临复式大危机，企业家开始产生了这样的技术自觉。

与此同时，移动互联网时代把科技潮进一步向前推进。传统的"市场—技术"体系中，技术升级的商业模式是研发、销售、赚钱、再次投入研发、技术升级、销售，缓慢的技术升级模式是资本为了将研发产生的利润最大化，以便积累利润，进一步投入研发。但在互联网特别是移动互联网时代，新的"融资—上市"模式出现。依靠风投实现技术研发，不再需要等待漫长的"利润—研发"循环，也不必为了利润而有意延长这个循环。相反，为了在资本市场上获得更普遍的认可，企业会尽量把科技朝前推进。在某种程度上，这也是近 20 年来市场上 "黑科技" 频出的原因之一。比如，30 年前英特尔公司即便有这个技术实力，也不会把 CPU 的性能每一代暴增 300%；但如今，需要资本市场认可的初创科技公司却会尽量拿出 "爆款"，不管是特斯拉汽车还是猎鹰系列火箭，都是基于这样的模式。

诚然，经营企业、发展经济是企业家履行社会责任的本分，但若只是停留在本分上，实是对企业家精神的浪费。对于能力远超常人的企业家而言，财富只是一项副产品，其最大的作用不过是进一步推动企业家更高层次的自我实现。企业家是追求极致的短期变现，还是追求科技的星辰大海，其觉悟、眼界、胸怀和境界是影响其选择的关键。

而对中国企业家而言，在追求未来的星辰大海的过程中，新赛道切换或将在互联网领域率先开启。在全球互联网产业的中美 "双头格局" 中，中国长于体量、美国长于科技是公认的事实。美国互联网企业长期的技术积累是其优势；中国互联网企业起步晚，基础技术制约了整体科技水平的提升，科学和科技的再次突破离不开中国企业家的技术自觉。如此，曾经叱咤风云的商业领袖们得以有机会在 "第二、第三段人生" 中继续发挥影响力。只不过发展前沿技术风险极大，所需的企业家的才能、判断力、勇气不能同日而语。然而，正如百年前张謇所言："天之生人也，与草木无异，若遗留一二有用事业，与草木同生，即不与草木同腐。"就此，未来的星辰大海开始初露峥嵘，只待企业家们 "沧海横流，尽显英雄本色"。

第十二章

个人如何面对财富问题

第十二章 个人如何面对财富问题

储蓄不停贬值，投资不断遇坑，钱从未像今天这般走投无路。负利率的出现，更是打破了人类的常识，复利变成了"负利"，货币甚至成为负担。这对于政府和个人而言是颠覆性的。随着中国站上世界舞台中心，财富爆炸式涌入、财富结构复杂化等新情况都将如何对待财富这个问题置顶。

中国须过"财富关"

中国站在了世界舞台中心，财富正加速涌入中国。

首先，中国成为全球最大的"造富"市场，财富增长太快。一方面，中国已经拥有除美国外全球最大的存量财富市场，也拥有全球第二多的超高净值人士群体，中国为财富市场提供了广阔的潜在客户；另一方面，这一市场的增长潜力仍然居于全球前列。麦肯锡报告显示，自 2000 年至 2020 年，全球资产负债表从 440 万亿美元增长到 1540 亿美元，全球净资产从 160 万亿美元增长到 510 万亿美元，二者均增长了两倍多。中国净资产从 2000 年的 7 万亿美元增长到 2020 年的 120 万亿美元，20 年猛增 16 倍多，总增长额 113 万亿美元，占到了全球增长额的近 1/3。[1]

其次，资本市场的"造富"效应太强。2022 年，在全球资本市场寒冬之下，A 股 IPO 市场一骑绝尘，IPO 数量和募资额全球第一，年内 428 只新股上市。[2] 截至 2023 年 5 月，中国一共诞生了 169 家千亿元以上市值公司，其中 59 家隶属代表头部民企的新财富 500 富人旗下，占比达 1/3。24 个 Wind 二级行业中，13 个行业市值第一名也在 500 富人旗下。2023 年，新财富 500 富人的总财富达到 13.5 万亿元，钟睒睒连续第三年夺魁，折射的正是民企在零售、软件、制造、医药、运输等充分竞争行业的出色表现。过去 3 年，光风储、新能源车、芯片等"科创＋低碳"类行业成为主流创富赛道，比亚迪的王传福、隆基绿能的李振国、宁德时代的曾毓群成为新的明星，民企主导的"光电锂"产业在全球构建起竞争优势，助力了出口结构的转变。2023 年，先进制造业富人数量达到 210 位，财富占比达到 40%。[3]

再者，中国靠着经济高速发展、财富增量的支撑，来到了世界舞台中央。伴随亿万农民大规模转入工商业，转型为市民，商品房

---

[1] 观察者网.麦肯锡报告：过去 20 年，中国财富增长超 16 倍 [EB/OL].(2021-11-16)[2023-09-10].https://baijiahao.baidu.com/s?id=1716573244549622450&wfr=spider&for=pc.
[2] 天天基金网.A 股"造富神话"领跑全球！年内 428 只新股上市 募资 5800 亿机构预测 2023 年或再创新高 [EB/OL].（2023-01-02）[2023-09-10].https://baijiahao.baidu.com/s?id=1753867935624515224&wfr=spider&for=pc.
[3] 全景网.2023 新财富 500 富人现代产业体系中的民企力量 [EB/OL].（2023-05-16）[2023-09-10]. https://baijiahao.baidu.com/s?id=1766054234688135364&wfr=spider&for=pc.

高度商品化和货币股票等金融资产的形成，以及新经济、新科技风口造富，中国早已从"个人无产者社会"进入"个人有产者社会"。2023年度胡润全球富豪榜数据显示，中国顶尖富豪的数量，超出了美国一大截，如今的中国富豪已拥有世界19%的财富。而且从城市来看，北京仍是全球十亿美金企业家之都，碾压纽约。作为侧面佐证，最近几年的奢侈品消费榜单上，中国也是连续多年蝉联第一，疯狂助力LVMH（路易·威登集团）的伯纳德·阿诺特打败马斯克，登顶全球富豪之冠。中国富豪之豪，可谓豪情万丈。

改革开放40多年来，中国的创富浪潮催生了一个新的社会阶层——财富阶层，随之而来的是人们对财富的不适应。一方面，靠红利摘取"低垂的果实"暴富的人群投机性太强。在股市，投机者把用来给实体企业融资的资本市场变成了全球散户最多、换手率最高、"韭菜"最茂盛的沃土；在楼市，投机者跟央行对赌货币政策，在一轮轮调控中把抢房战火从北上广烧到全国；在币圈，投机者创造了全球90%的交易量，各种"山寨"币、空气币、传销币数不胜数。政策风吹向哪里，哪里有风口，资本家、投资客就追向哪里。

另一方面，暴富后的部分人言行嚣张。美国《新闻周刊》曾在一则报道中谈论财富在中国所造成的微妙变化，"人们在谈论金钱时，不再像过去那样羞羞答答，拥有更多的金钱成了一件最值得炫耀的事情"。随着物质财富的极大丰富，中国人开始在全球各地"买买买"，与此同时也造成了大量的不文明现象。从"推着购物车冲向婴幼儿产品货区，将奶粉抢购一空"到"买名牌包就像在市场批发大白菜一样""几双手抢一条项链"，不理智的购物行为在外国人的心目中留下了中国人行为粗鲁、不文明的刻板印象。

概而言之，中国站上世界舞台中心、财富爆炸式涌入、财富结构复杂化等,都将如何处理财富这个问题凸显出来,中国必须过这道"财富关"。那么,如何过呢?

就国家而言,应提供一个良好的追求财富的制度环境,让财富最大化地实现积极的社会意义,实现共同富裕与和谐有序的良性循环。一方面,要实现社会经济有效平衡。要推动市场经济的发展,必然要确保全社会的财富。只有切实保护财产权,才能稳固人们的信心,实现"有恒产者有恒心",从而更好地发挥企业家的作用。这就需要国家出台更多类似《中华人民共和国物权法》《中共中央、国务院关于完善产权保护制度依法保护产权的意见》的法律法规,并将它们落到实处。另一方面,要实现社会公正、协调,就要建立与新的社会经济、财富形态相适应的、科学的财富制度,通过开征财产税等,以平滑的方式保持财富的流动性,缩小财富代际差距。

对于富人、企业家而言,在一个社会急剧转型、财富差别巨大的时代,给社会带来更多积极意义的财富,是让财富能够长久保持的最好办法。一是"戴着镣铐起舞"。过往40多年的中国充满了机会,无数的"机会家"和"冒险家"应运而生。如今的中国正走向制度化时代,制度切换红利及"牌照经济"都将成为过去式。这个大背景决定了今天的投资者、企业家们必须对财富增长路径有一个更清晰的认识。二是财富"隐形化"。蔡康永曾说:"我们发迹的时间太短,财富来得太快,还来不及累积富贵的品位。"伴随一夜暴富年代的远去,"新钱"沉淀为"老钱","富贵不归故乡,如锦衣夜行"的财富观将转向低调、谦逊、成熟的"贵族气质"。总之,中国站在世界舞台中心后,能否闯过"财富关",事关经济的未来发展和社会的长期稳定与否。

"钱"景不妙

改革开放以来，伴随经济发展、收入增加、财富积累及货币超发，中国居民的确富起来了。从居民可支配收入看，过去 40 多年，是中国经济突飞猛进的高速发展期，同时也是物质财富大爆炸的黄金期。全国城镇居民人均可支配收入从 1978 年的 343 元增长到 2022 年的 49283 元，涨了 142 倍。从地域分布来看，中国富裕家庭最集中的前 30 个城市，占全国富裕家庭总数的 68%。同时，中国高净值家庭最集中的城市呈现"3＋2＋2"格局，前三大城市是北京、上海和香港，其次是深圳和广州，再次是杭州和宁波。[1] 从财富增长情况看，《中国财富报告 2022》显示，2021 年中国居民财富总量达到 687 万亿元，2005—2021 年期间，年均复合增速高达 14.7%，增速远超美国的 5.1% 和日本的 0.65%。[2] 胡润研究院发布的《2022 意才·胡润财富报告》显示，截至 2022 年 1 月 1 日，中国财富家庭拥有的总财富达 164 万亿元，比上年增长 2.5%，是中国 2021 年 GDP 总量的 1.4 倍。其中，可投资资产达 67 万亿元，占总财富的四成。[3]

与此同时，从 20 世纪八九十年代的"储蓄为王"到 2000 年后资金涌向楼市，再到银行理财、股票、信托、基金、保险等金融产

---

[1] 潘显璇.600 万资产的富裕家庭达 5.79 万户，湖南排全国第 12 位 [EB/OL].(2023-03-14) [2023-09-10].https://baijiahao.baidu.com/s?id=1760288806797822793&wfr=spider&for=pc.
[2] 任泽平团队.中国财富报告 2022——联合发布：新湖财富 & 任泽平团队 [R/OL]. (2022-05-28) [2023-09-10].https://max.book118.com/html/2022/0527/8101035020004104.shtm.
[3] 中国新闻网.中国财富家庭拥有的总财富达 164 万亿元 [EB/OL].(2023-03-10) [2023-09-10].https://baijiahao.baidu.com/s?id=1759991619524888322&wfr=spider&for=pc.

品交互组合、轮番登场，中国的财富管理格局不断被改写，居民财富理念亦被重塑。

根据第 7 次人口普查的数据，我国有 14 亿 1260 万人，人均储蓄金额为 7.3 万元，以全国 4.93 亿户为例，户均储蓄金额为 22.54 万元。[①] 但将钱存在银行只是一个无奈的选择。1990 年时一年期存款利率高达 10.08%，三年期存款利率为 11.99%，五年期存款利率为 13.68%，路边围墙上甚至刷着"存款储蓄，利国利民"的标语；而今存款利率调降频发，2023 年初，一年期存款基准利率仅为 1.5%，三年期定期存款利率为 2.75%，低于 1990 年时的活期存款利率（2.88%），仅与近年来 2%～3% 的 CPI 涨幅持平。从 30 年间利率水平的天壤之别可看出，将钱放在银行中坐享其利的时代已经一去不复返。即便是银行理财产品，也面临着收益率"跌跌不休"、保本理财不再的现实。以余额宝为代表的互联网"宝宝"们，7 日年化收益率一路下滑。余额宝 7 日年化收益率最高曾达到 6.763%（2014 年 1 月 2 日）的历史巅峰，创造了收益神话，但之后便一路下滑到 2% 以下。除利率（收益率）温水煮青蛙式下滑，银行与保险勾连，理财产品变保单的现象时有发生，投资者不只是损失本金，还要面临漫长的赎回之路，"840 万元存款变保单，104 岁才能取回本金"的例子即是典型。

更重要的是，银行理财进入政策调整期，面临大变局。一边是资管新规严禁资金池，不允许滚动发行，估值方法向净值化转型以打破刚兑预期，买者自负风险；另一边是剥离银行投资理财功能，锁定存量规模逐步消化，要求银行设立理财子公司开展业务，或将

[①] 搜狐网. 中国人均存款"出炉"，家庭存款要到"这个数"，才算及格？[EB/OL]. (2022-06-14) [2023-09-10].https://kan.china.com/article/1571398_all.html.

理财整合到已开展资管业务的其他附属机构，银行自身不再开展理财业务，回归信贷业务和本地业务。可以说，"减少消费、增加储蓄、规避风险"成为人们的无奈之举。

从保险层面看，保险不"保险"。一方面，现实中买保险的坑太多，套路满满。所谓有病治病、没病返钱的"返还型"保险，让保险责任被阉割；"分红型"保险的保费水涨船高，保额断崖式下跌；鼓吹灵活使用资金的"万能险"不万能，一旦账户扣除保障成本后没钱，保单就随之失效；互联网保险"首月1元"变相"免费赠险"，实为"被投保"；更有打着产品"升级"旗号，实际办理退保重新投保，中介拿第二份佣金的情况。难怪有人说"走过最远的路，就是保险公司的套路"。另一方面，模式上，保险业人海战术失灵，保险业绩走下坡路。来自保险中介监管信息系统披露的数据显示，2013年全保险行业代理人仅为260万人。2015年，修改后的《保险法》取消了保险从业人员资格证，随后保险代理人数量迎来了爆发式增长，2017年首次突破800万人，2019年达到900万人高点。但如今回过头来看，这个高点已经成了一个遥不可及的顶峰。2020年、2021年代理人数量开始缩水，分别降至843万人和642万人，仅2021年一年缩水201万人，年流失规模刷新国内保险业复业后的纪录。[①] 近年来，在银保监会全面清核代理人及去中介化大潮的背景下，加之互联网保险攻城略地，推出近万个保险产品，近千万舌灿莲花的保险代理人数量可能被腰斩。事实上，数据已经显示保险卖不动了，行业已进入了近10年都没有遇到过的"寒冬期"。平

---

① 华夏日报.去年保险代理人一年流失200万，头部险企纷纷从"人海战术"转向"精英战术"[EB/OL].(2022-07-29) [2023-09-10]. https://baijiahao.baidu.com/s?id=1739680406243593489&wfr=spider&for=pc.

安保险在我国保险行业中一直是巨头企业，但即使是这样的巨头保险公司在 2022 年前三季度的保费收入也只有 2336.92 亿元。尽管总体上看这个数字还是很可观的，但是与 2021 年比起来，它已经跌了 20.5%。同样，另一保险巨头太保寿险也面临保费下跌，跌幅达 14.5%。之所以如此，根本原因在于保险业背离了保险初心，漠视未来，越来越趋向金融化而非保险化，以"击鼓传花"的方式透支了保险业的信用。遥想 2015 年保险业的高光时刻，险资在资本市场兴风作浪，动辄全球收购资产，跨国并购金融机构，保险业务只是被当作"钱生钱"的工具，白担了保险之虚名。在监管环境趋紧的背景下，中国保险业过去积压已久的苦果还会在未来几年中集中释放。

信托业也已成为金融重灾区。信托作为金融业的"高富帅"，一向以收益率高、安全性高著称，曾经是高净值投资者的最爱，被誉为"土豪收割机"。然而自 2020 年开始，信托业却遭遇了前所未有的"滑铁卢"。2020 年，集合信托产品共发生 310 多起违约事件，涉及违约项目金额超过 1600 亿元，其中包括全国"唯二"、上交所唯一的上市信托公司——安信信托。[1] 据不完全统计，2022 年 1—10 月已披露的信托产品违约规模总计 1043.79 亿元，违约产品数量共 166 起。[2] 细究之，在过度金融化的社会背景下，作为非银金融机构的信托实际上扮演着影子银行的角色，做着类似银行的放贷业务，一手"高利贷"，一手"高净值"，凭借利差模式赚得盆满钵满。

---

[1] 网易网. 信托 2020：5 家机构"暴雷"，留下千亿烂摊子 [EB/OL].(2021-02-22) [2023-09-10]. https://www.163.com/dy/article/G3ES9HQO0519II4K.html.
[2] 凤凰网. 理财师的 2022：千亿信托违约，对冲失灵，债市大跌 [EB/OL]. (2022-12-16) [2023-09-10]. https://ishare.ifeng.com/c/s/v002DMNeTu2tRyTjKlMpen--8ste47WaSEk2DhQA5BwcV5Uw__.

同时，历经多年数次整顿，2023年初，全国正常运营的信托公司仅有68家，行政审批成就了信托"唯一能够横跨货币市场、资本市场和实业投资领域进行经营"的稀缺性，让其吃遍了红利。然而，有牌照的审批，就有权力的寻租；有不对称的监管，就有灰色的套利。这也导致信托业的发展充满了与监管"躲猫猫"的曲折。彼时，信托在房地产项目开发全周期的土地前端融资、并购融资、资金用途等融资痛点上扮演着重要角色；如今，在金融监管高压和房地产债务风险蔓延的情况下，信托首当其冲，地产与信托从"互相成全"走到了"相爱相杀"的阶段，上演一幕幕信托"地产劫"。

综上所述，无论是银行、保险还是信托，皆因过度金融化而走火入魔，玩起了"击鼓传花"的游戏。一旦政策调整为去金融化，必将导致金融事故。但更重要的问题是，在全球国家大放水的背景下，隐性的负利率则如钝刀割肉，这将进一步增加人们守住钱袋子的难度。

不要把钱放在心上

"她在美索不达米亚平原的泥板上，她在亚细亚海边的贝壳里，她在太平洋岛上的石头上，她在印第安人的珍珠项链里"，"如果将人类的250万年压缩成24小时，那么她伴随人类不足3分钟。人们知道她从哪里来，但不知道她到哪里去。她，就是熟悉而又陌生的货币"。这是大型经济纪录片《货币》开场时的一段话。

的确，纵观人类货币演变历程，货币的形态从实物货币—贵金属—铸币—纸币—电子货币—数字货币一路走来，最终通向哪里，却并不十分清晰。无论是"货币消亡论"的推导——当社会高度发展，交换行为消失，作为价值尺度和交换媒介的货币也自然会随之消亡，还是将出现一种以更先进的技术为依托的理想货币——比如一边被打压、一边被热捧的比特币、狗狗币等去中心化的加密货币——的预测，核心的两点都是清晰的。第一，货币越来越不值钱。进入 21 世纪，世界经济经历了两场大变局，一是 2008 年金融危机，二是 2020 年新冠疫情全球大流行。在两场危机中，世界各国都采取了向市场投放货币的拯救措施，两次较大规模的印钞活动，虽然挽救了全球经济大衰退的命运，但也带来了不可挽回的损失，越来越多的国家走上零利率甚至负利率、大规模量化宽松或财政赤字货币化之路。第二，货币越来越透明化。移动支付的普遍应用，已先行带领人类迈入"无现金社会"，加之加密技术和算法在央行数字货币上的应用，货币的来源、去向、支付原因、支付金额及频率甚至数字货币本身均可以进行数据分析，一切交易活动轨迹可追踪、可监测，这意味着匿名使用现金的选项将消失。一方面，在货币数字化发展浪潮中，货币藏匿将寿终正寝；另一方面，个人隐私也无从谈起。

有道是"世人慌慌张张，只为碎银几两；偏偏碎银几两，能解世间慌张"，此言非常清楚地道出了货币对个人的意义和价值——"货币化是市场化深化发展的前提或基础，同时货币化的发展也是个人自由的前提"（经济学家陈志武在"2011 年亚布力中国企业家论坛第十一届年会"上的演讲）。人类作为货币的创造者，又将如何面对、运用和驾驭货币，尤其在货币越来越不值钱、交易越来越透明的时代背景下？要解答这个疑惑，首先要弄清楚以下问题。

第一，财富自由是很多人心心念念的梦想，当代年轻人更热衷于"搞钱"，那么，财富自由的标准究竟是什么？根据胡润研究院发布的《2021胡润财富自由门槛》报告，财富自由分为入门级、中级、高级和国际级四个阶段，中国一、二、三线城市各不相同。其中，中国三线城市入门级财富自由门槛是600万元，中级财富自由门槛是1500万元，高级财富自由门槛是6900万元；二线城市入门级财富自由门槛是1200万元，中级财富自由门槛是4100万元，高级财富自由门槛是1.2亿元；一线城市入门级财富自由门槛是1900万元，中级财富自由门槛是6500万元，高级财富自由门槛是1.9亿元；国际级财富自由门槛是3.5亿元，相当于5000万美元，主要包括一套600平方米的市区常住房、一套400平方米的郊区第二住房，山里、海边各一套400平方米的度假房，四辆车，以及1000万元的家庭税后年收入和1亿元的金融投资。[1]

第二，成为顶级富豪的概率有多大？《2023胡润全球富豪榜》统计，美国拥有10亿美元以上财富的富豪人数为691人，美国总人口约为3.3亿，富豪人数与国家人口总量比例是50万分之一；中国拥有10亿美元以上财富的富豪数量为969人，中国总人口为14亿，富豪人数与国家人口总量比例差不多为170万分之一。[2] 单独看这几个数字或许没有太直观的感受，但如果用一些其他事件的统计概率进行对比，如乘客遭遇飞机坠毁的概率是120万分之一，而

---

[1] 齐鲁壹点.胡润：中国三线城市入门级财富自由门槛是600万元[EB/OL].(2021-03-31)[2023-09-10].https://baijiahao.baidu.com/s?id=1695716160981484816&wfr=spider&for=pc.
[2] 搜狐网.2023胡润全球富豪榜：中国十亿美元企业家数量领跑全球[EB/OL].(2023-03-23)[2023-09-10].https://www.sohu.com/a/658149699_123753.

死于坠机的概率是 1100 万分之一，乘坐电梯受伤和被雷击中的概率大概是 100 万分之一，买彩票中头奖的概率是 1800 万分之一，就可以发现，在中国拥有 10 亿美元净资产是多么困难。

第三，金钱带来的幸福感是否存在天花板？换言之，拥有多少财富，幸福指数最高？2010 年，诺贝尔经济学奖得主、美国普林斯顿大学教授丹尼尔·卡内曼一项针对美国被试者的研究发现，能换来幸福的金钱是有上限的，上限为 7.5 万美元（约合人民币 48 万元）。当个体的家庭年收入低于这个数字，幸福感会降低，但如果超出这个数字，幸福感也不再随着金钱的增加而上升。

上述数据能够帮助我们进行自我认知和定位，再对照自己的财富情况，即可描绘出"钱放在哪里"的坐标图。

第一，放在当下——消费。工作是享受，赚钱是结果。钱只有被花掉，才能实现它的真实价值。相反，舍不得花钱，过度节俭，在一定意义上是一种心理问题。曾经物质上的匮乏在人的精神上留下印迹，长此以往，带来内心的匮乏，安全感、自我价值感低，会反射在人的行为上，如苛待自己和悭吝，喜欢存钱带来的安全感，而过度节约又会再次带来精神上的压抑，匮乏与贪婪往往是一体两面。事实上，只要拥有健康良性的消费观，消费并非洪水猛兽。因此，拥有几十万元到几百万元财富的人，不如多投资生活，让生活变得更美好。毕竟财富的意义不在于积攒出多大数额的金钱，而在于给人带来更从容的心态，让生活变得更好。

第二，放在未来——养老。首先，中国已进入老龄化社会。国家统计局的数据显示，2022 年我国 65 岁以上人口占比约为 14.9%。依照国际通行划分标准，当一个国家或地区 65 岁及以上人口占比超过 7% 时，就进入老龄化；达到 14% 时，为深度老龄化；超过

20% 时，则进入超老龄化社会。这意味我国或已经进入深度老龄化社会。①《财经》杂志报道，以主要国家老龄化率从 7% 至 14% 所用时间来看，法国用了 126 年，瑞典用了 85 年，美国用了 72 年，英国用了 46 年，德国用了 40 年，日本用了 24 年，中国仅用了 21 年。② 其次，中国养老金替代率低于国际最低标准。我国养老金替代率由 2002 年的 72.9% 下降到 2005 年的 57.7%，此后一直下降，2011 年为 50.3%、2014 年为 45%、2017 年为 40%。③ 根据民政部的统计，2022 年全国享受养老服务补贴的老年人为 546.1 万人，我国城镇职工养老金的平均替代率为 43.6%，而根据世界银行的测算，养老金替代率不低于 70% 方可维持退休前的生活水平。④ 最后，全球人口呈现长寿趋势。2016 年亚马逊全网畅销图书《百岁人生》中提到：从 1840 年开始，人类的寿命就在以平均每年大约 3 个月的速度递增，每过 10 年人类就可以多活 2～3 岁。⑤ 1949 年新中国成立初期我国人口的平均预期寿命仅为 35 岁，而 2018 年人均预期寿命达到了 77 岁，实现了增加 100% 以上的巨大延长。⑥ 我国学者在国际医学期刊《柳叶刀》上发表研究称，到 2035 年，国人预期

---

① 中工网.迈向深度老龄化社会和个人都要跟上适老化进程 [EB/OL].(2023-05-01) [2023-09-10].https://baijiahao.baidu.com/s?id=1765562104286834237&wfr=spider&for=pc.
② 凤凰网.1 亿中国人或面临重新就业，老龄化有多可怕？[EB/OL].(2023-05-08) [2023-09-10].https://news.ifeng.com/c/8PcjHC7Xicr.
③ 搜狐网.我国养老金替代率低于国际最低标准，面对养老，我们该怎么做？[EB/OL].(2019-11-06) [2023-09-10]. https://www.sohu.com/a/351913171_737261.
④ 华安证券.汇丰晋信将联合推出"养老 36 计"投教专栏 [EB/OL].(2023-05-29) [2023-09-10]. http://www.hazq.com/main/include/zxdetail.shtml?news_id=7797909.
⑤ 搜狐网.人均寿命再提高，这些风险悄悄到来，我们要怎么应对？[EB/OL].(2023-01-20) [2023-09-10]. http://society.sohu.com/a/632932415_121118710.
⑥ 同花顺财经.70 年来我国人均预期寿命从 35 岁提高到 77 岁 [EB/OL].(2019-08-22) [2023-09-10]. https://baijiahao.baidu.com/s?id=1642562220727355500&wfr=spider&for=pc.

寿命将达 81.3 岁。其中，北京女性、上海男性最长寿，分别可达 92.6 岁、83.9 岁。[①] 因此，把钱放在养老上，保障自己有尊严地老去，体面地走完生命最后一程，尤为值得。

第三，把货币化作不同形态——现金、储蓄、保险、黄金、资产等。如果说 3000 万元是幸福的临界点，那么几千万到几亿元最危险，一方面是钱在口袋里蠢蠢欲动，另一方面是资本有着"钱生钱"的天然动力，稍有不慎就会掉入投资陷阱。2023 年初，胡润研究院表示，中国未来 10 年将有 19 万亿元财富传给下一代，未来 20 年将有 51 万亿元财富传给下一代，未来 30 年将有 98 万亿元财富传给下一代。[②] 与此相应，在成熟的财富管理市场中，财富的拥有者更倾向于把时间和精力投入与自己的志向、爱好及社会公益相关的事情中。

美国"钢铁大王"、亿万富翁卡内基在《我的财富观：安德鲁·卡内基自传》中写道，"腰缠万贯去见上帝是种耻辱"，因此，不管把钱放在哪里，都不要放在心里，每个人都不过是宇宙天地间的匆匆过客。

---

① 东方财富网. 柳叶刀：到 2035 年中国人预期寿命将达 81.3 岁 北京女性上海男性最长寿 [EB/OL].(2023-04-11) [2023-09-10]. https://finance.eastmoney.com/a/202304112687834785.html.

② 发现报告.「胡润」2022 意才·胡润财富报告 [EB/OL].(2023-03-21) [2023-09-10]. https://baijiahao.baidu.com/s?id=1760955893498304850&wfr=spider&for=pc.